T0054059

# la LIBERTAD

PACO IGNACIO TAIBO II

# La LIBERTAD

Planeta

Diseño de portada: Planeta Arte & Diseño / Jorge Garnica
Ilustración de portada: © Alamy Stock
Fotografía del autor: © Citlali Hernández Mora
Imágenes de interiores: cortesía del autor


Bajo el sello editorial PLANETA M.R.
Avenida Presidente Masarik núm. 111,
Piso 2, Polanco V Sección, Miguel Hidalgo
C.P. 11560, Ciudad de México
www.planetadelibros.com.mx

Primera edición impresa en México: mayo de 2022
ISBN: 978-607-07-8732-4



Impreso en los talleres de Litográfica Ingramex, S.A. de C.V.
Centeno núm. 162-1, colonia Granjas Esmeralda, Ciudad de México
Impreso y hecho en México – *Printed and made in Mexico*

Las personas felices no tienen historia.

SIMONE DE BEAUVOIR

El único deber que tenemos con la historia es rescribirla.

OSCAR WILDE

A pesar de las ilusiones racionalistas, e incluso marxistas, toda la historia del mundo es la historia de la libertad.

ALBERT CAMUS

Quieren escalar el cielo. Para hablar de ellos, hay que levantarse, aún hoy, es imposible evocarlos con el culo pegado al asiento.

JEAN-PIERRE CHABROL

# Índice

Lo que aquí se recuenta está ordenado arbitrariamente y en su enorme mayoría registra personajes e historias del universo combatiente de la izquierda, de la búsqueda de la libertad. Se deslizan entre estas narraciones algunos comediantes, que claramente pertenecen al lado oscuro, quizá para ofrecer un contrapunto, quizá por el puro placer de contarlas. Aquí se reúnen las historias de un actor de cine, héroe de guerra que estaba destinado a substituir a Bogart y Garfield, y que vivió bajo el odio a la pantalla y la culpa; de un general soviético que cambió diez veces de nombre y estuvo en todas las revoluciones del siglo XX para ser asesinado antes de la Segunda Guerra Mundial; de un espía contra la Comuna de París que tenía once casas; de Iósif Stalin, rey del Photoshop; de un general zarista que quiso ser Gengis Khan; de un cuadro maravillosamente romántico y de su autor; de un tuerto mexicano que dirigió la más exitosa huelga de prostitutas de la historia mundial; del joven John Reed en México; de mi amor por los leones venecianos; de las últimas setenta y dos horas del anarquista español Francisco Ascaso; de un novelista misterioso apellidado Bogomólov; del venezolano Aponte, fiel retrato del revolucionario profesional; y del entrañable maestro del nuevo periodismo latinoamericano, Rodolfo Walsh.

# 1

# Blücher, el general soviético

## I

Uno de los infinitos problemas de este texto, Vasili Blücher, es la lejanía (no geográfica, personal), porque para mi desdicha y mi fortuna me resulta extremadamente difícil identificarme contigo. Nunca se me ha dado aproximarme a la mentalidad militar y sus secuelas de orden, disciplina, jerarquía. De tal manera que mantengo una curiosa distancia, a veces llena de admiración, a veces llena de dudas, siempre llena de curiosidad.

¿Puedes tener tantos nombres en una sola vida? Porque serás conocido como el general Blyúkher, Blukher, Bliujer, Górev, Goliev, Galen, Kaling, Yvanov, Vasili Gurov, Gorieff, Van Rosen, Gordon. Quizá los tres primeros son juegos ortográficos a partir de las transliteraciones del cirílico ruso, los dos últimos son vagas referencias imposibles de localizar. Pero, aun así, ¿no son demasiados? El misterio de las grandes operaciones de la Internacional Comunista, la tradición leninista del seudónimo que se convierte en marca de fábrica, el juego de las máscaras. Pero ¿tantos? ¿No son un abuso? ¿No generan mil y una confusiones? ¿Significa que viviste varias vidas, no una?

Vasili Konstantínovich Blücher nace, y el personaje no deja de ser enigmático cuando los historiadores proporcionan dos fechas a causa de la variación de calendarios, el 19 de noviembre o el 1 de diciembre de 1889, probablemente en un poblado cerca de Yaroslav, llamado Barshchinka, a doscientos cincuenta kilómetros al noreste de Moscú sobre el Volga, en una familia de campesinos pobres. A pesar del apellido con clara raigambre germánica, no es tal; el apelativo lo heredan estos campesinos de un aristócrata general que estuvo en Waterloo combatiendo a Napoleón y que dejó su nombre a los siervos.

Por si fuera poco, Blücher también es el nombre de un zapatón alto con agujetas.

En 1904 cursa un año de estudios en la escuela parroquial, poco más que aprender a mal leer. Ingresa en el mundo proletario, su padre lo lleva a Saint Peter donde trabaja como «niño» en un taller; posteriormente será empleado en una planta de ingeniería franco-rusa, de la que fue despedido por «asistir a reuniones de trabajo». ¿Reuniones? ¿Niño-adolescente de 15 años reuniéndose con adultos para fraguar qué? ¿Para conversar qué? ¿Para discutir las condiciones de trabajo?

En 1909 entrarás como mecánico en la empresa Mytishchi, cerca de Moscú. Serás mecánico, cerrajero, obrero despedido y preso político; serás encarcelado en 1910 por participar en manifestaciones y dirigir una huelga en Moscú, y sentenciado a dos años de cárcel, de los cuales cumplirás ocho meses. ¿Cómo es la cárcel para un novato perseguido en el zarismo? ¿Será, como con la mayoría de los socialdemócratas de la época, el gran momento para educarte políticamente? Al salir de la prisión, entre 1913 y 1914, trabajarás en los talleres del ferrocarril Moscú-Kazán. No he podido encontrar relatos tuyos o de tus compañeros de esta primera etapa. Serás parte pues del anónimo proletariado (aquí al menos se rompe el anonimato) que en Rusia hará una revolución.

La Primera Guerra Mundial te obliga a ingresar en 1914 en el 8º Ejército como soldado raso, tienes casi 25 años. Solo cuatro meses estarás activo, serás herido y enviado a casa; te otorgarán dos condecoraciones militares y serás ascendido a suboficial. ¿Por qué las medallas? ¿Dónde te hirieron? ¿Fue grave? ¿Cuáles son tus experiencias en la guerra de trincheras, la gran carnicería que inicia el siglo XX? Volverás al frente en enero de 1915 y apenas sobrevivirás a la batalla de Termopol, donde resultarás esta vez gravemente herido en ambas piernas. Después de trece meses en el hospital, serás dado de alta del servicio militar. No hallo testimonios que hablen de las secuelas. ¿Traes el alma herida, no solo las piernas? ¿Cojeas levemente?

Fuera de acumular pequeñas informaciones sueltas pescadas aquí y allá en revistas, libros que te dedican una línea, minúsculas menciones en internet, memorias en las que no serás ni siquiera personaje secundario; sin tener acceso a los archivos militares zaristas, sin hablar ruso, solo se puede avanzar colocando las piezas de un pequeño rompecabezas.

Pero incluso si hubiera ese acceso, poco podríamos conocer de lo que cruza por la cabeza del proletario Vasili al regresar de la guerra.

Sabemos que retorna al mundo fabril. Entró a trabajar en el astillero Sórmovski en Nizhni Nóvgorod, luego se mudó a Kazán y comenzó a trabajar el granito en un taller, después laborará como mecánico en una fábrica. Es común el empleo «golondrina» para un proletario militante.

Y al fin una clave para esta nota biográfica: en 1916 te unes al Partido Obrero Socialdemócrata Ruso, uno de los ilegales partidos de la conspiración revolucionaria, y lo harás dentro de la facción bolchevique y, en febrero de 1917, en las grandes movilizaciones contra la guerra, y por pan y justicia, participas en la revolución que derrocará a tiros al zarismo en Samara, una ciudad de gran tamaño también sobre el Volga, pero ahora en el sureste de Moscú, cerca de donde pasó su infancia Lenin.

En mayo de 1917, el comunista Blücher se reunió con Valerián Kúibyshev, dirigente del soviet de Samara, además buen músico y poeta, quien lo envió para hacer trabajo de agitación, subversión y organización al 102° Regimiento de Reserva, donde fue elegido miembro del comité y luego diputado al soviet de obreros y soldados. La vida te preparó para la revolución y la revolución te lanzó a la vorágine. Al inicio de la explosión de octubre serás miembro del comité militar revolucionario local.

Localizo en los archivos rusos un memorial con notas biográficas de los participantes en la revolución en Samara, el manuscrito no tiene traducción, envidio a los historiadores que pueden contratar a un ayudante que explore en los archivos, sin ruso y sin ayudante, me queda la referencia.

## II

Un mes después, en noviembre de 1917, la contrarrevolución zarista había iniciado una guerra civil a lo largo y ancho del derrocado imperio ruso. Llegaste a Cheliábinsk, en el sur de la cadena montañosa de los Urales que corta la Rusia europea de la Rusia asiática, como comisario de un destacamento de la Guardia Roja. A fines del mes, el 27, se alzaría en Orenburgo, al mando de unos siete mil hombres, el teniente general Alexander Ilich Dútov, un atamán del zarismo, famoso por haber intervenido en incontables purgas y represiones. Las fuerzas rojas, entre las que se incluía tu destacamento, combinando acciones con una huelga general obrera, en la que participaban los mineros de la zona, aplastaron la rebelión el 1 de enero del 18, y Dútov hubo de huir, perseguido por el recién construido Ejército Rojo, retirándose primero a Verjneuralsk, donde volvió a ser derrotado el 28 de abril y, más tarde, de nuevo empujado por las fuerzas soviéticas, a las estepas de Turgaia.

Pocas noticias hay, camarada Blücher, de tu participación en esta primera campaña. ¿Qué está pasando en la recién nacida república soviética? ¿Hay algún mapa que registre una ciudad de nombre para mí impronunciable como Verjneuralsk, las estepas de Turgaia, Oremburgo? ¿Existen fotos tuyas de esa época para saber con quién estoy hablando? Verjneuralsk sí existe, a ciento treinta kilómetros de Cheliábinsk y tiene diez hoteles de primera —según una página de viajes— a los que no pienso jamás ir y hace mucho frío en invierno, según se entera uno. Y sí, existe una foto, aunque sea del año posterior: bigote recortado, pelo fino, mirada apacible. ¿Tímido? Pareces un suboficial francés, griego, español, pero no, eres uno más de los proletarios rusos cultivados por la experiencia y no la educación formal. ¿Y el contexto? Hace falta un libro dentro o fuera de este libro para explicar la complejidad del momento. Afortunadamente ya existe, se llama *El año I de la Revolución rusa* y lo escribió el genial Víctor Serge; en él da cuenta de la nueva república cercada, invasiones inglesas, japonesas, norteamericanas en el Lejano Oriente, decenas de alzamientos de generales de ultraderecha, hambrunas, conflictos en el frente interno de los bolcheviques con social-revolucionarios, anarquistas y mencheviques; la presión alemana, la finesa en el frente occidental, un ejército levantado sobre un voluntariado obrero sin más entrenamiento que las insurrecciones callejeras y soldados de origen campesino que quieren volver a sus sembradíos, una división completa de soldados checoeslovacos que había que repatriar y se levantan en armas. Todo en vorágine, todo a medias, en la resistencia, en el límite, todo a trompicones, improvisando, esperando el milagro.

## III

En el verano de 1918, varios destacamentos guerrilleros del sur de los Urales y unidades regulares del recién creado Ejército Rojo que operaban en la línea de Orenburgo-Ufá-Cheliábinsk quedaron aislados de sus zonas de apoyo y suministro por la insurrección de un ejército checo (que operaba durante la guerra en combinación con el zarismo) y los restos del alzamiento de los cosacos y tuvieron que reconvertirse en guerrillas.

A mediados de julio, cercados por los ejércitos blancos, se retiraron a Beloretsk. Aquí, en una reunión de mando el 16 de julio, se decidió unir fuerzas en un destacamento de los Urales combinado y abrirse paso. Víctor Serge, el gran cronista, cuenta:

> Los checos se apoderaron de Verjneuralsk, y el pequeño ejército de Blücher creció con dos mil fugitivos. Los proletarios de la ciudad caída llevaban en carricoches a sus familias y todo lo que tenían de valioso en sus hogares: el samovar, las camas, las ropas... Se llevaban también una reserva de ciento treinta kilos de oro. Se hallaban casi rodeados. ¿Adónde irían? ¿Ganarían el Turquestán? ¿Se replegarían sobre la base del Volga? Resolvieron pasar a la otra vertiente del Ural para reunirse, al norte, con el Ejército Rojo. Aquello fue al mismo tiempo una guerra de guerrillas y la emigración de un pueblo. En cada gran fábrica que encontraban engrosaba el ejército con nuevos partidarios y con nuevos convoyes de fugitivos. A la vista misma de Verjneuralsk, y para abrirse paso, las guerrillas, faltas de municiones, tuvieron que atacar a la bayoneta y con lanzas una altura defendida por los cosacos, los oficiales y la juventud de las escuelas medias. Cara a cara, los enemigos se reconocían unos a otros: vivían en la misma calle, eran vecinos, primos, obreros y patronos, padres e hijos algunos de ellos. Vacilaban un momento antes de lanzarse al cuerpo a cuerpo. Y se tiraban a matar en un forcejeo frenético. Los rojos pasaron. En uno y otro bando el armamento era defectuoso. Se descolgaban los viejos fusiles de las paredes, se echaba mano de las escopetas de caza, se confeccionaban picas y mazas al estilo de las insurrecciones campesinas de la Edad Media; se fundían balas por los procedimientos que se tenían a mano; se empleaban carracas de madera para simular el crepitar de las ametralladoras. A retaguardia, las mujeres y los heridos acostados en sus carricoches, que conducían los niños de diez años, ponían también su aportación en el combate. Ni blancos ni rojos hacían prisioneros. Se estableció una disciplina perfecta y una buena organización en este ejército, cuyos soldados y mandos cobraban el mismo sueldo mensual, ciento cincuenta rublos, en el que los jefes combatían como todo el mundo y en el que los cartuchos escaseaban tanto que constituían un objeto precioso con el que se traficaba.

Solo hay que aportar una precisión a la narración de Serge, el comandante era Kashirin, y Blücher, el comisario político y su segundo, aunque pronto tomaría el mando de este pequeño ejército. Fueron ocho días de feroces combates, del 18 al 26 de julio. Los cuatro mil setecientos combatientes rojos mal armados y sin municiones se vieron obligados a replegarse. El 2 de agosto, Blücher reemplazó al herido Kashirin, y le dio forma rigurosa a las fuerzas, creando regimientos, batallones y mandos, y propuso un nuevo plan de acción: hacia el norte, hacia las fábricas de Krasnoufimsk, para que pudieran contar con el apoyo de más trabajadores, obtener suministros y alimentos. Obreros armados buscando obreros. La marcha comenzó el 5 de agosto, antes del día 13 cruzaron el cinturón de los Urales en la región de Bogoyavlensk, se unieron al destacamento los dos mil hombres de Kalmykov y luego los mil trescientos de Damberg. Ya tenían un ejército que incluía seis regimientos de fusileros, dos regimientos de caballería, una división de artillería y otras unidades (un total de diez mil quinientos hombres con bayonetas y sables) con una notable disciplina militar, «de hierro», la llamarían los futuros cronistas. El 20 de agosto, el ejército derrotó a las guardias blancas en el área de Zimino.

Sigue la narración de Serge:

> Al cabo de un mes de privaciones y de combates, salvados los Urales, llegados a los establecimientos industriales de Bogoiavlensk y de Arkangelsk, cerca de Ufá, fue necesario exigir un nuevo heroísmo, porque se preveía que iba a resultar infinitamente difícil el abrirse paso: hubo que abandonar a las familias. El inmenso sacrificio fue votado a mano alzada, en medio de un silencio desolador.

El 27 de agosto, forzaron un enfrentamiento frente al río Simu y ocuparon la estación de Iglino (doce kilómetros al este de Ufá) y destruyeron parte de la estación de tren, cortando por cinco días las comunicaciones de los blancos con Siberia. Vuelve Serge:

> El 2 de septiembre se encontraba el ejército de Blücher en Krassny-Iar, ametrallado sin descanso por los blancos y empujado contra un río profundo, el Ufá. Se construyó durante una noche, con trescientos ocho troncos de árbol burdamente ensamblados, un puente. ¡Y los rojos pasaron! Habían creído que iba a perecer allí hasta el último. El Estado Mayor, resuelto a luchar hasta quemar el último cartucho, había tomado las últimas disposiciones: cada cual reservaba su última bala para un camarada; al jefe del ejército le correspondía únicamente suicidarse, cuando todos hubiesen caído.

Franqueado el río se hicieron doscientos prisioneros: no quedó uno solo con vida. Para el 10 de septiembre habían infligido nuevas derrotas a los blancos, llegados al área de Askinoy se habían conectado con unidades avanzadas del 3er Ejército Rojo hacia el 13 de septiembre. Después de diez días llegaron a Kungur, donde se unieron a otras unidades. En cincuenta y cuatro días el ejército guerrillero del sur de los Urales de Blücher (diez mil hombres) había viajado más de mil quinientos kilómetros por un terreno difícil: montañas, bosques espesos, pantanos del sur de los Urales, ríos aparentemente infranqueables, falta de comida, heladas; atacando a los blancos por la retaguardia, se habían enfrentado a los restos del zarismo en más de veinte batallas y derrotado a siete regimientos enemigos. Las crónicas no cuentan si recuperaron a los heridos y a las familias dejadas atrás.

Eres Vasili Blücher, el obrero, ahora convertido en coronel, y recibiste la Orden de la Bandera Roja, la medalla más importante del nuevo Ejército Rojo que se entregaba por primera vez. Bajo un lazo rojo y blanco, una condecoración donde la bandera se superponía a la hoz y el martillo. En la entrega del galardón se dijo: «El raid hecho por las fuerzas del camarada Blyukher en condiciones imposibles solo tiene equivalente con el cruce de Suiza por Suvórov durante las guerras napoleónicas». Serge, en una posterior novela (*El caso Tuláyev*) deja una mínima descripción del personaje: «Tenía un rostro curtido, surcado de líneas perpendiculares, de grandes ojeras».

Trotski, en esos momentos comisario de Guerra, comentaría:

> Los antiguos suboficiales, sobre todo en Caballería y Artillería, tenían excelente idea de los asuntos militares y estaban realmente mejor informados y eran más expertos que los oficiales de carrera a cuyas órdenes habían servido. A esta categoría pertenecían hombres como Budionny, Blücher, Dybenko.

## IV

Si tu ruta, a partir de mis limitadas fuentes, es clara para el año 18, no lo será en el 19. La guerra seguirá con similar intensidad, variando las regiones, los enemigos y los frentes, pero no la ferocidad de los enfrentamientos. Lenin insiste: «Kolchak y Denikin son los jefes y los únicos serios enemigos de la República Soviética». Las noticias son escasas: en febrero de 1919, Vasili Blücher fue nombrado comandante asistente del 3[er] Ejército y desde abril sirvió simultáneamente como jefe del área de fortificación en Vyatka. Hay vagos informes de una derrota de sus tropas en Kazán ante Antón Denikin, otro zarista insurrecto que inició su levantamiento con un ejército donde había treinta y seis generales, dos mil cuatrocientos oficiales y suboficiales, para un total de tres mil setecientos hombres. Hay reportes más vagos aún de que te rendiste en Simbirsk durante la fallida campaña que dirigió Frunze. Una red virtual rarísima que se llama Kaiserreich así lo registra. ¿Estuviste detenido? ¿Cómo? ¿Por cuánto tiempo? La información no parece ser certera.

En agosto de 1919, fuiste nombrado comandante de la reorganizada 51ª división de Infantería. Una unidad independiente del 3[er] Ejército, que actuó en Tobolsk para impedir que las fuerzas de Alexander Kolchak, el nuevo jefe de los ejércitos blancos, pudiera flanquear a las tropas rojas.

Existe una frase suelta en un discurso o en un documento de esos meses en que insistías: «Debemos lograr una centralización estricta, unidad de voluntad, ejecución incondicional de órdenes, no permitir ningún separatismo ni espontaneidad; solo en este caso podemos dirigir a propósito la energía revolucionaria de nuestros combatientes para aplastar y derrotar al enemigo».

¿Era esto pura retórica o escondía tu primer gran aprendizaje como militar?

Hasta ahora, ¿qué tenemos? Un proletario convertido por artes de la revolución y de la guerra en coronel de un ejército fundamentalmente miliciano. La historia no es inusitada en el siglo XX, habría de repetirse por centenares en la guerra de España con los comandantes de milicias como Durruti, el Campesino y Cipriano Mera; en Francia durante la resistencia con Rol-Tanguy de los FTP; en Grecia y, sobre todo, en Yugoslavia con Tito. Pero en tu siguiente experiencia de combate, que sería notable, darías un salto adelante.

## V

El barón Piotr Wrangel, que había sucedido a Denkin en el mando del Ejército Blanco (las fotos muestran a un personaje cercano a la caricatura, estirado, de dos metros de estatura, vampiresco, ataviado con un lujoso uniforme de cosaco con abundantes condecoraciones zaristas), avanzó con éxito desde Crimea. Lenin pondrá el índice en el mapa y el dedo marcará el mayor peligro: «Las tropas de Wrangel están equipadas con ametralladoras, con tanques, con aviones, son mejores que todos los demás ejércitos que lucharon en Rusia», y el gobierno rojo estableció la prioridad de esta entre la docena de guerras que estaba librando la república, debían «detener inmediatamente el avance de Wrangel y destruir el nido de la Guardia Blanca en Crimea». La guerra civil ya rebasaba los dos años.

El 28 de junio de 1920, Vasili Blücher, ahora general de la División 51, recibió órdenes de salir al frente con sus fuerzas. En dos días sus trenes estaban en camino. A principios de agosto desembarcaron en la estación de Apostolovo, tomaron posiciones y junto a los fusileros letones (famosos porque fueron la unidad que tomó el Palacio de Invierno) y las divisiones 15 y 51, cubrieron el ala derecha del Ejército Rojo y el día siete cruzaron el Dniéper y ocuparon Kakhovka. Cuatro días más tarde expandieron la cabeza de puente de Kakhovsky. Blücher estaba encabronado, algunos dirán que «agresivo»; el comandante de la zona, Ieronim Uborévich (el jefe de ese ejército, un «viejo» bolchevique de 22 años, que parecía un estudiante), apresuró la orden de ataque y no permitió que la 51 se desplegara. Las relaciones entre los dos mandos se tensaron. Ante el peligro en su flanco izquierdo, los blancos contraatacaron sumando un cuerpo de caballería. Los rojos comenzaron a retirarse a Kajovka. Podía caer la cabeza de puente. A lo largo de tres días la 51 cubrió el repliegue de las otras divisiones y resistió al otro lado del río.

Blücher enviaba informes triunfales: «Las feroces batallas en las estepas de Zadneprovye terminan invariablemente en nuestra victoria». Pero, como diría un futuro analista de la batalla: «Nadie sabía realmente cómo terminaría. De hecho, la situación de los rojos era desesperada». Los blancos empujaban con brigadas de caballería e iban a poner en acción los blindados. Durante tres días, la División 51 y su vanguardia, los rifleros de Moscú, resistieron, pero al final no pudieron contener la embestida y los fusileros fueron cercados. Sin replegarse, fragmentaron sus fuerzas en grupos de resistencia, los llamados «erizos». Se quedaron sin balas y resistieron las cargas de la caballería con bayonetas. La situación era insoportable. Todos los comandantes de compañía estaban muertos o heridos. Sin embargo, la presión de los blancos, ante las enormes bajas que estaban sufriendo, cedió. La prensa de Wrangel registraba: «Ha llegado una nueva división bien entrenada, completamente comunista. Todas las posiciones de mando están ocupadas por viejos oficiales que se vendieron a los bolcheviques. El general alemán Blücher está a la cabeza [...] El enemigo es muy fuerte, astuto, pero con la gracia de Dios será derrotado por nuestros valientes guerreros».

El 11 de agosto los rojos expandieron la cabeza de puente obligando a los blancos a replegarse a Kajovka; durante los siguientes días la División 51 repelió varios contraataques. La batalla parecía interminable.

Para romper el cerco el general del ejército Mijaíl Frunze ordenó pasar a la ofensiva el 13 de agosto. En ese momento en todo el frente de Crimea estaban involucrados los ejércitos rojos de Frunze, Blücher, la caballería roja de Semión Budiony y los carros de caballo con ametralladoras de las fuerzas del anarquista Néstor Majnó, cerca de ciento cincuenta mil hombres.

La División 51 de Blücher atacó y para el día 20 se había generalizado el combate. El ejército de Wrangel los esperaba con carros blindados enmascarados en los pajares. Blücher ordenó el avance de la artillería que combatía a fuego directo. Los blancos se quebraron en el pueblo de Torgayevka y lo abandonaron, pero lograron recuperarlo en días.

El 31 de agosto, al amanecer, las unidades blancas comenzaron a atacar con el apoyo de artillería y aviación. Ocho veces los rojos pudieron repeler los ataques cerca del pueblo de Torgayevka. Pero por la noche las unidades blancas dirigieron su golpe principal a la aldea donde estaba el Estado Mayor rojo. Bajo fuego de artillería pesada y aviación, la casa donde estaba el cuartel general quedó totalmente destruida. Blücher se salvó de milagro. Luego avanzaron dieciocho vehículos blindados, seguidos de carricoches con ametralladoras, abriendo el camino para la infantería y la caballería. Blücher ordenó retirarse de la cabeza de puente de Kajovsky. Llegaron refuerzos y Vasili corrió hacia su artillería con el comandante Góvorov. Pusieron en acción cañones que estaban fuera de combate y abrieron fuego directo. Gracias a eso se sostuvo la cabeza de puente de Kajovsky.

En su mensaje a las tropas dijo: «Aprieten el rifle. La victoria está cerca». Pero no lo estaba. Durante septiembre, en medio de pequeñas escaramuzas, ambos ejércitos preparaban el enfrentamiento decisivo. Y, de nuevo, nadie podía apostar por un destino cierto. El 21 de septiembre Mijaíl Frunze (originalmente Frunzá), un «viejo bolchevique» de 35 años de origen ruso-rumano, general de guerrilleros durante la Revolución de Octubre, fue nombrado por Trotski jefe del Frente Sur, y los rojos optaron por una estructura defensiva.

Blücher dirigía la zona fortificada de Kajovsky apoyado por un genio de la ingeniería militar llamado Dmitry Karbyshev, un exoficial zarista que cambió de bando y que moriría veinticinco años más tarde en el campo de concentración nazi de Mauthausen.

Se construyeron tres líneas de barreras de alambre de púas conectadas entre sí por trincheras de comunicación, pequeñas fortalezas, zanjas antitanques y campos minados. Consiguieron artillería antitanque para poder hacer fuego directo, se sumó la Brigada de Choque, armada con lanzallamas y ciento sesenta ametralladoras pesadas.

En la noche del 8 de octubre de 1920, se inició la ofensiva del ejército de Wrangel en Zadneprovskaya. El 13º Ejército Rojo se retiró al noreste. Los blancos aplastaron a la División 46 y al 2º Ejército de Caballería en Nikopol. Los rojos tuvieron que debilitar la cabeza de puente de Kajovsky retirando tres divisiones y sobre ella fue la siguiente ofensiva blanca.

Por la noche, los aviones de Wrangel dejaron caer folletos en las posiciones rojas. Proponían que los soldados de la División 51 se tumbaran desarmados en el suelo para rendirse. Blücher, en respuesta, emitió una orden en la que exigía a comandantes y comisarios que «ninguna de las hazañas del Ejército Rojo debe permanecer sin registrar. Como comandante de alto rango, ordeno, y como comunista de alto rango, te obligo a observar estrictamente cada hazaña de tus compañeros más jóvenes».

El 14 de octubre a primera hora de la mañana se inició la ofensiva después de una poderosa preparación de artillería. «Doce tanques blancos, catorce vehículos blindados, y doscientas ametralladoras en la vanguardia». Los tanques parecían especialmente aterradores: los cascos de acero, con una longitud de diez metros y una altura de más de dos, estaban armados con cinco ametralladoras y dos cañones. Sus tripulaciones estaban compuestas por oficiales y el tanque Mariscal de Campo Príncipe Suvórov estaba comandado por un general que se quemaría vivo con su tripulación. Bajo la cubierta del fuego de la artillería, la infantería se movía en gruesas líneas.

Los rojos, que cuidaban la línea externa de defensa, dejaron pasar a los tanques y luego cortaron con fuego cerrado el paso a la infantería. En la zona que cubría la brigada de bomberos, los blancos lograron atravesar el alambre de púas y acercarse a las trincheras hasta que los lanzallamas los frenaron. Quedaban los tanques y fueron asaltados con granadas de mano. A las 11:00 de la mañana siete tanques habían sido destruidos. Wrangel lanzó a la batalla cuatro más y siete vehículos blindados. Los aviones bombardeaban las baterías. Uno de los tanques, llamado Para la Santa Rusia, fue capturado y rebautizado

Proletario de Moskvich. En medio de la locura quedaba algo de sentido del humor.

Solo la novela, que es capaz de pasar de la visión de conjunto, de los nombres de los mandos, de los números, de los movimientos de brigadas y regimientos, de la estrategia, de la mirada panorámica, para involucrarse en las pequeñas historias, puede narrar sin agotar al lector una historia como esta. No he encontrado esa novela y me veo obligado a seguirte a la enorme distancia.

El 19 de octubre de 1920 Frunze dio la orden de preparar el contraataque «para destruir al ejército de Wrangel, sin darle la oportunidad de retirarse a la península de Crimea y capturar los istmos». Nueve días más tarde, al amanecer del 28 de octubre, todo el Frente Sur entró en acción, las unidades rojas atacaron al segundo cuerpo de ejército de Vitkovsky y avanzaron. Las fuerzas que los enfrentaban eran enormes. Los blancos contaban con cuarenta y un mil hombres, doscientas trece piezas de artillería, cuarenta y cinco tanques y vehículos blindados, catorce trenes blindados y cuarenta y dos aviones.

En la noche del 29 octubre, la división de Blücher llegó a Perekop, una fortaleza natural cubierta desde el norte por el «Pozo turco» erigido por los antiguos kanes tártaros de Crimea, que tenía once kilómetros de longitud y ocho metros de altura, cubierto con una zanja de veinte metros de ancho, diez de profundidad y tres líneas de alambradas. En sus flancos el mar Negro y el golfo pantanoso de Sivash. El primer avance se frustró por el fuego de los blancos, apoyado por la artillería naval. En la mañana del 30, los rojos insistieron, pero Blücher decidió que un ataque frontal sería una carnicería y, obsesionado por tener el mínimo de bajas posibles, preparó una primera ofensiva artillera y retiró a sus unidades a la retaguardia para que descansasen.

Al anochecer del 8 de noviembre una brigada de choque inició el cruce del pantano que llamaban «el mar podrido» de la bahía de Sivash, siete kilómetros. Suciedad impasable que chupaba a la gente y a los caballos, agua salada helada que se comía los pies. Un viento frío soplaba del mar. Golpeaba la escarcha en los rostros. La ropa mojada se congeló, se volvió pesada como metal. Avanzaban a una temperatura de once a doce grados bajo cero; cargaban ametralladoras pesadas a mano. Pero fue inútil, en la mañana del 8 de noviembre, la Brigada 153 comenzó a moverse lentamente hacia Karajanai.

Simultáneamente, la División 51, de Blücher, inició su ataque a la fortaleza turca en seis oleadas de infantería, que debían reventar las alambradas. La operación fracasó porque la niebla impidió la acción de la artillería roja y los atacantes fueron masacrados. Frunze, y el comandante del 6° Ejército, Cork, llegaron a la sede de la división y encontraron allí a un Blücher agotado y extremadamente inquieto. Frunze recordaría: «El estado de ánimo en la sede y en la cabeza de Blücher era tenso y nervioso».

A las siete se reanudó el asalto y lograron abrir varios huecos en las alambradas. El grupo de choque que iba a la vanguardia sufrió un sesenta por ciento de bajas. Nuevamente fueron frenados. Durante la noche, blancos y rojos se cañonearon, los reflectores iluminaban la tierra de nadie. Frunze ordenó por teléfono: «Sivash se inunda, se llena de agua. Nuestras unidades en la península pueden ser cortadas. Tomar el eje a cualquier costo». Blücher envió apresuradamente un regimiento de reserva para apoyarlo, se combatía con bayoneta, los escuadrones de ametralladoras móviles de los anarquistas hacían la diferencia.

Paralelamente se iniciaba un nuevo combate sobre el Foso turco. A las 12:00 de la noche fueron rechazados nuevamente. Después de recibir datos de inteligencia, Blücher decide cambiar la dirección de la ofensiva y pasar por la izquierda del enemigo a través del istmo de Perekop para atacar desde el flanco y la retaguardia. El 8 de noviembre a las 2:00 de la mañana los rojos van al asalto y esta vez logran romper la barrera de alambradas y meterse en la zanja evadiendo el fuego de ametralladora. Sin detenerse, varios cientos de combatientes se movieron a lo largo de la parte inferior del foso hasta el golfo de Perekop para sortear el Foso turco y progresar hacia la retaguardia del enemigo. Caminaron cubriendo quinientos metros en el agua helada.

Frunze escribirá: «... las unidades de la División 51, treinta minutos después de la medianoche irrumpieron en el pozo de Perekop y continuaron atacando el Bazar de Armenia. Leí el informe, y el peso de una montaña cayó en mis hombros. Con la captura de Perekop, el peligro de destruir por completo nuestras dos divisiones, aisladas por las aguas del Sivash, se debilitó enormemente».

En la mañana las dos brigadas de vanguardia se encontraron. Los blancos se vieron obligados a retirarse bajo la protección de las fortificaciones de Yushun, con el Ejército Rojo pisándoles los talones.

El 15 de noviembre, la división se acercó a la primera línea de fortificaciones de Yushun y comenzó a excavar desde la bahía de Yushun hasta el lago Rojo. Wrangel ordenó que se movilizaran todas las reservas, pero los rojos lanzaron un ataque y rompieron el frente.

Wrangel trajo veinte barcos de guerra a la bahía de Yushun, sus proyectiles literalmente araron casi todo el istmo de Perekop. A pesar de esto, las divisiones 151, 152, los fusileros letones y la 51 de Blücher atacaron continuamente. Ese día unidades de la División 51 entraron a Sebastopol y Yalta. Las tropas de Wrangel estaban derrotadas y en medio del caos evacuaron, huyendo ni más ni menos que hacia Constantinopla. Wrangel moriría envenenado por un amigo de su mayordomo en París ocho años más tarde. El 30 de noviembre el Consejo Militar Revolucionario del Frente Sur te entregó, Vasili, la segunda Orden de la Bandera Roja.

Para divulgar esta campaña se editarían cincuenta mil ejemplares del libro *Bliukher: Kakhovka-Perekop-Volochaevka*. Vasili, te estaban volviendo popular. En el Museo del Puente, sobre el Amur de Khabarovsk, los visitantes, entre los que no me cuento, pueden ver el rail-bus, un trenecito de vapor como los que se utilizaban en los ingenios azucareros en Cuba, usado por Vasili Blücher durante las batallas.

Algún historiador se referirá a él como «genio militar». ¿Lo era? Difícilmente. Era uno más de los generales proletarios que la revolución había lanzado a los frentes produciendo milagros o, más bien, organizando los milagros que sus tropas lograban. Habría que admirar su paciencia, su meticulosidad, su preocupación por disminuir el número de bajas, su tremenda empatía con los combatientes, su sentido de coordinación de las fuerzas bajo sus órdenes, su conocimiento de los proletarios rojos que mandaba, el que pareciera infatigable. ¿Pero no lo eran así cientos de miles más?

## VI

La República del Extremo Oriente fue creada en octubre de 1920 por los bolcheviques en la recóndita Siberia como un Estado tapón, para enfrentar las invasiones territoriales inglesas, norteamericanas y sobre todo japonesas en el océano Pacífico ruso. Por razones tácticas se le dio un gobierno de frente amplio no bolchevique y un margen de aparente independencia ante la URSS.

En mayo del 21 se produce un reagrupamiento de los blancos. Con el apoyo de los japoneses depusieron a las autoridades de la república en Vladivostok, tomaron el poder y formaron el «Gobierno Provisional de Primorie». Se acababa el tiempo de las negociaciones.

Un mes más tarde, el 24 de junio la República del Extremo Oriente, en obvia coordinación con Moscú, nombró ministro de la Guerra y comandante en jefe del Ejército Popular Revolucionario a Vasili Blücher, quien por esos meses había recibido la tercera Orden de la Bandera Roja. Junto a él llegaron algunos altos mandos político-militares con la experiencia de los dos últimos años, como Step Sheryshev y Pável Póstyshev.

Llegaste a Siberia y en el primer reporte a Moscú informabas que el ejército se encontraba en una situación catastrófica tanto en materia de disciplina como de organización y armamento.

Ahí había de producirse un extraño diálogo con un viejo conocido: el comandante de la división Trans-Baikal, Korataev:

> —Hay que organizar un desfile de la división. —Y seguro que querías tambores, cornetas y acordeones sonando *La Internacional.*
>
> —Esto es imposible —responde Korataev, confundido.
>
> —Marchar en un desfile —dices rotundamente.
>
> —Ellos no obedecerán —contesta Korataev—. Los combatientes irán a la batalla, pero no irán a un desfile.
>
> —¿Qué tipo de ejército es este si no es capaz de participar en un desfile? Después de todo, un desfile es una demostración de poder. Dame un informe del ejército.
>
> —¿Qué tipo de informe? —pregunta Korataev con sorpresa.
>
> —Un informe militar, que debe indicar cuántas personas están enlistadas, cuáles en posibilidad de combatir, los enfermos y cuántos en intendencia y apoyo.

El resultado es que la división tenía cuatro mil ochocientos soldados enlistados, pero los combatientes no pasaban de novecientos veinte. Y, claro, se celebró el desfile. Además, creaste un método sui géneris de alojamiento. Tus hombres cavarían zorreras profundas en el suelo arcilloso, montarían estufas, les pondrían chimeneas para la ventilación y ahí vivirían, listos para movilizarse a la primera alarma de combate.

La primera campaña, utilizando una parte de tus tropas, te vio enfrentarte al Barón Loco, Ungern von Sternberg, un oficial zarista que se autoproclamaba descendiente de Gengis Kan. Mediado junio de 1921, tras haber tomado la capital de Mongolia intentaba llegar al lago Baikal, cortando en dos el Lejano Oriente de la Rusia soviética, al mando de su división de caballería asiática, una horda de exoficiales zaristas, cosacos, renegados de todas las razas, bandidos, guerreros mongoles y calmucos. Dos columnas del Ejército Rojo, acompañadas por los guerrilleros de Suke Bator, pasaron a la ofensiva final y avanzaron el 28 de junio. Les cerraron el paso a los restos de la División Asiática y alcanzaron Urgal el 6 de julio, destruyendo pequeños grupos de las fuerzas del Barón en el camino. Capturado el 15 de septiembre del 21, Von Ungern fue fusilado. Alguna fuente no muy confiable dijo que habías estado en el juicio, pero eso es imposible porque estabas ocupado en lo que podía representar un grave peligro. Porque en julio, en Primorie, el ejército bajo el mando del general zarista Viktorin Molchanov, con la ayuda del ejército japonés, reunía a los restos de los ejércitos blancos de Siberia mientras anunciaba una «marcha hacia Moscú». Simultáneamente se abrían negociaciones en Dairen (China), el 26 de agosto, que habrían de durar treinta y nueve sesiones y casi un año, donde la República del Extremo Oriente y el alto mando militar japonés discutían la posible retirada de las tropas de intervención. Petrov era la voz de la República y Blücher su voz militar.

Mientras tanto, y a la espera del inicio de los combates, planteaste al Comité Central bolchevique en Moscú que sin el apoyo de la URSS no podrías crear un ejército que resistiera la embestida de los blancos y esta reorganización tenía que darse en condiciones de total crisis económica. En noviembre de 1921 Lenin te consigue un millón y medio de rublos en oro.

Hay un par de fotos, probablemente de ese año, en una estás hablando por teléfono desde una oficina, en otra llevas un gorro de cosaco y chaquetón de piel, tienes muy poco pelo, de hecho, estás rapado al cero. ¿Para combatir los piojos y el tifus?

El 30 de noviembre de 1921 las tropas blancas salieron de la zona neutral custodiada por los japoneses y lanzaron una ofensiva. Blücher no estaba en el frente, seis días antes había sido enviado de urgencia a las negociaciones en Dairen donde, siguiendo instrucciones de Moscú, no se aceptaron las condiciones de retiro establecidas por los japoneses. A pesar de las críticas, en lugar de ir al frente, viajaste a Chitá para hablar ante la Asamblea Popular de la República sobre los resultados de las negociaciones con Japón, pero también sobre cómo había que reorganizar al ejército formado esencialmente por milicianos obreros y comunistas.

En tu ausencia la resistencia militar estaba encabezada por Step Seryshev, un hombre de la vieja guardia, exteniente del ejército que había estado al frente de los rojos en el alzamiento de octubre del 17, junto a los comisarios Pável Póstishev y Mélnikov. Para la noche del 22 de diciembre de 1921 los blancos habían obligado al Ejército Rojo a replegarse hasta Jabárovsk y continuaron avanzando, ocupando Volochaevka, y se acercaron a la estación de In.

Blücher tomó el mando de todas las fuerzas al este del río Amur y, ante la gravedad de la situación, muy cercana a la catástrofe, ordenó el 24 de diciembre la movilización urgente de todos los comunistas de las regiones de Primorie y Amur para incorporarlos a unidades militares organizadas. Se comenzaron a formar destacamentos guerrilleros, que se movilizaron desde toda Transbaikalia, toda la región montañosa al este del lago Baikal, que incluye la mayor parte de la república, incluso Chitá, su capital en esos momentos. Llegó dinero para alimentos de las tropas y forrajes.

Finalmente, los rojos se reorganizaron y dieron la primera batalla con éxito a través de la línea del Transiberiano, cerca de la estación Ying, haciendo retroceder a los blancos hasta la estación Olgoht. La victoria no pudo explotarse.

El 5 enero de 1922 se lanzó un ataque fallido contra Volochaevka, el general Blücher informó que la causa de la derrota fue «la ausencia de inteligencia antes de la batalla y, como resultado, la completa oscuridad de cómo estaban distribuidas las fuerzas enemigas en sus flancos».

Los blancos erigieron fortificaciones rápidamente en torno al pueblo. El jefe del Frente del Este, Step Seryshev, ordenó la ofensiva, pero Blücher la canceló, porque estaba convencido de no poder concentrar todas las divisiones del grupo Transbaikal en ese punto. Siempre la virtud de la cautela, siempre la preparación exhaustiva. Y armó un nuevo plan de operaciones.

Los futuros críticos de Blücher hablarían de «un rasgo peligroso en su carácter, desobedeciendo órdenes superiores» y de su «enfermedad de vocación estelar». Los hechos posteriores habrían de darle la razón.

En lugar de lanzarse al ataque, Blücher siguió con la reorganización del ejército y escribió y firmó un artículo, «Es el turno de la retaguardia», en el que pidió a la población que aumentara la asistencia al frente. El texto fue recibido con desagrado por el Consejo Militar del Frente que estaba en esos momentos poniendo sus esfuerzos en un despliegue vigoroso de la lucha guerrillera en la retaguardia del enemigo. Blücher no participó en la organización de esta lucha guerrillera, seguía fiel a su lógica: organización, entrenamiento, unidad de mando y concentración de fuerzas.

Sin embargo, las guerrillas obtuvieron éxitos: la noche de 12 de enero del 22, un destacamento hizo una incursión en Jabárovsk, donde estaba ubicada la sede de Molchánov, y derrotó a varios cientos de soldados y oficiales, obligando a los blancos a retirar dos regimientos con artillería de Volochaevka y a que los enviaran a perseguir a los guerrilleros. De nuevo las guerrillas tuvieron un éxito al batir a estos refuerzos en el pueblo de Knyaz Volkonka.

Mientras tanto, los blancos habían convertido Volochaevka en una fortaleza aparentemente inexpugnable, llamándola el «Verdún del Lejano Oriente», como una referencia a la mítica fortaleza francesa de la Primera Guerra Mundial. El tiempo ganado lo utilizaron para construir ocho líneas de alambre de púas en las aproximaciones a las posiciones. Desde el sur y el oeste, incluso un arbusto estaba cubierto con alambre. Tras las cercas se construyó otra barrera con sacos de tierra regados con agua y se formó una alta pared de hielo. Todos los ángulos defensivos fueron cuidadosamente seleccionados. Además, los blancos mantenían una red de trincheras de comunicación interna. Los numerosos puntos de observación, las ametralladoras y las posiciones de artillería bien equipadas les daban enorme ventaja. En la parte trasera cercana había casas donde los soldados podían esconderse del frío. Las tropas del Ejército Revolucionario del Pueblo debían atacar cruzando una llanura cubierta de nieve profunda y suelta.

Recuerda su compañero Pokus (el colmo del exotismo, yo siempre soñé en la adolescencia con tener un compadre llamado Mokus): «Casi todos los días Vasili Konstantínovich regresaba a las 4:00 de la mañana. Tenía reuniones continuas, daba órdenes, hacía planes, se adentraba hasta en los asuntos más insignificantes. Cuando terminaba la jornada, charlaba con amigos tomando una taza de té para recordar episodios de las peleas de la campaña de los Urales».

Y lentamente preparaba la ofensiva contra Volochaevka. Esta se inició entre el 11 y 12 de enero y volvió a fracasar.

Los testigos recuerdan que «el 28 de enero del año 1922, Blücher y su ayudante llegaron directamente a la estación Ying y ordenaron que la tropa se alineara para la inspección». Algunos entonces maldijeron: «¡Aquí hay idiotas! Hay que luchar, ¡pero los jefes están pensando en un desfile!». Blücher le dijo al comisario político Postyshev: «Pável Petróvich, necesitamos un desfile para que la gente pueda ver que estos no son grupos, sino un ejército. En segundo lugar, para que la gente entienda que ha llegado el momento de la disciplina, sin la cual no se puede hacer nada». Y reconoció: «Es posible que un hombre se congele con esta disciplina», porque hacía un frío atroz. «Y nos congelaremos durante tres horas». El desfile fue extraño: las tropas marcharon hasta la línea de frente y ahí el ejército, a la vista distante del enemigo, realizó una contramarcha que culminó con un mitin. «El comandante en jefe pronunció un discurso apasionante en el que no ocultó las dificultades de las próximas batallas y pidió a los combatientes una victoria decisiva». ¿Habrá funcionado el haberse congelado durante tres horas? ¿Verbo mata frío extremo?

Del 4 al 9 de febrero se produce una segunda ofensiva, que resulta otra vez frenada por las defensas blancas. Es terrible tener que seguir los combates desde cifras y jefes, se pierde la visión de la trinchera, la de los que avanzan bajo fuego graneado de ametralladoras, los que combaten y mueren, los que sí son heridos y caen a tierra y el frío les impide moverse para siempre, los que se han mantenido con ridículas raciones y mucho té, los que tienen miedo, los que tienen un valor enloquecido. Al amanecer del 10, bajo un frío que helaba a los combatientes a treinta grados bajo cero y sobre una nieve profunda en la que podías hundirte para siempre, se reinicia el combate. Los rojos contaban con siete mil seiscientos soldados, dos tanques, centenares de ametralladoras y treinta cañones. Los blancos, con la ventaja de estar a la defensiva, tenían cuatro mil novecientos cincuenta soldados con trece cañones y muchas armas automáticas. El ataque fue rechazado y los dos tanques se perdieron. Blücher, pacientemente, reagrupó sus fuerzas y fue al combate al día siguiente y nuevamente al siguiente.

Era ya 12 de febrero. Finalmente, los regimientos 3º y 6º rompieron la línea de alambradas y hacia mediodía capturaron la colina de Ju-Quran. La posición de los blancos era insostenible y las tropas de Molchánov huyeron. Un día después, en su retirada, abandonaron Jabárovsk, que fue tomada por tu ejército, el cual, agotado, no pudo proseguir la persecución.

Para abril del 22 los rojos llegaron a Spassky y obtuvieron otra gran victoria ya en las cercanías de Vladivostok. En julio de 1922 fuiste llamado a Moscú, te sucedió Uborévich en el mando.

Para ti había terminado la guerra civil. Vasili Blücher, no habías cumplido los 33 años y sumabas dieciocho heridas obtenidas durante la Primera Guerra Mundial y los cuatro años de guerra y revolución. La muerte te había perdonado.

El 25 de octubre del año 22 los japoneses abandonaron Vladivostok, los restos de las bandas del Ejército Blanco se disolvieron. El general Molchánov huyó a China y luego a Estados Unidos, donde terminó poseyendo un rancho de pollos en California. La República del Extremo Oriente desapareció para integrarse a la URSS. Era el final de la guerra civil.

## VII

¿Crea la guerra hábitos? ¿No se concilia el sueño sin el eco distante del cañón, sin el tableteo de las ametralladoras? ¿Extrañas los escasos vuelos de los aviones? ¿Los tremendos fríos, el bigote lleno de cristales de hielo? Entre la segunda mitad de 1922 y 1924 serás comandante del distrito militar de Petrogrado, afortunadamente los ecos del alzamiento anarquista de Kronstandt están lejos. Te has vuelto popular. Cuando visitas el regimiento de caballería de Zhúkov, este habría de recordar que hasta los cocineros se acercaban para estrecharte la mano. Queda tiempo para estudiar. Te apasionan los tanques, ves en ellos el futuro de la guerra. Pero no te harán mucho caso en el Estado Mayor. El debate se reproducirá diez años más tarde. Budionny y Kliment Voroshílov están y estarán a favor de la caballería. ¿Se perderá el tiempo de innovaciones?

Junto a Boris Sháposhnikov, excoronel cosaco del viejo régimen, uno de los oficiales que había rescatado Trotski, creas las bases de lo que sería la Academia Militar soviética, luego la escuela Frunze. Ahí hablas de la futilidad de la guerra ofensiva, defendiendo las virtudes de la defensa, del contraataque y de la guerra popular. En el año 1924 te graduarás en el Departamento Oriental de la Academia del Ejército Rojo de Obreros y Campesinos. ¿Graduarte o dirigirlo? Las vagas informaciones no dan cuenta. Como tampoco darán clara razón de por qué fuiste a Alemania en esos años. ¿Viaje de estudios? ¿Labores diplomáticas? ¿Disfrazando con diplomacia el espionaje militar? ¿Contactos con el partido comunista alemán que estaba en la ilegalidad y en lógica insurreccional?

¿Qué sucede en la URSS entre julio del 22 y el inicio del 24? Supervivencia económica, el inicio de una batalla en el interior del bolchevismo cuando en el otoño de 1923 la «troika» de Stalin, Zinóviev y Kámenev pactan entre sí durante el XII Congreso del partido. Lenin muere el 21 de enero de 1924. Stalin se consolida como secretario general. Trotski es desplazado del Ministerio de Guerra. Comienza la persecución contra «la oposición de izquierda». ¿Estás al margen? Lo estás.

## VIII

El tiempo de la retaguardia duraría dos años y medio. Y para esa generación de comunistas el internacionalismo era biblia; extender la revolución, una obligación moral y política. Los bolcheviques lo habían intentado y fallado en Polonia, sin contar con un país enraizadamente católico y sin las fuerzas de la clase obrera polaca. Lo intentarían en Alemania apoyando todo un ciclo insurreccional proletario que llevaría a la insurrección de Hamburgo en el 23. Y ahora, sorprendentemente, la guerra social se desplazaba hacia un país fragmentado militarmente y en caos económico. ¿Dudaste un instante cuando te preguntaron si querías ir a China? ¿Te lo preguntaron?

En 1923, Sun Yat-sen, el presidente de una república china rota en señoríos regionales que dominaban «Barones de la guerra», había enviado a un joven militar, Chiang Kai-shek, a evaluar y pactar un posible apoyo soviético. El resultado fue el envío por parte de la Internacional Comunista de un brillante revolucionario, casi profesional (había actuado en Estados Unidos, México, Inglaterra), Mijaíl Borodin, que arribó ese mismo año junto con el general Pavlov. Borodin se convertiría en meses en el principal asesor de Sun Yat-sen y por tanto del Kuomintang (KMT), el partido nacionalista. Y de su alianza con la URSS y el Partido Comunista de China (PCCH). Pavlov moriría ahogado, supuestamente en un accidente, y arribaría a Cantón en octubre de 1924 un nuevo general ruso al que Robert Elegant erróneamente describe como un «taciturno oficial zarista», que usaba el nombre de Zai Vsevolovich Galen (o Galin), aunque también había de ser conocido como «Nikitin» y «Gordon». Eras tú. Y el origen del seudónimo que servía para separar tu anterior biografía de la que se iniciaba, surgía de los nombres de tu hija Zoy y del de tu primera esposa, Galina Pokrowska, de la que te acababas de divorciar. ¿Sentido del humor? ¿O el nombre era previo al divorcio?

En ese mes fuiste nombrado jefe de los asesores militares y técnicos soviéticos, una treintena en principio, y director adjunto de la Academia Militar de Whampoa. Junto a ese grupo arribaron las primeras armas rusas (fusiles viejos, algunas ametralladoras, una docena de cañones). El otro director, nombrado cuatro meses antes, era Chiang Kai-shek, dos años mayor que tú. Se presentaron tres mil candidatos para el primer curso, se trataba de activistas del PC y del KMT, que irían a formar los cuadros medios del ejército, solo quinientos fueron aceptados; para el tercer curso, el sesenta por ciento eran campesinos sin tierra. Fueron alumnos destacados de la academia Lin Piao y Chen Yi y los vietnamitas Ho Chi Minh y Pham Van Dong. Se ofrecía un curso de seis meses de infantería y ocho meses de cursos especializados en artillería, ingeniería, comunicaciones y abastecimientos. De ahí surgirían los regimientos 1 y 2, que serían el pequeño corazón del ejército nacional.

Los asesores incluirían al equipo que dependía de Borodin y que estaba muy activo en multitud de frentes con sus cuadros políticos, incluso dos importantes escritores: Sergei Tretiakov, que pasó dieciocho meses entre 1924 y 1925 siendo corresponsal de *Pravda* y dando clases de literatura rusa en la Universidad de Pekín; y Boris Pilniak, que recorrió China, Japón, y Mongolia en 1926. Estaban los generales Vítovt Putna, de origen lituano, reemplazado en mayo del 25 por Vitali Primakov, fundador del Ejército Rojo en Ucrania, que fue conocido como Lin; Stepánov, que sería asesor luego de Chiang Kai-shek, y Cherepanov. En momentos llegaron a ser hasta ochenta, incluyendo artilleros y aviadores. Su secretaria y estenógrafa Galina Kolchuguina, china de origen ruso nacida en Harbin, la Manchuria china, que sería la segunda esposa de Blücher; y Vishniakova-Akimova, esposa de otro cuadro militar que lo acompañó como traductora.

Durante los primeros meses en Cantón, una ciudad notablemente cosmopolita, en palabras de Borodin: «una torre de Babel en la que uno se pierde por completo», cruzada por mil y un intereses comerciales y clasistas, la presencia de japoneses, británicos y norteamericanos, el misterioso Galen, al que sus asesores llaman «el viejo» aunque solo tiene 35 años, recibe presiones de Sun Yat-sen, para que diseñe una campaña militar hacia el norte. Con lo que Cherepanov llama «el frío cálculo de Blücher», estudia las condiciones, utilizando esquemas dibujados, trabajando en precarios mapas, con informaciones no confiables, dependiendo de traducciones inexactas o informes falsos respecto a las propias tropas y diseña un plan con el que, paradójicamente, no está de acuerdo. En contra, propone que hasta que no esté preparado el Ejército Rojo, había que atacar a los barones de la guerra en el más cercano frente del este. Tras muchos debates y de acuerdo con Borodin prepara un segundo plan para esta campaña.

El ataque de uno de los señores de la guerra, Chen Chun Ming, precipitó la decisión y en principio le dio la razón a Blücher y a pesar de la oposición de varios generales del KMT, el 14 de enero del 25 inició la campaña.

En un mitin en el aniversario de la muerte de Lenin, el 21 de enero, intenta dejar claro, refiriéndose a la fuerte organización sindical y lucha obrera y el crecimiento del movimiento campesino: «Nuestra fuerza es el impetuoso auge revolucionario en el país». Pero no basta, no hay duda de que el ascenso de la lucha campesina y obrera son el motor de la revolución, pero su columna vertebral es militar. El 8 febrero en el interior de un vagón de tren, durante una reunión de asesores y gobierno, explica el plan que ha sido aprobado. Una de las objeciones que le ponen es que la ofensiva pasaba por tomar la fortaleza medieval de Wanchow y los generales chinos decían que era imposible, no hay artillería, «hemos fracasado en treinta y ocho ocasiones», el mismo Sun Yat-sen lo había intentado en el 22 y fracasado.

Galen le da la vuelta al problema: no hay que tomarla, hay que envolverla. Aun así la ofensiva carga con terribles debilidades, los generales de los ejércitos aliados de Kwansi y de Yunann dudan, quedaba el ejército de Cantón y la primera generación de los cadetes de Whampoa. No había carreteras, una endeble línea ferroviaria, falta de mapas, el ejército actuaba sin cocinas de campaña, el número de cartuchos era insuficiente, no había caballos ni animales de carga, esta se hacía con porteadores y carretillas de mano; los oficiales se transportaban en palanquines (Cherepanov dice que, por razones morales, «nosotros no podíamos permitirlo»). Primer choque y primera victoria en la estación de tren de Shenchuanhu. Blücher insiste: «calidad, no cantidad». El 12 de febrero continúa la ofensiva. Los oficiales de la academia y los asesores combatían en la primera línea. Chang Kai-shek «no se distinguía por su decisión», dirá Karaján, el embajador de Rusia en Pekín.

El 18 de febrero Galen llega a Tan-shui, recién tomada por los rojos, y dos días después relanza la ofensiva. Chiang duda. Galen se mueve hasta la primera línea para evitar rezagos, vacilaciones y demoras. Karaján añade: «El camarada Blücher, a diferencia de la tradición china, que dice que el general debe hallarse a lo menos a cien kilómetros de las operaciones, se encuentra constantemente en el frente. En un momento crítico asumió incluso el mando de un tren blindado».

Por delante van las secciones de propaganda armadas con medio millón de volantes, proponiendo la organización de las uniones campesinas y las rebajas de las cuotas que entregaban a los terratenientes.

El campo chino, sometido a condiciones de explotación y abusos terribles, se agita. El 23 de febrero estás en Haifeng para apresurar la ofensiva hacia el este y no dar respiro a los ejércitos de los barones. El 12 de marzo muere Sun Yat-sen, con él se va el más firme promotor de la alianza entre el nacionalismo de izquierda y los comunistas. Las tropas del KMT toman Shatow. Chiang Kai-shek no dirigió un combate en toda la ofensiva. Mantenías reuniones continuas en un vagón del ferrocarril: «La campaña está en un momento clave, aún no hemos logrado superioridad decisiva». Había que apretar. Se han apoderado de ocho millones de balas y treinta y seis viejos cañones, ciento diez ametralladoras, doce mil fusiles. Han derrotado, pero no rematado. Les queda a las espaldas la fortaleza de Wangchow.

En un escrito a Chiang Kai-shek en abril de 1925, Galen criticaba los defectos del ejército del KMT, sus estrategias y tácticas; aun cuando el enemigo retrocedía, le faltaba «control operacional, iniciativa, y no tenía sentido de la solidaridad y el apoyo común». Muchos oficiales eran «responsables por la mala reputación que había ganado el ejército chino». Galen comentaba a su equipo que en una ocasión Chiang Kai-shek «no tenía idea» de dónde estaban sus unidades combatiendo. A pesar de sus permanentes relaciones no tenía una buena opinión del jefe del ejército, porque lo había visto quebrarse con lágrimas en los ojos cuando los acontecimientos de Wuhan y tirar la toalla. No creía que pudiera ser el jefe militar de la revolución.

En esos momentos Cantón se encuentra en peligro por las traiciones de parte de sus aliados. Chiang propone hacer retroceder al ejército, Galen coincide: deshacer la fuerza de los exaliados primero, en lo que está de acuerdo con Borodin, y proseguir la expedición. De cualquier manera, cuando están en Shantou se ha frenado la campaña. El plan se formula el 9 de mayo y será coronado por el éxito.

Otros paisajes, otros idiomas y dialectos, otros rostros, otros términos militares, geografías difícilmente imaginables, nombres impronunciables; conflicto eterno para diferenciar entre amigos, muy amigos, compañeros dudosos, aliados, aliados no muy confiables, enemigos, muy mortales enemigos; mapas incomprensibles, donde penosamente se distingue una vía férrea, un importante puerto comercial, pero que no corresponden a la realidad, porque ocultan desiertos, selvas, pantanos, ausencia de caminos, fortalezas medievales reconvertidas; presencias imperiales conspirativas y tremendamente activas: japonesas, británicas, aliadas con intermediarios comerciales, sociedades secretas. Y al fin y al cabo el ser fundamentalmente un extranjero, por más que *La Internacional* cantada en chino cantonés diga que es «el género humano».

Extranjería es la mía, que jamás he pisado China y que me veo obligado a naufragar ante un mundo académico fundamentalmente angloparlante, un mundo de superespecialistas político-militares que hablan en un lenguaje privado, en el que todos están secos, que no pueden evitar la lejanía y ausencia de color y calor; chocando eternamente con mi carencia de conocimiento del ruso y el chino, teniendo que paliarlo a partir de lecturas en inglés y español y de reseñas secundarias en inglés y francés o el bendito traductor de Google, que me permite pescar o medio inventar datos sueltos en alemán, azerbaiyano, ruso, mongol, búlgaro, polaco o rumano.

En agosto del 25 viajas de regreso a la URSS «para consultas», dice Cherepanov. «Está completamente enfermo y su permanencia es absolutamente imposible», dirá el embajador Karaján. Viaja Pekín-Kalgan-Rusia oriental. Estará fuera el 13 de octubre cuando se lanza la segunda campaña hacia el este con objetivo Wanchow. Decrece la influencia de los asesores soviéticos. Él es el único que ha logrado llevar hasta el frente a generales que nunca habían salido de su despacho.

En octubre el general Nikolai Kuibishev substituyó a Galen como jefe de asesores. Su seudónimo será Kisanka («gatito» en chino). No es el hombre ideal, le falta el don de mando, la paciencia, el respeto al «modo chino»; abiertamente despreciará a los oficiales locales, llamándolos «ignorantes en el arte de la guerra», pronto Chiang Kaishek pedirá a Borodin que lo destituya y que regrese Galen lo antes posible.

¿Y tú qué estás haciendo en la URSS? ¿Realmente estabas enfermo? ¿El clima, las fiebres tropicales, habían acabado por doblarte? ¿O el nuevo Comité Central estaba observando tu fidelidad?, ¿o tu desinterés por la política del partido en Rusia? Hay una foto, fechada el 1 marzo de 1926, donde el general Blücher con uniforme blanco de gala y todas sus condecoraciones está al lado de Stalin, observado por los mirones, que aún no sabían lo peligroso que era aparecer en una foto al lado del secretario general. Por cierto, que el dueño de la foto la vendió recientemente en ciento veintiocho dólares, en uno de esos mercados por internet. Es extraña la manera en que el mercado lo inunda todo.

Al inicio de 1926 llegaron más armas rusas, municiones, nueve aviones, ametralladoras. Ni mucho menos lo necesario para equipar al ejército, pero un respiro, porque los señores de la guerra en varias regiones de China estaban siendo abastecidos bélicamente por ingleses y sobre todo por los japoneses.

El 20 de marzo de 1926, Chiang Kai-shek dirige, o se suma, o simplemente deja hacer una fuerte represión contra los movimientos sindicales, las uniones campesinas y los comunistas. Centenares de muertos, fuertes tensiones internas que están a punto de romper el KMT en pedazos. Y no están en China Borodin ni Galen, que quizá hubieran amortiguado el choque con el peso de su presencia en el partido y el ejército. Muchos sectores del ala izquierda del KMT se quejan. En la embajada soviética en Pekín se dice que «los chinos tienen una fe absoluta en Galin».

Regresarás en abril o mayo del 26 vía Vladivostok. Sabes bien lo que pasó en marzo. El 5 de junio llegas a Cantón, Chiang había mandado «su mejor cañonera a recibirlo». «Mis relaciones personales con Chiang Kai-shek eran algo tirantes en los primeros tiempos [...] No dejaba de preguntarnos si nos fiábamos de él». Se movía errático políticamente, tratando de construir alianzas, de reforzar su personal base de poder. La situación era más confusa que de costumbre, derecha e izquierda del KMT confrontadas, los comunistas en muchos lugares perseguidos, alianzas endebles por todos lados, bandolerismo, presión imperial británica y japonesa, los grandes capitales comerciales poniendo financiamiento en conspiraciones, el movimiento campesino desplegándose y muchas veces frenado por los asesores soviéticos y los mismos comunistas. En este caos la moral del ejército se debilita. Te desesperas, presionas a Chiang. La derecha pide la expulsión de Borodin. Retomar la marcha hacia el norte parece ser el resultado de todo eso, al menos era una propuesta clara. Borodin estaba en contra, pensaba que era una locura sin antes consolidar la situación de Cantón. Contaban con noventa y cinco mil soldados, pero solo sesenta y cinco mil estaban armados.

Desde el 23 de junio tratas de convencer a Chiang de que se reformule el mítico plan de la expedición al norte, se producen decenas de reuniones. Los convences. Finalmente, el 5 de julio logras modificar el plan original que habías escrito dos años antes. Recuperas el control de los asesores, Kuibishev regresa a la Unión Soviética. En esta primera etapa el plan de operaciones considera llegar, derrotando a todo lo que se ponga en medio, hasta Wuhan, a ochocientos treinta y cinco kilómetros, con una primera etapa hasta Hunan, a seiscientos ochenta y seis kilómetros. El 9 de julio se inicia oficialmente la campaña con el despliegue de cinco cuerpos de ejército.

Observas: «Chang Kai-shek hace alarde de estrecha amistad conmigo ante los mandos del ejército y me presta ostensiblemente mucha atención a la vista de todos. Me es difícil decir si se trata de auténtico cambio en las relaciones con nosotros o es política [...] dudo mucho que en sus adentros sea benevolente». Salen hacia el norte el 27 de julio, Chiang parecía muy amigable, le dejaba tomar decisiones militares en cuanto a la campaña y temas de organización del ejército, Galen dudaba. La marcha fue muy dura: enfermedades, terrible calor, muchas bajas entre los porteadores, gran trabajo político en la ruta hasta Hunan, los asesores soviéticos eran aplaudidos en las comunidades.

Toman Changsha el 15 de agosto. Ahí establecen el alto mando, a quinientos sesenta y cinco kilómetros, decenas, cientos de enfrentamientos en la ruta, una complejidad insalvable de conflictos internos, marchas, fragmentaciones, combates contra diferentes señores de la guerra.

El 3 de septiembre llegan a Wu Chang. Analizas el alto costo de la victoria, producto de la pésima organización y la falta de coordinación. Se tuvo que atacar la fortaleza sin artillería. El armamento del ejército del KMT es inferior al de los militaristas, solo lo suple la voluntad de lucha de algunos regimientos muy militantes, muchos de ellos dirigidos por los cadetes de Whampoa. Mientras regresas a Cantón para cubrir el frente del este el 30 de septiembre Nanchang será tomada. Chiang presiona para que siga la ofensiva.

Serás recibido con gritos y aplausos cuando entras a Nanchang en los últimos meses de 1926. Habían recorrido seiscientos setenta y un kilómetros lineales, más de mil en rutas imposibles y desvíos. En Nanchang tu prestigio se basa en la opinión generalizada de que cuando dirigías el ejército de cerca, este se volvía tremendamente disciplinado y nunca habías perdido un combate. Los oficiales chinos, no solo los de los batallones comunistas, te querían por el método cuidadoso y respetuoso de aproximarte a los problemas. «Suavizaba las situaciones difíciles». Tratabas de mantener tu intervención en términos puramente militares y evadías el discurso político, eso era cosa de Borodin y sus organizadores y del PC chino.

La academia de Whampoa llegó a graduar a dos mil quinientos estudiantes en 1926, eran el corazón del ejército del KMT. Siempre a tirones, a veces con las clases de formación política suspendidas, terreno de disputa de Chiang contra los comunistas y el ala izquierda del KMT. Muchos asesores soviéticos fueron hospitalizados, sufrían de infecciones estomacales y «desórdenes neuróticos», lo que no quita que se jugaran la vida cuando hacía falta. Sin ellos la expedición al norte habría fracasado.

En noviembre del 26 se reinicia la ofensiva. Nuevos y viejos problemas: los rifles son de mil y un calibres diferentes, por lo tanto para unos faltan las municiones que sobran para otros, hay que realizar frecuentes cargas a la bayoneta, se necesitan doctores y sanitarios en el frente y nuevos hospitales en la primera retaguardia, es indispensable mejorar las comunicaciones, los trabajos de espionaje e inteligencia militar, la coordinación entre los agitadores sociales que van levantando las demandas campesinas y la organización proletaria y el ejército. De todo hay un poco, pero nunca es suficiente. Los poquísimos aviones, volando en condiciones infames, bajo fuego sus campos de aterrizaje, muchas veces arrozales, han realizado un trabajo genial llevando el terror al enemigo, el espanto en los vuelos rasantes. La moral del corazón del ejército es alta, pero la expedición al norte había tenido veinticinco mil bajas, el sesenta por ciento de sus combatientes habían muerto, desertaron o estaban heridos.

En diciembre el gobierno junto a Borodin se mueve primero a Nanchang. Actuar desde la China central daba un carácter nacional al KMT. Por presión de su ala izquierda el gobierno se mueve a Wuhan, contra la opinión de Chiang, que tiene sus fuertes apoyos en la burguesía de Cantón. Comienzan las represalias de ciertos sectores militares contra un movimiento campesino en ascenso, pero desarmado.

Desde mitad de febrero del 27 Galen había establecido su cuartel general en Nanchang, una vieja ciudad amurallada de doscientos mil habitantes, con callejuclas estrechas, desde donde dirigía a unos cincuenta asesores militares soviéticos repartidos en la academia y los frentes. Vivía con Galina Kolchuguina en una quinta, llamada elegantemente Lockwood Gardens, de original propiedad inglesa. ¿En cuántas casas, campamentos, ciudades, trincheras, vapores, vagones de tren, ha vivido en estos dos últimos años? En Hankow y en Nanchang se trabajaba de doce a dieciséis horas diarias sin días de descanso.

¿Cómo escaparse de los lugares comunes sin apelar a la literatura? Cuando sigues una historia desde el escaso anecdotario del mundo de los generales, las fechas, resulta casi imposible avanzar sin el apoyo de las memorias personales, los diarios, el periodismo. Vagos apuntes: según la periodista Anna Louise Strong, Galen «tenía cara de jugador de póker». Otro periodista lo describe como «fieramente enérgico». ¿Qué quieren decir? ¿Es un retrato o el *flash* de un instante en una fotografía?

En una reunión del alto mando militar celebrada entre el 4 y el 7 de enero del 27 propones una reorganización en que las brigadas no actúen como unidades independientes, medidas para hacer reales y efectivos los pagos a los soldados, una revisión de la logística, un nuevo plan para dotar la ofensiva con más aviones. Cada ejército del KMT operaba con autonomía, lo que generaba muchísimas bajas.

Mientras tanto, crecen las contradicciones entre Chiang y el ala izquierda del KMT y los comunistas, presionados desde abajo para extender la revuelta campesina y las demandas proletarias. Te piden que intervengas, pero no ves cómo. El 21 de febrero de 1927 Chiang pasa a la ofensiva para sacar a los comunistas del KMT, reprimir al movimiento popular y neutralizar a sus asesores soviéticos, particularmente a Borodin (proponía a la URSS que le mandaran a otro asesor político, Radek por ejemplo). El 11 de marzo comienzan los asesinatos masivos de dirigentes obreros y la represión a los sindicatos. Los comunistas solo tenían mil miembros en el ejército del KMT, pero la mayoría eran oficiales y miembros de los estados mayores. Comienzan a ser purgados o marginados.

El siguiente paso de la ofensiva es la toma de Shanghái, a mil cuatrocientos setenta y ocho kilómetros al noreste de Cantón. Galen trata de frenar la operación contra una ciudad con varios millones de habitantes, industria, comercio, legaciones internacionales. Ahí concurren dos elementos, su toma le dará a Chiang Kai-shek control del ejército, pero paralelamente desde el interior los comunistas y los sindicatos están preparando una huelga general insurreccional. Frenar, pero no abandonar el levantamiento obrero, que de quedar solo será masacrado. Decide «que comiencen de inmediato la ofensiva sobre Shanghái». A mediados de abril el alzamiento popular y los ejércitos del KMT toman la ciudad, ese día el ejército desata el terror contra sus aliados de la semana anterior. Chang Kai-shek entra en Shanghái ametrallando a los trabajadores. Él y sus generales le tienen más miedo al movimiento que a los ejércitos de los barones de la guerra.

A fines de mayo e inicios de junio vuelven a circular peticiones de los generales del KMT pidiendo la expulsión de Borodin. Chiang hace un llamado: la derecha del KMT debe concentrar su odio contra los comunistas y no contra él. Un asesor le decía a Borodin: «La misión fundamental de Chiang es verse libre de usted, es el único que le impide ser dictador».

Galen estará en Cantón a fines de mayo, Chiang deja de informarle los movimientos militares. El 24 de mayo se produce la devolución de tierras confiscadas a «terratenientes buenos» miembros de la oficialidad del ejército, la tímida reforma agraria se desvanece. El 30 de mayo Borodin se reúne con algunos generales del ala izquierda del KMT para ver si se puede actuar contra el ala derecha. En respuesta son expulsados los comisarios comunistas del ejército.

En Cantón Galen recibe la información de que su vida puede estar en peligro. En julio varios ejércitos del KMT acuerdan expulsar a los comunistas. El PCCH saca del gobierno a sus representantes. Todo es confuso, todo es caótico, todo está disperso, lejano, incomunicado. Mil y una fuerzas en tensión revientan. En la tarde del 16 de julio del 27 Borodin sale de Hankow, se dirige a Loyang. Horas después es asaltada su oficina. Envían órdenes de detenerlo, pero el señor de la guerra local le da paso y escolta hacia la frontera con la URSS. Deja una última frase: «si un buzo es enviado a la profundidad de la corriente amarilla, este resucitaría del millón de esperanzas rojas». Pasará mucho tiempo hasta que eso sea cierto.

No he podido precisar la fecha exacta de tu salida de China acompañado de tu esposa, pero todos los asesores soviéticos serán expulsados entre julio y agosto de 1927 y tuvieron que abandonar apresuradamente el país. ¿Qué estás pensando? ¿Que deberían haberlo previsto? ¿Que se debió haber dedicado más esfuerzos al fortalecimiento político del ejército? ¿Que habría que haber puesto más énfasis en el apoyo a los comunistas y dotar de armas y entrenamiento a las uniones campesinas y los sindicatos? Pero todo ello hubiera provocado la ruptura con los generales y el ala derecha del KMT mucho antes. ¿Tienes quejas sobre tu actuación militar codirigiendo aquel ejército? ¿Las tienen en Moscú?

Los pocos de tus oficiales que permanecieron dentro del territorio, ligados a algunos batallones del ejército, serían capturados y algunos torturados. Los cuadros políticos de Borodin tendrán que pasar a la clandestinidad al igual que el PCCH. La contrarrevolución enfrentaría aún dos tremendos levantamientos proletarios, el 1 de agosto en Nanchang y en diciembre de 1927 la Comuna de Cantón. Ambos serían destruidos a sangre y fuego.

## IX

Vuelves a ser Vasili Blücher. ¿Vives tu experiencia china como una amarga derrota? Obsesivamente repasas lo que se hizo, lo que se pudo hacer. Muchos saben del papel jugado por tu *alter ego* Galen en China. Los rumores lo confirman. ¿Te sorprendería leerte como personaje en una novela de André Malraux? *Los conquistadores*, publicada en París en 1928. Es una muy breve aparición, que cuenta la etapa previa a tu trabajo en la academia y la ofensiva hacia el este. Borodin trabaja en Moscú como editor de un periódico menor en inglés, el *Moscow News*. ¿Se volvieron a ver? ¿Mantuviste contacto después de la expulsión con él y los comunistas chinos exiliados en Moscú?

De 1927 a 1929 fuiste comandante asistente del distrito militar ucraniano. Y en el primero de esos años aprovechaste para estudiar algo que no tenía que ver con la estrategia militar y te graduaste en la Escuela Técnica para la Gestión y Recuperación de Tierras. ¿Estuviste estudiando en Alemania en uno de esos intercambios militares del año 28, al igual que otros generales soviéticos como Uborévich y Edelman?

El 6 de agosto de 1929 fuiste nombrado comandante del Ejército Especial Oriental, de nuevo en la esquina de la URSS, Siberia, los límites con Mongolia y Manchuria. Entraste de nuevo en la lógica perfeccionista del entrenamiento, pero además esta vez lo que habías aprendido de agricultura lo pusiste en práctica: sesenta mil hombres, un tercio de la totalidad del ejército se volvió un «cuerpo de labranza» para producir alimentos para la milicia y la población. Otra parte importante construyó talleres de herrería, silos, panaderías, establos para la cría de cerdos y caballos. Un documental de Mosfilm da cuenta de febriles actividades (¿no todos los documentales muestran fiebre de trabajo en la URSS estalinista?); durante muchos metros de película se recogen los hechos del Ejército Especial Oriental. Pero eso no era tu primordial función, las tensiones fronterizas con uno de los señores de la guerra chinos, Zhang Xueliang, estaban creciendo.

En octubre los chinos trataron de apoderarse del control del Ferrocarril del Este de China (CER), que estaba bajo administración chino-soviética. Sus tropas tomaron el consulado ruso en Harbin, detuvieron al director del CER y a varios técnicos. Moscú ordenó el cruce de la frontera y Blücher lo ejecutó. Se movilizaron ciento sesenta mil soldados soviéticos, aunque solo una mínima parte entró en acción. Del lado chino participaron también guardias blancas rusas, restos de la guerra civil.

La primera batalla se produjo el 17 de agosto de 1929, en el ataque soviético a Chalainor, y aunque hubo fuertes bajas tomaron la pequeña ciudad. Blücher llamó a sus tropas a mantener gran respeto hacia la población civil, impedir cualquier forma de pillaje e invitó a los chinos a apoyarlos contra el ejército de Zhang. La ofensiva se produjo a gran velocidad y pronto las tropas soviéticas se encontraban en Manzhouli y las derrotadas fuerzas chinas estaban saqueando casas y tiendas y robando ropa de civiles mientras trataban de escapar. Los soviéticos ocupan la ciudad manchú de Hailar. Los combates habían durado cinco semanas. Se habían capturado ocho mil soldados chinos y doscientos cincuenta oficiales, incluido el general Lien Jiang.

En diciembre del 29 se firmó un tratado en Jabárovsk, donde los chinos aceptaban las demandas soviéticas y liberaban al personal ruso del ferrocarril. Para ti, no solo era una rápida y limpia victoria, sino que de alguna manera también era una tenue venganza, por la manera en que dos años antes te habías visto obligado a abandonar China.

Meses más tarde, el 13 de mayo de 1930, el gobierno, «observando el notable y hábil liderazgo del comandante del Ejército Especial del Lejano Oriente», te otorgó la Orden de la Estrella Roja. El 3 de julio de 1930 lees en el congreso del Partido Comunista un discurso insípido que ni siquiera habías escrito, sino que lo había hecho Voroshílov, el mismo que en septiembre de 1931 te condecoraría con la orden de Lenin sin haber hecho ningún mérito de guerra. Eras un general del sistema.

En una página de internet ucraniana contemporánea se deja caer sobre ti una fuerte acusación: «Blyukher también era ejemplar en otro aspecto: nunca se olvidó de sus propias necesidades o aquellas de sus múltiples esposas y amantes o parientes cercanos». Lamentablemente no ofrecen ninguna información que sostenga el comentario. Tampoco hay mayor información sobre las «necesidades» de sus dos esposas y menos aún sobre posibles amantes. ¿Era un privilegiado? Posiblemente lo era. Es difícil pensar que en la nueva composición de una aristocracia burocrático-militar en el estalinismo soviético, donde se abandonaba la lógica de frugalidad, humildad e igualitarismo del leninismo, por muy autoritario que fuera, no se generaran situaciones de privilegio: automóvil, casa de verano, acceso a bienes alimenticios, etcétera.

## X

En una versión muy poco confiable (nuevamente aquí lidiamos con los territorios de sombras) se decía que de enero de 1930 a mayo de

1933, bajo el seudónimo «Gordon», habías sido enviado a los Estados Unidos como agente del GRU, la inteligencia militar soviética, y te estableciste en Nueva York. Además de que en fechas comprendidas en ese periodo se te puede localizar fotográficamente en la Unión Soviética. Resulta un tanto absurdo enviar a un general con tan amplia experiencia de combate a una labor menor de espionaje. ¿Colaboraste en algún momento de tu vida con el GRU? Sin duda, pero no como agente, obviamente, sino como parte del trabajo de información que se desprendía de tu labor como alto oficial.

Los que hablan del periodo neoyorquino lo describen como «alto, con un rostro firme y muy atractivo para las mujeres, porque podía vestir, parecer y hablar como un aristócrata». No concuerda demasiado con las pocas fotos que conocemos del personaje.

En la muy confusa biografía de Orlov de Boris Volodarsky se insiste en que fuiste el hombre del GRU en Nueva York en esos años. Un testimonio de la hija de Alexander Ulanovsky, que supuestamente te substituyó en el cargo, recordaría que Vladímir Górev (seudónimo que usarías años más tarde) instruyó a su padre en cortesía y elegancia, como la manera de quitarse el sombrero cuando una dama subía al ascensor.

Lo que parece más probable es que esta historia nunca sucedió y te confundan con Vladímir Efímovich Górev, que había estado en China y estaría más tarde en la Guerra Civil Española, cruzando los datos de ambas biografías.

Lo que podemos afirmar es que en 1932 te casaste en el extremo oriente de Rusia con la que sería tu tercera esposa, Glafira Lukinichna Bezverkhova de 17 años. Una muy discutible biografía en una red albanesa dice que «Stalin no aprobó tal libertinaje».

## XI

Entre el 26 de enero y el 16 de febrero de 1934 se celebra en Rusia el 17° congreso del Partido Comunista. Es el congreso del silencio, de la unanimidad, de la desaparición del debate. Puede ser que los bolcheviques no fueran ni mínimamente adictos a la democracia, ni siquiera a la democracia soviética, pero habían sostenido una tradición de fuerte libertad de debate interna. Esto se ha acabado. La oposición de izquierda ha sido destruida, incluso masacrada; las figuras que podían darle algún tipo de contrapeso a la dictadura del secretario general desfilan por el congreso haciendo su autocrítica: Rikov, Bujarín, Radek. Pero las grandes purgas aún no han comenzado, noventa y nueve de los ciento veintiocho miembros del Comité Central salido de este congreso serán asesinados. Kirov, que había tenido más votos que Stalin para el cargo de secretario general (aunque renunció y cedió su lugar), muere asesinado meses después, el 1 de diciembre en Leningrado. Hay fotografías e imágenes tuyas filmadas durante el congreso. Ahora estás esbelto, con el bigote cuidado, estás bien peinado, en cierta manera se podría decir que has rejuvenecido; usas lentes para leer un documento donde hablas de la necesidad de fortalecer el frente del este. Se te ve en un documental conversando con Stalin, con unos documentos en la mano, que le has mostrado o le mostrarás. Nuevas imágenes tuyas en el entierro de Kirov. En medio de la parafernalia de las conmemoraciones, el formalismo, el acarreo; estás en las primeras filas al lado del féretro. A partir de ahí la NKVD, la policía secreta manda. El pequeño asesino Yezhov, «mente útil» lo califica Stalin, estará a cargo.

En 1935, durante un tiempo alterna sus obligaciones militares con estudios en el Instituto Metalúrgico. En ese año, el 20 de noviembre, recibe el ascenso a mariscal. Solo cinco generales soviéticos tienen ese grado: el mítico Budionny, el hombre de las divisiones montadas, que había dado su nombre a una raza de caballos; Egorov; el general favorito de Stalin: Kliment Voroshílov, Mijaíl Tujachevski, formado por Trotski y por lo tanto siempre en peligro, y tú.

Durante estos años has estado dirigiendo diversas unidades y escuelas de carros blindados y tanques. Estás inmerso en una polémica con los otros mariscales sobre las enormes virtudes de los tanques contra la caballería. Eres director asistente de la oficina de carros blindados, comandante y comisario de la brigada motorizada del distrito militar de Leningrado. Al inicio del 36 hay fotos que te muestran reunido con jóvenes tanquistas. ¿Afinidad con los que piensas serán la clave de la próxima guerra? Escribes un informe sobre la debilidad de los nuevos tanques, exigiendo que el blindaje de los carros blindados soviéticos tendría que permitirles resistir granadas de 76.2 mm que impactarán a más de un metro y detener proyectiles de 37 mm que explotarán a muy corta distancia. Aquellos tanques construidos con armadura remachada se consideraban muy vulnerables. Mosfilm hizo circular imágenes de esas reuniones. Pareces estar gordo, un tanto lento.

Antes de salir de nuevo de la URSS en el 36 se entrevistó, según su hermana, con Yan Gamarnik, el general judío ucraniano que según muchos de sus compañeros era uno de los hombres de octubre, uno de los comunistas más puros, con el que había estado trabajando en los planes de desarrollo económico para el Lejano Oriente. ¿De qué hablan? No hay ningún registro de esta conversación. ¿Sales con qué destino? ¿Ahora hacia dónde?

## XII

El diputado socialista por Madrid Luis Araquistáin, al principio de la Guerra Civil Española, comenta que «cubierto por las marañas de la colaboración soviética», «poco después de la formación del gobierno de Largo Caballero, en septiembre de 1936, el embajador ruso le presentó a un general soviético, Vladímir Yefímovich Górev, que tenía unos 40 años». La Guerra Civil había estallado el 17 de julio, con el alzamiento de varios generales y sus tropas, casi todos ellos figuras del viejo ejército colonial y con el apoyo de los gobiernos fascistas italiano y alemán. La derrota de la sublevación en ciudades clave como Madrid, Bilbao o Barcelona, básicamente por la respuesta popular, dio inicio a lo que sería una larga guerra.

Goriev (o más bien Górev) eras tú, Blücher, y no tenías 40 años, solo 36 y por lo menos usabas el nombre de Vladímir, cercano al Vasili original. Ocupabas en el papel un lugar ambiguo, como uno de los tres consejeros rusos del Estado Mayor republicano y como parte de la misión militar de la embajada soviética. No eras en ese momento «jefe de la misión militar», lo era el general Janis Berzin. A causa del baile de los seudónimos, que cubría las frecuentes presencias de militares soviéticos en otras partes del mundo a lo largo de los años, cronistas de la Guerra Fría se interesaron en tu biografía, te calificaron como un «soldado alemán que vivía bajo un seudónimo», «con nombre prestado de un general que estuvo en Waterloo»; decían que hablabas con un fuerte acento alemán porque originalmente eras un oficial germano capturado por los rusos o que eras «un mozo de establo con uñas pulidas». Y la más loca, gracias a un estudioso alemán que comparaba fotos, se te atribuía ser originalmente capitán del ejército austrohúngaro, el conde Ferdinand von Galen, que se había pasado a los rusos en la Primera Guerra ocupando la personalidad y usando el seudónimo Blücher. Se te confunde con Berzin y con el general de artillería N. Guriev, al que en España apodaban, ni más ni menos, Sancho.

El general Vicente Rojo, uno de los responsables de la defensa de Madrid, con el que Blücher tiene relaciones de inmediato, dejó un amplio retrato de Górev-Blücher:

> Extraordinariamente inteligente, correctísimo, discreto, activo, sincero y leal [...] Creo que llegué a apreciar cabalmente las altas dotes de Górev, el hondo sentido de fraternidad y comprensión que ponía en su trabajo y el claro criterio militar con que enfocaba todas las cuestiones y, pese a nuestra amistad, que llegó a ser muy cordial, ni una sola vez abusó de la confianza con que llegué a tratarle. A pesar de mis ruegos de que prescindiese de formulismos, jamás se permitió venir a mi despacho sin pedir autorización previa para hacerlo... Se trataba de un militar de pura cepa, devoto de su profesión; provenía de la vieja guardia del zar, según me informaron, pero estaba totalmente identificado con la obra de la Revolución rusa por el inmenso amor que sentía por su pueblo; también lo demostraba por el español, y gracias a eso se pudo ganar nuestro afecto. Su permanente preocupación era la de evitar bajas y llegar al triunfo con el mínimo de ellas, lo cual no quiere decir que fuera un jefe sentimental ni timorato, más bien pecaba de audaz y valiente. Con frecuencia solo, o con algún oficial del Estado Mayor, que discretamente solicitaba para evitar recelos o interferencias, visitaba el frente, y sus informes, que daba siempre al regresar, eran invariablemente categóricos y veraces, cosa que contrastaba con la conducta de los personajillos políticos que iban y venían a la zona de combate.

El Estado Mayor Central estaba en los sótanos del segundo patio del Ministerio de Hacienda; Górev, destinado en principio al Estado Mayor como asesor, pasó después a servir como consejero del general Miaja en la defensa de Madrid. Según un oficial ruso, estaba bajo «total agitación y se advertía que no estaba para amabilidades». Sus intérpretes fueron primero Paulina Abramson y luego Emma Wolf (seudónimo: Elena), corresponsal de *Izvestia*, que además tenía el cargo de capitana del GRU. Preston, al que hay que seguir con cautela, la vuelve su amante.

Sierra Charriba cuenta que el general Górev, en los días previos a la batalla de Madrid, convocó una reunión en un caserón próximo a la embajada para crear un grupo de militantes internacionales y españoles, un «Batallón Móvil de Asalto» que significará «una nueva forma de hacer la guerra, desconocida hasta ahora», para realizar fundamentalmente acciones en la retaguardia enemiga. El proyecto no prosperará.

Madrid se defiende gracias a militares que no se sumaron a la sublevación, muchos de ellos cercanos a las milicias de los sindicatos o miembros de la Unión Militar Republicana Antifascista (UMRA) y, como dice Manuel Tagüeña, «una masa inmensa, sin armas, sin preparación, sin cuadros y sin objetivos claros, pero llena de entusiasmo, y de vagos ideales de libertad y de justicia». Estaban las columnas del capitán José María Galán, con carabineros, la del coronel Luis Barceló (masón, comunista), la de Fernández Cavada, los combatientes mineros asturianos, que se habían desplazado a Madrid, las columnas de Enciso y Clairac, la columna Escobar, las columnas Rovira y la del anarquista Cipriano Mera, las columnas de Lister y Modesto, que agrupan a los comunistas que han formado el 5° regimiento, la del coronel Emilio Bueno, voluntarios de los sindicatos socialistas, en total quince mil combatientes con un frente de treinta y dos kilómetros, casi sin artillería, muy pocas ametralladoras y una terrible descoordinación.

El 12 de octubre llegan a Cartagena cincuenta tanques y cuarenta blindados rusos. Recibes la aprobación del jefe de asesores y del Estado Mayor republicano para poner de inmediato una parte en movimiento hacia Madrid y son desplazados tres pequeños grupos: uno con seis vehículos acorazados BA-3 y siete tanques T-26; un pelotón de tanques bajo el mando de un oficial español y una compañía, que contaba con quince tanques, bajo el mando del soviético-lituano Paul Arman. La primera acción importante se produce en la mañana del 29 de octubre cuando Arman, que había mezclado a sus treinta y cuatro tanquistas soviéticos con once españoles novatos, comienza a actuar en los alrededores de Madrid. En una conversación con uno de los generales españoles, Arman dijo: «La situación no es tan desesperada. Ellos tienen quince mil soldados, nosotros tenemos quince tanques, así que las fuerzas están igualadas». Poco antes habían llegado a Cartagena a bordo del *Magallanes* veinte mil fusiles mexicanos y dos millones de cartuchos de 7 mm.

El general José Enrique Varela, que dirigía la ofensiva franquista sobre Madrid, no contaba con quince mil hombres, sino con unos treinta mil combatientes del ejército regular, fundamentalmente la Legión Extranjera y las unidades marroquíes con oficiales españoles, los famosos tabores de regulares, además de batallones de voluntarios de organizaciones fascistas como la Falange, artillería y carros de combate italianos y sobre todo la aviación alemana, la tristemente conocida Legión Cóndor.

El 1 de noviembre se produce la famosa declaración de Varela que amenazaba con que Madrid estaba asediada por cuatro columnas y una quinta desde el interior. La ciudad estaba sometida a terribles bombardeos que causaron muchos heridos y muertos entre la población civil, mujeres, niños, ciudadanos que estaban en la cola del pan. Los bombardeos se suceden, aparecen francotiradores fascistas, comienza a producirse el exilio de diplomáticos.

El 6 de noviembre el gobierno, ante la inminente posibilidad de la derrota, abandona Madrid y se traslada a Valencia. El jefe de asesores soviéticos Jan Berzin los acompaña. Ocupas su lugar como asesor de la Junta de Defensa de Madrid, como máximo responsable de la asesoría militar soviética al general Miaja y el general Rojo.

El 7 de noviembre milicianos sacan de las prisiones de Madrid a varios centenares de presos políticos (militares que habían participado en la insurrección, miembros connotados de organizaciones de ultraderecha y varias personas con simple afiliación conservadora) y los fusilan en las cercanías de Paracuellos del Jarama sin juicio previo y como represalia ante los asesinatos masivos de trabajadores en las zonas que iba ocupando la rebelión militar y ante el miedo de que la ofensiva sobre Madrid logre tomar la ciudad y liberarlos. Paul Preston le atribuye responsabilidades al general Górev en este acto criminal y de pasada lo vuelve «principal agente en España del GRU». La aseveración se sostiene tan solo en que Górev y el general Miaja se reunieron el día 6, aunque no sabe de qué hablaron. No hay ninguna prueba y parece que está demasiado absorbido por el frente para organizar represalias en la inmediata retaguardia.

Ese mismo día llega a Madrid una escuadrilla de aviones soviéticos, son Polikarpov I-15, conocidos como «gaviotas» y en Madrid como «chatos», cazas biplanos soviéticos de 1933, que se suman a la precaria fuerza de la escuadrilla España de André Malraux. Son un primer respiro, pero insuficientes para dominar el cielo de Madrid ante los ciento treinta y seis aviones alemanes de caza y bombardeo de la Legión Cóndor.

Un hecho fortuito va a dar a los defensores una mínima ventaja. En los primeros días de combate, en un tanque italiano apresado, se encuentra el plan de operaciones de Varela para la toma de Madrid. Rojo lo lee junto a Górev en una reunión del Comité de Defensa y se redistribuyen las brigadas que protegen la capital. El general ruso tomó atribuciones saltándose al Ministerio de Guerra y convence al mando de las Brigadas Internacionales de que se están formando en Albacete para que manden a la XI y XII brigadas a Madrid.

Las brigadas tomarán posiciones en la Casa de Campo, el gran parque al oeste de la capital; algunos de los mandos tienen formación militar, muchos de los voluntarios, franceses, italianos, alemanes, polacos, han combatido en insurrecciones populares, y si algo traen es una moral inmensa, al igual que las milicias populares que constituyen el corazón de la defensa de Madrid.

El ejército de Varela ya está en los límites de la ciudad, durante las siguientes setenta y dos horas la consigna es resistir y contraatacar, mucho se le pide al ejército popular. Haría falta un libro entero para narrar este milagro bélico, en el que la batalla por metros produce continuos actos de heroísmo y locura.

Sería entre el 10 y el 14 de noviembre cuando la XI y la XII Brigadas Internacionales, comandadas por Emil Kléber y Paul Lukács, tomaran posiciones en la Ciudad Universitaria, el Parque del Oeste y la orilla izquierda del Manzanares. El 14 de noviembre llega a Madrid la columna con los anarquistas de Barcelona encabezada por Durruti. Al día siguiente se está combatiendo a bayoneta en la ciudad universitaria.

El comité de defensa de Madrid literalmente no duerme, sobre el plano de la ciudad sitiada Miaja, Rojo, Blücher, los comandantes de brigada, se rompen la cabeza para frenar las penetraciones del ejército regular, para obligarlos a fijarse al terreno. Resistir y contraatacar. Es mucho pedir bajo los inclementes bombardeos y las carencias de municiones, ametralladoras y armas en general. Tenemos un solo registro de lo que pensabas, Sierra Charriba tiene una reunión contigo durante los días de la batalla de Madrid y asegura que «la posible caída de la capital no estaba en los planes». Al menos en los tuyos.

Hay una foto española: fumas en pipa, la cara se te ha cuadrado. ¿Por qué la tensión se refleja en la rigidez de la mandíbula? Arturo Barea, el novelista que te conoce en esos días, diría: «me perturbaba y me impresionaba», y añade una descripción: «Rubio, alto, fuerte, pómulos salientes, los ojos azules frígidos, cara dotada de una superficie de calma con una alta tensión bajo la piel». Estás muy canoso. ¿Canas nuevas?, el comisario comunista Jesús Hernández narraría: «Era el ruso menos ruso que había conocido hasta entonces. Hasta en su manera de vestir era distinto. Alto, espigado, con el cabello prematuramente cano, casi blanco, daba la impresión de un *gentleman* inglés».

Pasaba a lo lejos de sus subordinados, se dice que «Goriev en ruso les hablaba a los suyos en un tono brusco»; muy correcto en el trato con los españoles, rudo y un tanto frío con los suyos, solo hablaba de cuestiones militares, nunca de temas personales. Otros dirán que eras la «eficiencia pura». Se dice de ti que hablabas español, lo cual no es cierto, excelente inglés, hablabas un poco de francés y probablemente doscientas palabras en chino.

Tu cuarto en Madrid es un sótano sombrío y húmedo con un catre de campaña, eres espartano, ahí comías en soledad, posiblemente en el hotel Gaylord's en cuyo sótano estaba la misión soviética. ¿Cuántas horas dormías? Cuando te despertabas en Madrid, ¿sabías cómo te llamabas? ¿Dónde estabas? Hay noticias de que también pasaste por el hotel Alfonso y el hotel Florida, donde estaban también los pilotos de la escuadrilla Malraux, todos en el centro de la ciudad.

A fines de noviembre el ataque directo de las columnas fascistas del ejército de Franco, con el apoyo de una fuerza expedicionaria italiana y la aviación alemana, había fracasado y, aunque los combates proseguían, se podía decir que la batalla por Madrid se había ganado.

Historiadores anticomunistas profesionales como Burnett Bolloten y Alexander hablan del general Vladímir Górev como el hombre clave en la defensa de Madrid, incluso en esos términos se expresa Louis Fischer («el salvador de Madrid») y Pierre Broué: «Es Goriev el que dirige el Estado Mayor y será el verdadero organizador de la defensa». Más cerca de la realidad está la apreciación del coronel Vicente Rojo, que dice que Górev colaboró eficazmente, que fue de gran valor su asistencia en la defensa de Madrid, que era audaz, pero muy angustiado siempre por evitar bajas innecesarias y atribuye el éxito de esos días al sacrificio que hicieron los combatientes, sin armas adecuadas, sin organización, sin infraestructura. Lo que Broué llamaría «superabundancia de fuerza espiritual, de moral».

Górev mantenía una relación repleta de precaución con Mijaíl Koltsov y con Orlov. Uno de ellos, un enlace directo con Stalin, además de excelente periodista y jefe de redacción internacional de *Pravda*, y el otro hombre de la KGB. Koltsov no lo menciona en sus diarios de la guerra de España y Orlov dice que Blücher había sido enviado a España por la inteligencia militar soviética. Es notable esta insistencia de muchos autores de ligarlo al GRU. Blücher, como casi todos los altos mandos militares soviéticos, estaba ligado al GRU, que no a la KGB y en ese sentido operaba como informador, pero sus labores en China y en España, como resulta obvio, eran de dirección militar, estaba y vivía en la guerra.

Tras la batalla de Madrid, participará como estratega en las batallas de Jarama (6 de febrero de 1937) y Guadalajara (se inicia 8 de marzo del 37). Se dice que después de Guadalajara el Estado Mayor soviético lo asciende de general de brigada a general de división. Pero ¿no era ya mariscal, un grado superior a ambos? A su regreso a la URSS recibirá la Orden de Lenin y la de la Bandera Roja, nuevamente. Sí, se ve obligado a mostrarlas en actos oficiales, tiene el pecho cubierto de medallas.

Eres enviado al frente del norte, donde tres regiones aisladas (Asturias, Santander y Euskadi) enfrentan la ofensiva militar desde tres frentes. En mayo del 37 llegas a Bilbao junto al general Mariano Gamir Ulibarri y una docena de asesores para substituir a Kirill Janson. Según Ilyá Ehrenburg había en el País Vasco 26 militares soviéticos. Fuiste rebautizado como De Gorieff. En cuanto tuviste información sólida arremetiste contra los tres asesores soviéticos: Janson, Tumanov y Vintser. Más allá de sus apoyos al ejército vasco los acusaste de derrotismo e incapacidad de coordinación. Ni siquiera vivían en el mismo lugar. Hiciste cambios de inmediato, pediste la substitución del responsable de los chatos en la zona, Pavlovich, y pediste a la embajada el «envío al norte de asesores de alto nivel, en concreto cinco de rango coronel o comandante para cada uno de los cinco Cuerpos de Ejército».

En mayo, el informe sobre el frente del norte del asturiano Ramón González Peña, exdirigente de la Revolución del 34, es terrible, el dominio aéreo franquista-nazi-mussoliniano es atroz, veinte a uno. Los bombarderos nazis concentran su acción en un punto de las defensas y luego llegan los tanques. Según Francisco Manuel Vargas Alonso:

> Górev, que se instaló en un chalecito enfrente de la embajada en Bilbao [...] efectuó continuas visitas de inspección y trató de hacer un seguimiento de las unidades del Ejército Vasco, en especial de las renuentes a la militarización [...] caso de las anarquistas [...] Durante los días de la batalla por Bilbao, en junio de 1937, abogó por continuar la resistencia apoyándose en el casco urbano de Bilbao y en la margen izquierda de la ría, así como la realización de un plan de destrucciones que impidiera al enemigo emplear los recursos industriales de Vizcaya. Naturalmente, como era de esperar en una zona controlada por el moderado nacionalismo vasco, no se le hizo caso.

Un suceso acaecido en la URSS va a interrumpir dramáticamente tu labor en Euskadi. En la noche del 11 al 12 de junio fueron ejecutados algunos de los mandos superiores del Ejército Rojo que habían sido detenidos desde mayo por órdenes de Stalin y Beria: el mariscal Mijaíl

Tujachevski, los generales Boris Feldman, Uborévich, que había sido su jefe en la campaña contra Wrangel, Iona Yakir, tu amigo Robert Eideman, Kork, Vitali Primakov y Victor Putna, que habían sido sus compañeros en la campaña china, y Yuri Gamarnik (al que le habían ofrecido ser parte del jurado a cambio de no ser inculpado, pero se negó y dijo que los cargos eran falsos, suicidándose al iniciarse los interrogatorios).

La acusación era que estos generales habían montado una «conspiración antisoviética», que eran parte de un centro troskista-zinovievista y que pretendían atentar contra Stalin. El juicio nunca existió, pero la información que se hizo pública es que el jurado (una «presencia judicial especial») había estado formado por otros dos mariscales: Blücher y Budionny y los generales Sháposhnikov, Aleksnis, Belov, Dibenko y Kashirin y lo presidió Ulrich, el abogado del Ejército. Nadie observó que Blücher no podía haber sido jurado de nada en Moscú, porque en esos momentos estaba en Bilbao. Muchas fuentes reiteraron esa falsa información. Incluso un documental de Mosfilm, de muchos años después, en la época del deshielo, se traga la versión oficial e insiste en que estuvo presente en el juicio de los generales, lo cual es evidentemente falso. En Bilbao, pues, recibirías la noticia. Se dice que estabas fumando un puro, transmitiste la información a tus compañeros rusos con una absoluta frialdad, aunque palideciste al leer el cablegrama. ¿Timoshenko, Feldman, Primakov estaban preparando un atentado contra Stalin?

El partido lanzó en toda la Unión Soviética una campaña de mítines en escuelas, plazas, hospitales y fábricas. Hoy pueden verse las imágenes de estos actos en que obreros y enfermeros claman: «¡Fusilémoslos como perros rabiosos!». El general de la NKVD, Válter Krivitski, que luego desertaría, habría de escribir: «el propio concepto de culpa se había perdido por completo. Las razones para la detención de un hombre no tenían relación alguna con los cargos que se le imputaban. Nadie esperaba que los tuvieran. Nadie los pedía. La verdad llegó a estar por completo fuera de la razón». La única manera de explicar esta segunda purga, si bien las primeras obedecían a la necesidad del estalinismo de cooptar la totalidad del aparato del Estado y eliminar la oposición bolchevique, esta primera eliminación de figuras muy destacadas del ejército solo podía tener la lógica de que en la visión paranoica de Stalin y del Comité Central se desconfía profundamente de todo lo que no se controla por completo. Textos delirantes han aparecido a lo largo de los años que recrean la teoría de la conspiración de Mijaíl Tujachevski que justificaría la purga; añadiendo elementos del conspirativismo de ultraderecha, mezclado con un patético estalinismo, hablan del complot judío-masón de Trotski.

Los soviéticos de Bilbao deben haber recibido una puñalada en su moral. Miguel de Amilibia escribe una valoración de la mayor parte de los asesores:

> Callados, discretos, siempre de civil, prudentes, sin pérdida de la dignidad bajo los bombardeos ocasionales. Apenas cambiaron palabras con nosotros [...] La opinión de los nacionalistas sobre Górev no era tan positiva al igual que la del periodista George Steer, que manifestó una visión desfavorable sobre su valía. Subrayó su fracaso en la primera contraofensiva realizada en Madrid y, utilizando un «nosotros» que parecía indicar la posición oficial del Gobierno Vasco, afirmó: «No nos dio la sensación de ser precisamente un genio y los vascos, de forma resuelta, rehusaron aceptar sus servicios excepto en calidad de consejero, y sus sugerencias fueron casi siempre rechazadas. Resultó, para mí, una persona agradable, pero, como yo había pensado, inexperto en el arte de la guerra».

Las razones de las discrepancias eran la obsesiva crítica que Blücher había hecho contra la ausencia de mando unificado y la mentalidad cantonalista. Una y otra vez había declarado que «sin mando único no se puede triunfar».

El 19 de junio cae Bilbao. Blücher se repliega con una parte del ejército hacia Santander, lo acompaña su intérprete y compañera, la periodista Emma Wolf y Emma Soal, otra nueva traductora.

En Santander serías partidario de clavarse en las trincheras a bien morir, pero no retroceder. Juan Ambou, comisario de guerra del gobierno asturiano, lo acompañó el 6 de julio del 37 en la visita a la zona fortificada. Estaban bajo bombardeo, los acompañaba Mijaíl Koltsov: «Terror masivo, demoledor, impune la aviación. Para entenderlo hay que estar aquí». El 25 agosto cae Santander. Gamir Ulibarri con Blücher y su Estado Mayor logran salir hacia Gijón en el submarino C-4.

Llegaste de derrota en derrota a Asturias. ¿Podría ser diferente ahora o el frente del norte estaba definitivamente perdido? Tenías las oficinas en el palacio de Revillagigedo en Gijón. Se cuenta que alternabas pipa y puros. Tu experiencia de la batalla de Madrid te hacía decir que había que defenderse hasta la muerte, pero el alto mando prefirió la evacuación hacia Francia para preservar lo mejor del ejército asturiano. La leyenda dice que te escapaste de Asturias en una avioneta cuando el frente ya se había desplomado. Según Ilyá Ehrenburg, Górev y los últimos militares huyeron a las montañas, de donde fueron rescatados por un caza soviético pilotado por Fiódor Polushko el 19 de octubre, dos días antes de la caída de Gijón. Ilyá Ehrenburg comentaría: «Parecía un milagro, Goriev estaba vivo».

A fines de octubre de 1937 regresas a la URSS, tras pasar por Madrid y Valencia. ¿Tan rápido? ¿Ya no hay misiones para ti en España? Según el testimonio de Ovai Savich, «Goriev estaba muy dolido y por eso se muestra tan reservado e inabordable. Lo enviaron a una empresa imposible ¿Qué podía hacer? ¿Morir?».

## XIII

Ulanóvskaia registra que a tu regreso a Moscú:

> Teníamos muchas ganas de verle para hablar con él sobre lo único que nos atormentaba. Pero él estaba lleno de España y cada vez que comenzábamos a hablar de las detenciones nos miraba con unos ojos que no veían nada y de prisa, de prisa, volvía a hablar de España. Él mismo nos contó que había viajado en el tren con unos diplomáticos que fueron detenidos. Y nos dice: «No comprendo. Ellos debían saber que eran culpables, lo que significa que tenían que haber ido inmediatamente al Comité Central y hablar abiertamente de sus culpas». Entonces la mujer de Blücher, que no lo había acompañado a España y había permanecido en Moscú, le respondió con ira:
>
> —¿Y si no tenían nada de qué hablar?
>
> —Es imposible que los detengan por nada.
>
> —Pues cuando te detengan a ti, ya lo sabrás.

Pero su aparente certeza no está exenta de dudas. Glafira Blücher recordaría que su esposo una vez se había dirigido hacia ella con una declaración sorprendente: «Algún día aparecerás ante tu komsomol y dirás que nunca he sido un bastardo». Entre las notas perdidas que van cayendo sobre tu biografía se dice que al regreso de España comenzaste a beber en exceso y que leías a Darwin. Esto es más o menos absurdo. En ningún momento hemos encontrado referencias a tus lecturas a lo largo de la vida. ¿Y ahora aparece Charles Darwin?

Hay imágenes documentales fílmicas de un reparto de medallas a tus tropas, el frío debe ser intenso porque el vaho a veces cubre el rostro del general y los soldados. ¿Estás gordo o es el enorme chaquetón siberiano con el que te abrigas? Tu último hijo nace al inicio del 38, decías a tus compañeros que aún eras joven, que tu corazón latía como un motor.

## XIV

A principios de 1938, Vasili Blücher le preguntó a Joseph Stalin cuál era su situación. Stalin le aseguró que confiaba en él por completo. Fue destinado de nuevo al Frente del Lejano Oriente, donde se estaban produciendo provocaciones casi todos los días. Víctor Serge registra: «Conque, mariscal, tienes a los japoneses a raya, ¿eh?». «Así es, ¡pueden venir cuando quieran!».

El 2 de junio del 38 le enviaste un telegrama a Voroshílov proponiendo abrir fuego contra los aviones japoneses tan pronto como cruzaran la frontera del río Amur. Recibiste como respuesta la orden de que solo se abriera fuego si pasaban los límites fronterizos o si los aviones japoneses se aproximaban a la flota rusa. Y las tensiones seguían creciendo. Gregory Lyushkov, director de la NKVD para el Lejano Oriente, desertó el 13 de junio llevando información abundante sobre la situación del ejército de Blücher. Ambas partes se alistaron para el enfrentamiento. El 28 de junio de 1938 se creó el Frente de la Bandera Roja del Lejano Oriente. Tu fama era importante, la *Military Review* norteamericana decía que eras un tipo capaz moldear hombres comunes en hombres fuera de lo común y en un ejército de igual forma. Pero el nuevo ejército del Lejano Oriente no era el mismo de los años veinte, las recientes purgas a raíz del juicio contra Tujachevski y los otros generales habían eliminado a centenares de mandos superiores y medios, sin que hubieran formado oficiales de relevo, y los que recientemente habían asumido el cargo carecían de capacitación. Reinaban la desconfianza, el miedo, la falta de iniciativa. ¿Podía estar alta así la moral?

Las provocaciones japonesas continuaron a lo largo de la frontera soviética con Corea. Todo en medio de reclamos territoriales por parte de Japón, que estaban pulsando la fuerza rusa, en particular en las colinas cercanas al lago Hassan. Los rusos, en previsión de nuevos choques ocuparon la colina Zaozernaya, una de las dos alturas dominantes, el 12 de julio y comenzaron a fortificarla. El 19 de julio la embajada soviética en Tokio fue atacada por grupos fascistas. Un día más tarde los japoneses exigieron la reubicación de la frontera. Al día siguiente Blücher nombró una comisión investigadora que averiguara las acciones de los guardias fronterizos soviéticos y dio la orden de movilizar el frente. Dos regimientos de infantería y uno de caballería se aproximaron a la zona. La investigación confirmó que se había violado la frontera manchú por tres metros de distancia y arrestó al jefe del departamento fronterizo.

Pero el 29 de julio, a las 4:40 de la tarde, las tropas japonesas atacaron las alturas de Bezymyannaya con dos compañías y fueron repelidas. Ese día llegaron al cuartel general Lev Zajárovich Mejlis, secretario de Defensa, exsecretario de Stalin y su mano derecha en el Ejército Rojo, y el general Manfred Stern (el rumano Kebler, que había luchado en España al mando de una de las Brigadas Internacionales), que fue enviado a la primera línea.

El 31 de julio las tropas del Ejército Rojo se replegaron bajo la presión de la 19ª división nipona. Los japoneses lanzan un asalto nocturno a las colinas de Zaozernaya y Bezymyannaya donde el Ejército Rojo se había fortificado y las ocuparon a las 8:00 de la mañana. Comienzan a operar tanques ligeros y medianos japoneses tras la infantería. Entra en alerta la flota soviética. Blücher está tratando de movilizar a la escena a la 53ª unidad de artillería antitanque, treinta y dos divisiones de infantería y dos brigadas de tanques. Curiosamente hay una orden de Stalin de que las fuerzas soviéticas no entren en territorio japonés y eso imposibilita operaciones de flanqueo. Además, la progresión del Ejército Rojo y su artillería es muy difícil por las zonas pantanosas que rodean el lago Hassan.

Stalin le envía una carta al mariscal Blücher reclamándole que no haya usado la aviación (los japoneses no usaron sus aviones durante todo el conflicto). Blücher explica que la región estaba nublada y bajo una tormenta tropical, vuela hacia Vladivostok y de ahí se traslada a la primera línea el 2 de agosto.

Ante la próxima contraofensiva soviética, el 4 de agosto, Japón ofrece un alto el fuego, a lo que la URSS responde que solo puede aceptarse la retirada de las tropas al punto en que se encontraban el 29 de julio. Cuando se inicia el avance de la 40ª división de infantería soviética Blücher entra en contradicción con Stern, que pretendía fragmentar las fuerzas y ya había sacado de la línea de frente y retirado del campo de batalla a un lugar al sur del lago Hassan más de quince mil soldados, un millar de ametralladoras y doscientos ochenta y cinco tanques.

El 6 de agosto Blücher ordena el inicio de la contraofensiva desde el territorio de Manchuria, Moscú permitió que las tropas usaran territorio manchuriano para atacar las alturas. Se utiliza bombardeo artillero y el ataque de doscientos dieciséis aviones soviéticos contra las posiciones japonesas. Zaozernaya fue recapturada cuando el teniente Moshlyak iza sobre el reducto la bandera roja. Ahí es donde Blücher despliega su mejor habilidad: la defensa activa. Entre el 7 y el 8 de agosto, los japoneses atacan en vano Zaozernaya veinte veces, y el 9 de agosto unidades del Ejército Rojo capturaron la parte soviética de Bezymyannaya.

El 10 de agosto, Japón apeló a la URSS con una propuesta de paz. El fuego se detuvo el 11 de agosto y a las 8:00 p. m. del 12 de agosto las principales fuerzas del ejército japonés y las principales fuerzas del Ejército Rojo, ubicadas en la parte norte de la meseta de Zaozernaya, se retiraron a más de ochenta metros de distancia entre sí.

Alrededor de veinte mil combatientes de ambos bandos habían participado en la lucha. En un informe, Voroshílov diría que el ejército del Frente Oriental estaba terriblemente preparado, que no había peines para las ametralladoras, que muchas baterías llegaron sin proyectiles, que los soldados estaban descalzos y sin abrigos. Los soviéticos contaron novecientos sesenta muertos y dos mil setecientos cincuenta y dos heridos, los japoneses tuvieron seiscientos cincuenta muertos y dos mil quinientos heridos. A pesar de que las bajas eran muy similares a las japonesas y que la situación material del ejército no era su responsabilidad, porque acaba de hacerse cargo del mando, los rumores hacían a Blücher responsable.

Su esposa registrará: «Regresó del lago Hassan en un estado lamentable, tuvo una reunión en el estudio de su casa con Mejlis y otros dos generales y vino a buscar cigarrillos al cuarto donde me dijo: "Han llegado los tiburones a engullirme y no sé si me devorarán ellos a mí o yo a ellos. Esto último es poco probable"».

## XV

Lo que en principio fue aireado como una victoria rusa, y en cierta medida lo era, llenó a Blücher de condecoraciones (recibió la segunda Orden de Lenin y otra vez la Orden de la Bandera Roja, «por el desempeño ejemplar de las misiones de combate y al mismo tiempo por coraje y heroísmo»), luego fue destazado por la paranoia estalinista. El Consejo Militar dirigido por Stalin, Molotov, Voroshílov y Budionny, anotó que «grandes deficiencias en el Frente del Lejano Oriente» se habían documentado durante los combates cerca del lago Hassan.

Blücher fue acusado, entre otras cosas, de «fallar o negarse a dar cuenta realmente de la limpieza de los mandos del frente contra los enemigos del pueblo» (o sea que no había dirigido o participado en la purga).

Se produjo una brutal represión, todos los compañeros y subordinados de Blücher en el Lejano Oriente fueron arrestados, como justificación de lo que iba a suceder se les acusó de «derrota, bilateralidad, indisciplina y provocación de resistencia armada a las tropas japonesas» (fuera eso lo que fuese), quedando a disposición del Consejo Militar General del Ejército Rojo. Según un historiador, los más agresivos contra ellos fueron Stalin y Molotov en el Consejo Militar.

El 11 de agosto fuiste llamado a Moscú con tu esposa, supuestamente para pasar unas vacaciones. Eras en esos momentos mariscal, miembro del Comité Ejecutivo Central del Partido Comunista y diputado al Soviet Supremo.

Serge registra en su novela *El caso Tulayev*: «¿El mariscal había sido depuesto de su mando? ¿Arrestado? ¿Iba a reaparecer? Si no se le llevaba a juicio, era quizá porque no todo estaba acabado para él; sea como fuere, nadie mencionaba ya su nombre». Se encontraba en Sochi. La historia es sórdida. Habías sido invitado a la dacha de Voroshílov, cuando fuiste arrestado junto a tu esposa el 22 o el 24 de octubre de 1938. Ella cuenta que el niño de meses se puso a llorar, los separan en dos automóviles. «Los rumores se filtran entre las grietas de la pared que encubren el gran secreto», comentará un analista polaco. Sometido a interrogatorios, cuando le piden que confiese que trabajaba para los japoneses, Blücher responde: «Qué porquería, qué amargura, qué sinsentido». Se dice que Beria le ofrece diez años de cárcel si confiesa que espió para los japoneses, Blücher se ríe y se niega a autoinculparse. ¿Están locos? Lo interroga Nikolái Yezhov, hay un testimonio del siguiente diálogo: «¿Y qué, no lograste escapar a Japón, pobre hermano? ¡Ah, espía, espía, espía japonés!». Vasili Blücher responde: «¿Y tú quién eres? ¿De dónde vienes?». Glafira, su viuda, dice que Beria personalmente dirigió las torturas, en las que pierdes un ojo por los golpes. No aceptas nada, no denuncias a nadie. Se te acusa de que te habías negado a reconocer en el 37 la culpabilidad de Tujachevski.

Tras dieciocho días en que fuiste «torturado salvajemente», una versión dirá que mueres a consecuencia de las palizas, en otra se asegura que Yezhov te ejecutó en la prisión de Lefortovo con un tiro en la nuca. La nota oficial registra que, a las 22:50 del 9 de noviembre de 1938, Vasili Blücher «falleció repentinamente en el consultorio del médico de la prisión». Un examen forense apócrifo aseveró que la muerte «se produjo por un bloqueo de la arteria pulmonar con la formación de un trombo en las venas pélvicas».

Se les olvidó expulsarte del Partido Comunista, tenían prisa. Y no tienen sentido histórico, el día en que te asesinan es el aniversario de la batalla de Perekop. Tenías 49 años. Tu cuerpo fue cremado y las cenizas depositadas sin referencia en el cementerio Donskói. Quince días después se informó oficialmente que habías sido juzgado por traición.

La primera esposa de Blücher, Galina Pokrowska, fue ejecutada de un disparo, acusada de que conocía «el estado de ánimo antisoviético y las intenciones traidoras de su exmarido», a pesar de que llevaban catorce años separados. En la purga fue ejecutada su hermana Lydia Bogogskaya. Su segunda esposa, Galina Kolchugina, fue golpeada hasta la inconsciencia, acusada de ser participante en la conspiración antisoviética en el ejército, porque era estudiante de la academia de comunicaciones militares, y ejecutada a tiros. La tercera esposa, Glafira Lukinichna Bezverkhova, no denunció a su esposo y fue condenada a muerte, aunque le conmutaron la pena a ocho años de trabajos forzados en un campo de concentración. Sus hijos desaparecieron. De los cinco hijos del mariscal en sus tres matrimonios, el mayor, Zoya Belova, fue sentenciado a cinco años de prisión en abril de 1951. Al salir de la cárcel Glafira logró encontrar a su hija Waira en un orfanato en Kémerovo; su hijo Vasili, que aún no tenía un año cuando arrestaron a sus padres, desapareció sin dejar rastro durante años. El hermano de Blücher, el capitán Pavel Blücher, un comandante de comunicaciones aéreas y piloto de la NKVD, bajo tortura firmó una confesión diciendo que se iban a fugar a Japón secuestrando un avión, luego fue asesinado a tiros (según otras fuentes, murió bajo custodia el 26 de mayo de 1943, en un campamento en los Urales). Su chofer, Zhdanov, fue asesinado en los pasillos de las oficinas de la NKVD.

La demencia criminal se había vuelto a desatar. El narrador no puede dejar de preguntarse cómo se pasea entre sangre y muerte, como el soplo delirante de la paranoia autoritaria, el culto a la personalidad, el desprecio por las ideas originales de la Revolución soviética. Recorren el país encubiertos en confesiones fraguadas, complots inventados, falsificaciones...

Dos meses antes (22 de agosto) había sido ejecutado el general Jansons Karlis, lituano, tu compañero en el frente norte de España.

Berzin, el jefe de los consejeros soviéticos en España, fue asesinado en las celdas de la Lubianka el 29 de julio de 1938. Manfred Stern, el general Kléber, tu compañero de las Brigadas Internacionales y en los combates contra los japoneses, fue arrestado y mediante torturas se le arrancaron confesiones de supuestos actos de traición cometidos en España, condenado a quince años de cárcel en un campo de trabajos forzados, murió de inanición. Los generales Aleksnis, Belov, Dibenko y Kashirin, que supuestamente te acompañaron en el proceso contra Tujachevski, fueron ejecutados. El general Konstantín Rakossovski, que al mando de la caballería te acompañó en Mongolia, fue acusado de espionaje, torturado y mandado a un campo de concentración, del que se salvó milagrosamente. Nikolai Kuibishev, el general que te sucedió temporalmente en China, fue ejecutado en el campo de tiro de Bútovo el 1 de agosto por «haber participado en una conspiración militar». El periodista Mijaíl Koltsov, tu frecuente compañero en España, fue detenido en diciembre del 38, condenado a muerte y fusilado dos años después. A. I. Egorov, organizador de la caballería roja y el hombre que remató la insurrección de Denikin, compañero en China y uno de los cinco mariscales, «desapareció» en enero del 38 y posiblemente fue ejecutado un año más tarde. De los cinco mariscales de la Unión Soviética en 1935, tres fueron eliminados. En esa purga, una más, fueron ejecutados doscientos trece generales y ocho almirantes. Se asesinó a cuarenta y un comisarios dentro de las fuerzas armadas y se fusiló a treinta mil veinte oficiales y suboficiales desde comandantes a sargentos. Menos de tres años después, ese Ejército Rojo mutilado salvajemente tuvo que enfrentar la guerra con Alemania.

El 17 de noviembre de 1938, Nikolái Yezhov sería substituido como jefe de la NKVD por Lavrenti Beria y en 1940 sería ejecutado tras haber declarado que «moriría con el nombre de Stalin en los labios». Curiosamente, al final de 1938 Chiang Kai-shek le pidió a Stalin que le enviara de nuevo al general Galen como consejero militar. Según las fuentes Stalin no contestó. Se le había olvidado que Galen era Blücher. Cuando se lo recordaron le informó a Chiang que lo habían liquidado por haber sido espía de Japón. En 1949 Borodin, el último de los grandes personajes de esta historia, fue detenido en el contexto de una nueva represión, esta vez antisemita, y murió dos años más tarde en el reclusorio de Lefortovo después de ser víctima de las torturas allí infligidas.

David Brandenberger rescata el testimonio de un estudiante ruso: «En sexto y séptimo año veíamos retratos de Stalin y sus más cercanos asociados: Blücher y Egorov. Nos sabíamos sus biografías de memoria. Dos semanas después nos dijeron que eran enemigos del pueblo». Un veterano de la guerra recordaba, respecto a Tujachevski, que «al llegar a la escuela alguien había quitado su retrato de la pared. Luego los muchachos tacharon su imagen de los libros de texto». El pintor Sergei Vasilievich Gerasimov tuvo que borrar a toda prisa el rostro de varios altos militares en un cuadro que se exhibiría en la Exposición Universal de París.

Pasarían dieciocho años, tendría que morir Stalin, para que después del XX congreso del PCUS en 1956 fueras rehabilitado, al igual que tu viuda. Un sello de correos muy feo fue lanzado con tu imagen en 1969; hay algunas calles con tu nombre en ciudades siberianas, en una de ellas existe un busto tuyo recordando una batalla, poca cosa, bien poca cosa, para una historia como esta.

**Nota sobre las fuentes**

Los combates del 18 contra los cosacos y los checos, los del 20 contra Wrangel en Crimea, la ofensiva contra los blancos en Siberia y la batalla del lago Hassan en el 38, están bien documentados. Otras zonas de la biografía de Blücher me resultan superficies de oscuridad, rellenas con piezas sueltas de un enorme rompecabezas. En esta nota sobre la información que sustenta la historia, se registran solo algunas de las fuentes consultadas, otros cientos ofrecían minúsculas referencias que no tiene sentido enumerar.

Destaco: Víctor Serge: *Año I de la Revolución Rusa, El caso Tulayev* y *Memorias de un revolucionario*. La incompleta biografía de Stalin por León Trotski. *Marshal Blücher's last days, Soviet Soldier #3*, 1991. Una buena nota biográfica en ruso en la red *Samovar san*. Polina Efimova es autora de un largo ensayo, repleto de información valiosa y traducido a un español pantagruélico (la culpa será del traductor de Google), sobre varios momentos de la vida de Blücher durante las campañas del extremo oriente: «Blücher slows down». Paweł Wieczorkiewicz: *Cadena de muerte. Purga en el ejército rojo 1937-1938*, 2001. V. A. Egorshin: *Marshals y Marshals polacos*, Moscú, 2000. *Asedio de Perekop*, internet. John Erickson (ed.): *The Soviet High Command: a Military-political History, 1918-1941*, Frank Cass, Londres, 2001. *Children of Chapaev: the Russian Civil War cult and the creation of Soviet identity, 1918-1941*, de Justus Grant Hartzok, internet. Roman Goul: *Red Marshals*. Vadim Zakharovich

Rogovin: *1937: Stalin's Year of Terror,* Mehring Books, 1988. David Brandenberger: *National Bolshevism: Stalinist Mass Culture and the Formation of Modern Russian National Identity, 1931-1956,* Harvard University Press, 2002. Hay varios textos en páginas de internet de Azerbaiyán: *Marshall VK Blücher. Mitos y realidades* y Sergey Shumakov: *Conflicto en el lago Hassan.* Vladímir F. Nekrasov: *Beria, verdugo al servicio de Stalin; Marshal Blücher: biografía, foto. Breve biografía de Vasily Blücher* (en ruso, internet). El documental *Marshall Blücher 1, 2 y 3,* de exótico acceso (está colgado de una red tailandesa), contiene material original de Mosfilm. *Military Review,* enero de 1966. *Correspondencia entre Stalin y Kaganovich,* internet.

Topé con Blücher, llamado Galen en China, leyendo a Malraux; en la novela *Los conquistadores* era un personaje muy menor al lado de Borodin, con solo dos o tres menciones. *Reporte de Sean Ahern para la marina norteamericana,* en la universidad de Quantico, internet. Vera V. Akimova: *Two Years in Revolutionary China, 1925-1927,* Harvard University Press, 1971. John King Fairbank, Denis Twitchett: *The Cambridge History of China,* Lydia Holubnychy: *Michael Borodin and the Chinese revolution, 1923-1925,* Columbia University Microfilms International, 1979. Dan N. Jacobs: »Recent Russian Material on Soviet Advisers in China», *The China Quarterly* (1970); J. J. Solecki; «Blücher's "Grand Plan" of 1926», *The China Quarterly* (1968). Sean C. Ahern: *Advising China. 1924-1928, The Role of Military Culture in Foreign Advisors Missions.* Clarence Martin Wilbur, Julie Lien-ying How: *Missionaries of Revolution: Soviet Advisers and Nationalist China, 1920-1927,* Harvard University, 1989. Martin Wilbur: *The Nationalist Revolution in China, 1923-1928,* Cambridge University Press, 1984. A. Cherepanov: *Apuntes de un asesor militar en China,* Editorial Progreso, Moscú, 1979. Víctor Serge: *La revolución china,* Domés, DF, 1985. He leído referencias fragmentarias de: M. I. Kazanin: *Inside Bliukher's Headquarters,* publicado en Rusia en 1966. A. I. Kartunova: *V. K. Bliukher en China: 1924-1927,* Moscú, 1970. Vishniakova-Akimova: *Two years in Insurgent China, 1925-1927.* A. Khmelev: *Notes on his visit to the headquarters of the Commander in Chief of the Northern Expeditionary Forces.*

En España escribí un texto aún muy desinformado sobre la historia de la Guerra Civil en Asturias (Silverio Cañada, 1978) titulado: *Goriev, una sombra mítica.* Paul Preston: *Idealistas bajo las balas,* Debate, Madrid, 2020. Artur London: *Se levantaron antes del alba,* Península, Barcelona, 1978. Jesús Hernández: *Yo fui un ministro de*

*Stalin,* América, México, 1953. Sierra Charriba: *Batallón móvil de asalto,* internet. Andreu Castells: *Las brigadas internacionales de la guerra de España.* Ariel, Barcelona, 1974. Mijail Koltsov: *Diario de la guerra de España,* Ruedo Ibérico, 1963. Arturo Barea, la tercera parte de *La forja de un rebelde, La llama.* J. Fernández Sánchez: *Rusos en el frente del norte,* Ateneo Obrero de Gijón, 1996. Mikel Aizpuru: *La presencia soviética durante la Guerra Civil en el frente norte* (Euskadi, Santander y Asturias). Vicente Rojo: *Así fue la defensa de Madrid,* Era, DF, 1967. R. Malinovski y otros: *Bajo la bandera de la España republicana,* Progreso, Moscú, s/f. Miguel de Amilibia: *Los batallones de Euskadi,* internet. Jorge Martínez Reverte: *La batalla de Madrid,* Crítica, 2004. Ilyá Ehrenburg: *Gente, años, vida.* Daniel Kowalsky: *La Unión Soviética y la Guerra Civil española.* Francisco Manuel Vargas Alonso: *Voluntarios internacionales y asesores extranjeros en Euskadi (1936-1937),* internet. Enrique Castro Delgado: *Mi fe se perdió en Moscú.*

# 2

# Roman Fiodórovich Ungern von Sternberg, el Barón Loco

Dirá de sí mismo, y dirán de él, añadiendo y a veces fantaseando historias, que su familia era de origen húngaro-alemán y se atribuía ser descendiente nada menos que de «hunos de la época de Atila». Hablaba de un antepasado, Ralph, que a los 11 años participó en la cruzada de los niños y de otro que murió bajo los muros de Jerusalén combatiendo en la cruzada que dirigía Ricardo Corazón de León. Y seguía enumerando su prosapia: dos barones Ungern von Sternberg murieron durante las ofensivas de los caballeros teutones contra los pueblos eslavos. Y resumía: «Nuestra familia era amante de la guerra y dada al misticismo y al ascetismo» y sumaba caballeros que participaron en torneos en Francia, España e Inglaterra. Y aún hay más: Heinrich Ungern von Sternberg, llamado «Hacha», era un caballero errante que murió en Cádiz cuando de un hachazo le hundieron el casco y el cráneo haciendo bueno su apodo. Al inicio del siglo XVIII, según él, vivió un barón Wilhelm Ungern, al que se refieren los maldicientes como «hermano de Satán», quizá porque era alquimista. Su abuelo era un corsario en el océano Índico. Parece ser que fue ese mismo abuelo quien trajo «el budismo de la India a nuestra familia y mi padre y yo lo aceptamos y lo profesamos».

Se supone que Roman Fiodórovich Ungern von Sternberg nació en la ciudad austriaca de Graz, aunque la fecha es incierta: mientras que sus biógrafos la sitúan el 29 de diciembre de 1885, el registro de nacimientos de la ciudad lo hace el 1 de octubre de 1886. Junto a sus dos hermanos crece en el seno de una familia de la nobleza de Estonia, en la ciudad de Tallin, donde su abuelo es propietario de grandes extensiones de tierras y una fábrica textil.

En 1891, cuando Roman tenía 6 años, sus padres se divorciaron, hecho poco común en la época y entre los sectores de la nobleza terrateniente, probablemente a causa de que a su padre se le diagnosticó una enfermedad mental y fue recluido en un sanatorio en el pueblo costero de Hapsal. En 1894 su madre volvió a casarse, ahora con otro barón, Oskar von Hoyningen-Huene, y el joven Ungern vivió sus siguientes años con su madre y este padre adoptivo en Jerwakant, al sur de Reval.

Estudiará en el *gymnasium* Nicolás en Reval, una secundaria de élite germanoparlante con mayoría de estudiantes rusos y algunos estonios y judíos, con muy bajas calificaciones. Ingresa en la escuela naval de San Petersburgo, de donde sería expulsado por sus frecuentes faltas de disciplina, aunque mentiría en el futuro diciendo que él era «un oficial naval». En febrero de 1905, Ungern se vio obligado a abandonar la escuela por decisión del consejo académico.

Tenía 19 o 20 años cuando se presenta voluntario para participar en la guerra ruso-japonesa, iniciada el año anterior, y fue incorporado al 91° regimiento de infantería, un cuerpo de cosacos en la región de Transbaikalia (la frontera oriental del imperio ruso), pero llegó a la zona de operaciones tan solo dos meses antes de que terminara el conflicto. Diría años después que la guerra lo obligó «a abandonar mi profesión habitual para unirme a los cosacos de Zabaikal». ¿Y cuál era su profesión?

Regresó de Manchuria en el otoño de 1906 y, tras haber pasado un rato en el colegio de ingenieros de San Petersburgo, se matriculó en la academia militar Pablo I, donde se graduó en 1908 con resultados promedio.

¿Qué tienes hasta este momento? Un joven aristócrata que vive en la mediocridad del promedio militar y que acumula longevos logros y delirios familiares. No mucho más que eso.

En 1909 fue enviado a un cuerpo de cosacos en Chitá, una ciudad siberiana cercana a la frontera con Mongolia. Nuevamente al oriente. Allí el barón se enfrentó en un duelo con otro oficial al que hirió, recibiendo en el encuentro un sablazo en la cabeza, como resultado de lo cual comenzó a sufrir feroces migrañas que lo perseguirían durante el resto de su vida, hasta el punto de que a veces quedaba temporalmente ciego. Era descrito contradictoriamente como un personaje en unas ocasiones muy locuaz y simpático y en otras un ser taciturno y muy extravagante, con unos preocupantes y extremadamente violentos cambios de humor. Una foto muestra al capitán de menos de 25 años: escaso pelo muy rubio, mirada incluso amable, casi cándida, una de las manos en los bolsillos del uniforme, y esta vez no tiene un sable que lo acompañe.

Algunos de sus biógrafos (y la palabra es poco recomendable para los múltiples narradores de la vida de Roman) dicen que a causa del duelo el barón fue expulsado del cuerpo del ejército en julio de 1910, aunque se le propuso ingresar en la escuela de infantería, lo que rechazó. Otros, siguiendo sus expedientes militares, dirán que le ofrecieron un mando en la línea Semirach dirigiendo un cuerpo de cosacos siberianos. Terminó por dos años en el regimiento de cosacos de Transbaikalia, cuya sede estaba en la villa de Dauria, en la línea férrea a Harbin. En 1910 fue transferido al primer regimiento del río Amur, cuyos cuarteles estaban cerca de Blagovéshchensk.

Eran tiempos de paz relativa: rutinas, papeleo, escoltas, persecución de bandidos, mucho juego de cartas y de dados entre los oficiales, pocas mujeres a excepción de los prostíbulos, pocos libros, algunos incidentes de violencia entre ellos. Ungern renuncia en julio de 1913.

A partir de entonces comenzó un viaje por Siberia acompañado de su perro de caza, Misha. Algunos lo sitúan en la guardia consular en Khovd, zona fronteriza donde chocaba frecuentemente con militares chinos. Sea así o no, terminó en Urga, la capital de Mongolia regida por Kutuktu, la figura suprema del lamaísmo mongol, el «Buda viviente» que había establecido una monarquía independiente y Ungern fue nombrado comandante de la caballería mongola, que no debía ser muy importante.

Antes de su partida de Mongolia, el barón Ungern acompañó a su amigo el príncipe Djam Bolon. Ante la insistencia de este último, Ungern visitó a un chamán y el clarividente le reveló los misterios de sus obsesiones y angustias: «Veo al Dios de la Guerra... Él monta un caballo gris a través de nuestras estepas y nuestras montañas... Va a gobernar sobre un vasto territorio, ¡oh, dios blanco de la guerra! Veo sangre, mucha sangre... Un caballo... Mucha sangre... Sangre roja... No veo más. El dios blanco de la guerra ha desaparecido». ¿Será esta historia cierta o se produciría mucho más tarde, cuando volvería a visitar Urga?

No está claro cómo y cuándo, pero sus biógrafos, los serios y los no tan serios, dicen que en 1912 (sería el 14) viajó por Europa (Berlín, París, Londres). ¿Con dinero familiar? Sería extraño porque siempre fue considerado como el garbanzo negro de la familia y no sujeto de crédito. En estos viajes se dice que aumentó los idiomas que hablaba hasta llegar a seis. Según los testimonios ofrecidos en el libro de Krauthof sobre Ungern (*Yo ordeno*) en París el barón se encontró y se enamoró de una mujer llamada Danielle. Cuando fue convocado a las armas por Rusia, al inicio de la Guerra Mundial, su novia lo acompañó, pero fue arrestado en Alemania como oficial del ejército enemigo. Tratando de evadir la persecución trató de cruzar el Báltico en una pequeña embarcación, pero el barco naufragó y Danielle se ahogó. Sus cronistas dirán que a partir de ese momento «no prestó atención a las mujeres», cosa que, como se verá, no es cierta.

Al llegar a Moscú su regimiento fue enviado el 19 de julio del 14 al combate. El mando zarista se lanzó a la ofensiva en el frente occidental al inicio de la guerra. En agosto de 1914 seis ejércitos rusos avanzaron hacia territorio alemán y austriaco, dos se adentraron en Prusia oriental y otros cuatro invadieron la provincia austriaca de Galitzia. Tras una serie de victorias rusas vino el contraataque de Hindenburg y la derrota rusa en la batalla de Tannenberg. Para 1915 habían caído los puestos fronterizos rusos y seguía la masacre en la guerra de trincheras.

Ungern actuó en varios frentes junto con el regimiento cosaco de Nerchinsk, en los que se hizo de una potente reputación por sus intervenciones en combate, casi suicidas. Sufrió cinco heridas y recibió la Cruz de San Jorge y la Espada de Honor por su valentía (junto con otras tres medallas más). Sea por la carnicería de oficiales o por su valentía (en exploraciones atrás de las líneas o asaltos a las trincheras enemigas), la pura supervivencia lo llevó a ser ascendido a capitán en septiembre de 1916. Una de cal por otra de arena. En esos mismos meses fue castigado por haber herido a uno de sus colegas oficiales que estaba borracho.

En febrero de 1917 estalla la Revolución contra el Imperio ruso, surge incontenible la demanda que exige el fin de la guerra, la paz inmediata y nacen los soviets de soldados y marinos. El ejército ruso no tarda en descomponerse a una velocidad pasmosa.

Ungern viajó a Siberia de nuevo. ¿La atracción siberiana lo dominaba? Se había acabado su guerra, pero no su necesidad de guerra. Allí se encontró con un personaje a su medida al que había conocido previamente, Grigori Mijáilovich Semiónov (a veces transliterado como Semenov), también capitán, de origen buriato (una etnia mongola siberiana), budista, que tenía 27 años y había sido criado en una pequeña población, formado como cadete en academia de guerra cosaca, y había combatido en el frente sudoccidental, donde conoció a Ungern, y luego en Persia. Su llegada a Siberia es confusa. ¿Había desertado?

En el verano del 17, Ungern y Semiónov actuaban bajo las lejanas órdenes del gobierno provisional de Aleksándr Kérenski de organizar brigadas en la Rusia oriental. A mitad de noviembre habían formado el regimiento mixto de mongoles, buriatos y cosacos.

Al producirse la Revolución de Octubre y la toma del poder por los soviets de mayoría bolchevique, sin aún tener noticia clara de los hechos, Semiónov tuvo éxito al controlar el motín de una pequeña guarnición en Manchuli, en la frontera entre Rusia y Manchuria. Logró que los amotinados pacíficamente se subieran a un tren y fueran llevados a una zona donde los soviets controlaban el poder y dominaban el territorio. Ahí creó una base, desde la que llevaría el terror blanco amenazando el ferrocarril Transiberiano, creando sus propios trenes blindados y participando en todo tipo de saqueos y despojos, asaltos, robos de caballos y pogromos.

En enero de 1918, se convirtieron en la Brigada Manchuria y Semiónov, reconocido y financiado por los japoneses, se nombró a sí mismo atamán y Ungern ascendió a teniente general a cargo de una brigada de caballería y se estableció en Dauria, al este del lago Baikal en Siberia y a una estación de tren de la frontera china con Manchuria. El día a día no pasó de escaramuzas, ninguna batalla, hubo persecución y ejecución de espías, detenciones, apaleamientos, relaciones con traficantes de armas, terror indiscriminado contra la población. Llegó el tifus y la pérdida de valor de la moneda.

Uno de los cronistas de Ungern von Sternberg lo define como: «mitad diablo, mitad monje; mitad don Quijote, mitad Mefistófeles; mitad samurái, mitad prusiano». Hopkirk dirá que «en nuestros días hubiera recibido el calificativo de psicópata y lo hubieran encerrado». Ferviente aristócrata y, como muchos otros de los monárquicos rusos, feroz y enfermizamente antisemita. Nos llegan decenas de descripciones contradictorias: ojos azules o grises, pelo rojizo o rubio, muy alto, de estatura normal; no fumaba ni bebía, aunque tenía un serio problema de ludopatía. Ossendowski le añade una voz histérica, informa que tomaba un té negro tan espeso como el café y aporta: «Una cabeza pequeña sobre anchos hombros, pelo rubio desordenado; un bigote hirsuto y rojizo, una boca de hombre flaco y rostro cansado como aquellos de los antiguos iconos bizantinos».

Por órdenes de Semiónov, Ungern marchó a Nértchinsk, para controlar las minas de la región y viajó frecuentemente a Manchuria. Las fuerzas de Ungern iban guiadas (según un cuadro fechado erróneamente en 1921) por la bandera que mostraba en un lado la letra

«M» y un II romano, era la propuesta de restablecer en el trono ruso como zar al gran príncipe Mijaíl Segundo; quizá sin saber que había sido fusilado por los bolcheviques en 1918. Del otro lado mostraba un rostro de Cristo con la frase «Dios estaba con nosotros». Una bandera zarista, poco *ad hoc* para una caballería asiática.

Mientras tanto Semiónov, tan antijudío como el barón, distribuía a sus oficiales copias de la biblia del antisemitismo, *Los protocolos de los sabios de Sion*, les sacaba dinero a los ingleses (llegó a cobrar diez mil libras mensuales), a los norteamericanos y sobre todo a los japoneses, con los que se entrevistó en Harbin reclamándoles que a cambio de poner orden en Siberia debería recibir dos mil rifles, cañones, ametralladoras y doscientos cincuenta mil rublos (al final le mandarían quinientos millones). Amenazaba a los bolcheviques en Irkutsk, movilizaba trenes blindados, mal coordinaba una serie de bandas armadas y sembraba el terror estableciendo su base en Chitá. Sus propios aliados terminaron teniendo de él una pésima opinión; los oficiales ingleses decían que no era «ni un oficial ni un caballero» y el embajador norteamericano en Japón, Morris, no pudo evitar señalar que en Siberia se saquearon, apresaron, torturaron y asesinaron personas a gran escala. La Legión Checoslovaca lo consideraba un simple bandido.

El barón tampoco tenía el aprecio de los grandes dirigentes de los ejércitos blancos. Wrangel afirmaría en sus memorias que «Ungern ignora por completo el reglamento, no se preocupa por las reglas, y hace caso omiso a los principios básicos de la buena educación. El decoro no significa nada para él», y en sus memorias añadiría: «No es un oficial en el sentido ordinario de la palabra. Es un verdadero héroe de Mayne Reid. Educado en un ambiente civilizado, parece, sin embargo, desprovisto del menor signo de cultura».

Cuando, bajo la ofensiva soviética, el gobierno blanco del almirante Kolchak fue obligado a una durísima evacuación en el invierno de 1919 a través de Siberia, este trató de obtener el apoyo de Semiónov y Ungern, pero ellos lo ignoraron, e incluso asaltaron algunos de sus trenes en busca de un botín. A finales de 1919, los restos de su ejército y cientos de miles de civiles se retiraron en desorden para escapar de la ofensiva bolchevique que tomó Omsk en noviembre. Kolchak, acosado por revueltas, levantamientos y el abandono de la Legión Checoslovaca, sería atrapado en el ferrocarril durante la retirada y entregado en Irkutsk a los bolcheviques que lo fusilarán en febrero de 1920. Este último fracaso desmoralizó al resto de los ejércitos blancos. Primero deserción, el alcohol, el robo y luego el bandolerismo. Una parte se hundió en el espíritu corruptor de la emigración en descomposición, los salones de té y los prostíbulos rusos en Harbin y los chismes de los porteros y los taxistas parisinos, todos con lágrimas rusas, saliva y suspiros. Aun así, tras la derrota del almirante Kolchak y su ejército blanco, decenas de grupos buscaron al Kan Ungern y este trató de convocar a partidas y grupos de desertores, bandoleros y guerrilleros de la Rusia asiática: buriatos, cosacos, tibetanos, turcomanos.

Para la primavera de 1920 la División de Caballería Asiática contaba con ciento cinco oficiales, mil doscientos treinta y tres hombres de caballería y trescientos sesenta y cinco de infantería, la mayoría cosacos del Transbaikal, rusos blancos, tártaros, buriatos, mongoles, mercenarios chinos, soldados japoneses e incluso algunos serbios y coreanos. Roman Ungern la definiría, sin mucho rigor, como «una orden de militares budistas para combatir la depravación de la revolución».

Y se iba deslizando hacia una visión delirante del mundo levantada sobre un menjurje de citas variadas que incluían al filósofo francés Henri Bergson, el Tashi lama tibetano, la Biblia y el budismo. Conversando un año más tarde con el escritor polaco Ferdynand Ossendowski diría:

> En el budismo y en los viejos textos cristianos leemos severas predicciones acerca del tiempo cuando la guerra entre el bien y los espíritus malignos debe empezar. Entonces debe aparecer la *maldición* desconocida que conquistará el mundo y destruirá la cultura, matará la moralidad y matará a toda la gente. Su arma es la revolución [...] El hombre será alejado de lo divino y lo espiritual. La Gran Guerra probó que la humanidad debe progresar hasta alcanzar más altos ideales; pero entonces apareció la maldición que había sido vista y sentida por Jesucristo, Juan el apóstol, Buda, los primeros mártires cristianos, Dante, Leonardo da Vinci, Goethe y Dostoievski. La revolución es una enfermedad infecciosa [...] la muerte de la cultura, de la Gloria, del Honor y el Espíritu, la muerte de los Estados y de los pueblos. Puedo ver este horror, esta oscura y loca destrucción de la humanidad.

¿La locura admite la coherencia? Supongo que sí. Shakespeare, que sabía tantas cosas, ponía en boca de uno de sus personajes la idea de que en la locura había un método. ¿El camino a la gloria personal, por demencial que parezca, lleva a crear el infierno para muchos otros?

Establecido en la Siberia central, el barón alternaba grandes periodos de silencio absoluto y una tranquilidad casi mística con temporadas de sadismo brutal, que lo llevaban al asesinato sin motivo aparente o a las frecuentes violaciones, debidas, según un informante de Pozner, a que decía que los bolcheviques habían violado y asesinado a su madre en Estonia (historia sin duda falsa). A cambio de su renuncia absoluta al alcohol y a la obligación de llevar un estilo de vida espartano, los integrantes de la división tenían permitido el saqueo ilimitado, donde y cuando quisieran. Ungern era tan implacable con los soldados del Ejército Rojo capturados como con la indisciplina de los propios: eran golpeados hasta la muerte o quemados vivos. En una ocasión, ante la deserción del capitán Rujanski y sesenta y ocho hombres, ordenó a una partida de chahars mongoles que los persiguieran y volvieron con un saco con las orejas de los fugados.

El año 1920 comenzó de mala manera para los contrarrevolucionarios. Los soviéticos pasaron entonces a crear el 6 de abril la República de Extremo Oriente, un estado tapón a un costado del río Amur con sede original en la ciudad siberiana de Blagovéshchensk. Muy pronto el general Vasili Blücher, que había sido clave en la derrota de Wrangel, fue nombrado su ministro de la Guerra, e Iván Maiski (*Hombre de Mayo* era su seudónimo), un bolchevique que había sufrido exilio en Siberia y que sería el futuro embajador soviético en Inglaterra, visitó clandestinamente Mongolia al principio de 1920. Sus contactos viajaron a Moscú con un mensaje en el mango de una fusta para Lenin, la fusta de Suke Bator, un joven revolucionario mongol, exsoldado de la época de la independencia, que había integrado sociedades secretas progresistas en el Partido del Pueblo Mongol.

Félix Dzerzhinski, el director de la Cheka, le informaba a Lenin:

> Parece que Ungern es más peligroso que Semiónov. Es terco y fanático. Inteligente y despiadado. Ocupa puntos clave en Dauria. ¿Cuáles son sus intenciones? ¿Atacar a Urga en Mongolia o Irkutsk y los bolcheviques en Siberia? ¿Dar la vuelta a Harbin en Manchuria y luego a Vladivostok? ¿Marchar sobre Pekín y restaurar el poder de la dinastía Manchú en China? Sus delirios monárquicos no conocen límites. Pero una cosa está clara: Ungern está preparando un golpe. Es nuestro enemigo más peligroso hasta la fecha. Destruirlo es una cuestión de vida o muerte.

Una carta que los guerrilleros comunistas interceptaron, les permitió informar a Moscú:

El barón pronuncia con odio las palabras *comisario* y *comunista* y a menudo agrega *serán ahorcados*. No tiene favoritos, es inusualmente firme, inflexible en asuntos de disciplina, muy cruel y muy crédulo... Vive rodeado por lamas y chamanes... Por adicción a lo escandaloso e inusual, se hace llamar budista. Es más probable que pertenezca a una secta báltica de extrema derecha. Sus enemigos lo llaman el *Barón Loco*.

¿En qué momento Semiónov y Ungern von Sternberg se separaron definitivamente? Para el verano del 20 Semiónov estaba reducido a su mínimo control territorial y sostenía la ciudad de Chitá penosamente, de la que no tardaría en huir. La retirada de los japoneses de Siberia aceleró la situación y el 5° Ejército Rojo, dirigido por Blücher, tomó Chitá. Ungern declara: «Toda Siberia es ahora bolchevique. Caballeros, solo queda un ejército blanco listo para el combate: la Primera División de Caballería Asiática».

Y decide no ir a confrontar al Ejército Rojo sino atacar Mongolia y tomar Urga antes de que terminara el invierno. Moviéndose a lo largo del río Kerulen se encuentra y suma un destacamento de rusos blancos mandado por el coronel Kazagrandi. En octubre de 1920 su división inicia el despliegue arrasando lo que encuentra a su paso, la villa de Buluktai fue devastada, encerraron a los pobladores en sus casas y les prendieron fuego. Se les unen desertores en harapos y hambrientos de los restos de los ejércitos blancos. Hopkirk rescata el testimonio del oficial Dimitri Alioshin, que cuenta que el barón, revisando a un grupo de reclutas y vestido con una chaqueta china rojo cereza y unos calzones azules del ejército imperial ruso, uno a uno fue decretando sus destinos: «a cuidar el ganado», «al ejército», «liquidarlo». En esta última categoría entraban los que tenían defectos físicos. Cada vez es más salvaje, incluso con los suyos, para mantener la disciplina. Personalmente estranguló a los coroneles Lihachev y Yahontov y quemó vivo al doctor Engelgard.

La división se desplazó sobre un terreno absolutamente helado durante dos semanas, hasta conseguir desplegarse en unas colinas al sur de la capital de Mongolia. Ossendowski nos ha dejado una descripción de la ciudad de Urga:

Al pie del Bogdo Oul tras paredes blancas se alzaba un edificio tibetano cubierto por azulejos gris azulado que brillaba bajo la luz solar. Estaba ricamente situado entre macizos de árboles punteados aquí y allá con los fantásticos techos de templos y pequeños palacios, mientras que más

> allá de la montaña estaba conectada por un gran puente de madera que cruzaba el Tola hacia la ciudad de los monjes, sagrada y reverenciada por todo el este y conocida como Ta Kure de Urga. Aquí, además del Buda viviente, vivían muchos creadores de milagros, profetas, magos y maravillosos médicos. Todas estas personas tenían origen divino y eran honradas como dioses vivientes. A la izquierda de la alta meseta se levanta un viejo monasterio con una gran torre rojo oscuro, que es conocida como Temple Lamas City, en la que se encuentra una gigantesca estatua de bronce de Buda sentada en una flor de loto dorada; decenas de pequeños templos, capillas, obos, altares al aire libre, torres para la observación astrológica y la gris ciudad de los lamas que consiste en casas de un solo piso y yurtas, donde cerca de sesenta mil monjes de todas las edades y rangos habitan; escuelas, archivos sagrados y bibliotecas, las casas de Bandi y los alojamientos para los honorables huéspedes de China, Tíbet y las tierras de los buriatos y los calmucos.

Para Ungern liberar al rey de Mongolia, el Bogdo Khan, que los chinos tenían retenido en su palacio, era fundamental, le daría una legitimidad que los desastres de los ejércitos blancos le habían quitado.

El 26 de octubre el barón lanza su primer asalto contra Urga después de consultar a los chamanes y monjes que le acompañan y le dicen que el día será propicio. Bien armados, con cañones ligeros y ametralladoras, esperándolo, los chinos del señor de la guerra local, Chiang Chun, lo rechazan. Se retira a unas colinas cercanas mientras se producían terribles tormentas de nieve. Durante cinco días esperaron nuevos augurios. El 31 de octubre lanza el segundo ataque y fracasa. Según Alioshin, uno de sus oficiales, serían rechazados otras dos veces. Un retrato contemporáneo lo sitúa en el centro del combate fumando y tomando té sin ser tocado por las balas. La leyenda y el mito cobran fuerza: «en una batalla setenta y cuatro balas perforaron su abrigo, su silla de montar y las cajas que estaban a su lado sin herirlo». Se decía que antes de los combates se había aproximado en una exploración a Urga tan solo con un cosaco y en el regreso al campamento había matado a un oficial chino y dos soldados con una fusta de bambú. Se añadía que solo poseía una muda de ropa interior y un par de botas extra.

Pero el hecho es que tiene que replegarse y lamer sus heridas. Se retira siguiendo el curso del río Kerulen para continuar con la recluta y tropieza con bandas armadas. Dos caravanas de judíos fueron capturadas al paso y hombres, mujeres y niños fueron linchados.

El 27 de diciembre de 1920, Ungern se dirigirá a sus tropas: «Dentro de tres días comenzará un nuevo año, 1921, que verá mi victoria o mi muerte. Sé que nací para imponer orden en el mundo, aunque la soledad me embarga aquí en las heladas orillas del río Kerulen». Ossendowski, la primera vez que lo ve y lo observa de lejos, nota que va sin escolta: «cabalgaba en un espléndido caballo bayo con una silla ricamente ornamentada con plata y coral. Claramente observamos los llamativos bordes de su túnica amarilla bajo el gran abrigo y vimos su largo sable envuelto en una vaina de piel verde con un mango de cuerno y marfil».

A pesar de la dolorosa derrota, el barón tenía más fuerza que nunca. El bolchevique Iván Maiski, sin duda sobrevalorando, establece que en esta segunda ofensiva su división cuenta con seis mil hombres, de ellos cuatro mil rusos blancos. Fuentes más acertadas estiman la fuerza de la División Asiática en mil setecientos combatientes, aunque el ejército chino era superior. Lo acompaña una princesa mongola y un centenar de monjes budistas produciendo una interminable letanía de plegarias, a los que habían de sumarse setenta guerreros enviados desde el Tíbet por el dalái lama.

Nuevamente Urga. Frente a ellos se encuentra una poderosa fortaleza construida por los chinos para proteger la carretera a Kalgan, pero, sorprendentemente, el fortín estaba vacío, los chinos, a diferencia de la vez anterior, no se habían apercibido de la llegada de la división de Ungern.

Reanudaron el avance y rápidamente Roman llegó a la colina sagrada de Bogdo Oul, a cuatro kilómetros al sur de Urga, donde estaba prisionero el Kutuktu, el rey de Mongolia, Bogdo Khan, escoltado por un centenar de soldados chinos. Ungern decidió no parlamentar con los chinos y liberar al soberano mongol a viva fuerza. Reunió a un centenar de jinetes tibetanos armados con arcos y lanzas y se lanzó al asalto. Los guardianes chinos apenas opusieron resistencia, y el Khan mongol fue liberado y trasladado al campamento de la División Asiática.

Los sacerdotes con sus plegarias, agoreros, astrólogos y chamanes habían anunciado que el Buda viviente sería liberado el 1 de febrero y la victoria sería completa el 4. El ataque se inició en la noche del 31 de enero. El barón iluminó con fogatas las colinas en las cercanías de la ciudad para asustar a los defensores. Dudaba, la profecía situaba el enfrentamiento definitivo el 4. ¿Había que adelantarla e incurrir en la ira de las deidades? Finalmente, el 3 de febrero inició el ataque en busca de la victoria que tanto necesitaban, porque para sus tropas Urga significaba comida, saqueo, municiones, un lugar caliente para dormir. Los defensores chinos habían ubicado sus ametralladoras y cañones de forma fija, aprovechando las antiguas murallas de la ciudad, sin posibilidad de moverlas. Así, la velocidad de la caballería de Ungern consiguió eludir el fuego de las ametralladoras y entró en la ciudad como un torrente. Sin embargo, no los remató y durante veinticuatro horas decidió que la caballería estuviera a la espera, para cumplir los pronósticos, pero los disparos de las ametralladoras chinas excitaron a la horda y arrastraron al combate al barón. Las puertas de la fortaleza fueron voladas con granadas y se inició la masacre.

El mensaje final a sus tropas fue: «Maten a los chinos y arrasen sus comercios. Nuestra paciencia está exhausta». El terror se desató y cuando las tropas capturaron el pueblo tenían amplio permiso de saquear. No solo los chinos cayeron bajo las lanzas y los sables, hubo un pogromo donde se mató a judíos rusos y se colgó a sospechosos de ser bolcheviques. Miles fueron asesinados, fusilados o acuchillados, destrozados por caballos que tiraban en sentido contrario de sus cuerpos, arrojados vivos a la caldera de un tren. Vencedores, los soldados de Ungern comenzaron a masacrar sin piedad a los soldados chinos, a los comunistas rusos y a los comerciantes judíos de la ciudad. Violaciones, saqueos e incendios. Las calles comenzaron a poblarse de las antiguas banderas rusas, rojo, azul y blanco. La parte mongola de la población aclamaba al barón como Ungern Kan. Mientras tanto, los perros disputaban a los lobos los cadáveres.

En marzo se proclamó una nueva monarquía encabezada por el Bogdo Kutuktu con el barón como ejecutor. Tras una breve ceremonia, el Bogdo Khan VIII nombró a Ungern «gran héroe y príncipe invencible». Después, el barón dio un discurso donde esbozaba cuáles iban a ser las líneas principales de su gobierno, que básicamente consistían en eliminar a los seguidores de las tendencias subversivas, restablecer la administración de la monarquía divina y convertir Asia en un lugar exclusivamente para los asiáticos. El barón Ungern se convirtió en el primer europeo en recibir el título de Kan de la guerra, Kan-Chan-Chun. Dugin dirá: «No, esto no es un cuento de hadas, no es una alucinación».

El barón avanzó sobre las tropas chinas refugiadas en Hiagt, cerca de Choir, al mando de Xu Shuzheng, y las aniquiló. Luego, según una fuente no muy confiable, entró en negociaciones con el señor de la guerra chino Zhang Zuolin, que le ofreció seiscientos mil dólares por detener su avance.

Ungern se convirtió en dictador con plenos poderes en la ciudad de Urga y sus cercanías. Nombró a todos los ministros del nuevo gobierno mongol. Dicen que fundó una gran universidad, una academia militar, un laboratorio, una central eléctrica, un teatro, una estación de telégrafos. Lo dudo, no existen pruebas ni afirmaciones de testigos de que tal lista de actos civilizatorios se realizara. Lo que hizo fue nombrarse emperador de Rusia y tratar de disciplinar a su horda, impuso un sistema de castigos severos, entre ellos ordenó ahorcar sin juicio previo a ladrones y saqueadores. Dieciocho oficiales, algunos de los cuales fueron veteranos condecorados personalmente como leales a Ungern, fueron arrojados al helado y tormentoso río por haberse emborrachado. No perdonaba a nadie ni nada. Algunos de los que podían nadar sobrevivieron. Otros no lo hicieron. Pero la bebida se controló entre ellos y el resto de los que vieron los congelados, azules y amoratados cadáveres de sus camaradas. Tal fue una especie de conversión forzada de los cosacos al chamanismo: después de todo, nadar en el río en invierno con la ropa puesta para proteger el calor interno es una práctica chamánica.

Los campamentos de la división, en las afueras de Urga, comenzaron a parecerse a los de la legendaria horda de oro mongola de Gengis Kan.

Al inicio de 1921 se produce el encuentro entre Ossendowski y Ungern. El periodista polaco se prepara para lo peor y esconde en su chaquetón una cápsula de cianuro antes de entrar a la yurta del doctor donde lo esperan. Sus ojos descubren un gran charco de sangre en la entrada. Se encuentra el barón vestido con un abrigo mongol de seda roja. Los ojos de Ungern von Sternberg «se fijan en mí como los de un animal que mira desde el fondo de una cueva».

Ungern murmura en voz baja, con la cabeza hundida. «La muerte del hombre blanco ha quedado atrás [...] ¿Se ha ido finalmente?». Luego justifica su desconfianza:

> Le pido perdón. Debe comprender que hay demasiados traidores. Los hombres honestos han desaparecido. No puedo confiar en nadie. Todos los nombres son falsos, los documentos falsificados. Los ojos y las palabras engañan. Todo está desmoralizado, insultado por el bolchevismo. Acabo de ordenar que le cortaran la cabeza al coronel Philipoff, el que se llamaba representante de la Organización Blanca Rusa. En las costuras de su ropa se encontraron dos códigos secretos bolcheviques. Cuando

> mi oficial blandió su espada sobre él, exclamó: «¿Por qué me matas, *camarada?*». No puedo confiar en nadie.

Al lado de Ungern operaba un personaje siniestro, que era percibido en Mongolia como la sombra, el «gemelo oscuro», a cargo del terror en la caballería asiática. Dugin lo identifica como el coronel Sepailoff o Sipailov, anteriormente un mecánico y policía. Un sádico asesino, loco total sin límites, apodado «el Matón» por el ejército. Ossendowski lo conoció: «Siempre estaba sacudiendo y retorciendo el cuerpo y hablando sin parar, haciendo sonidos poco atractivos con la garganta y escupiendo saliva, la cara contraída por espasmos». A tal grado llegaron sus aberraciones que hasta Ungern, que ordenaba a manos llenas asesinatos y torturas, consiguió dos chamanes para que trataran de quitarle los malos espíritus.

En Urga se contaba todo tipo de historias de este coronel, que personalmente se hacía cargo de las ejecuciones cantando y riendo. Intentando castigar a un perro Sepailoff le disparó al más reconocido de los comandantes cosacos del ejército y exhibió su cadáver. Algunos soldados fueron golpeados hasta la muerte con látigos por todo tipo de fallas, incluso por robar del botín más pequeño. Solo por un corto tiempo este *alter ego* de Ungern se suavizó al enamorarse de una «pequeña y bonita Mashenka». A la que terminó cortándole la cabeza porque pensaba que era «un agente bolchevique».

En mayo 1921 el barón lanza la orden para promover una amplia coalición antibolchevique buscando organizar guerrillas en la ruta del ferrocarril. Buscó apoyo en los clanes mongoles y kazajos, dinero de grupos de exiliados zaristas en China y armas recuperadas de los diversos ejércitos que habían pululado en la región. «Dureza sin dar cuartel, sin piedad. Pena capital a los que se oponían. Los judíos y los comisarios deben ser fusilados. Junto con sus familias».

Jean Mabire (¿de dónde lo saca?) describe la última reunión de Ungern con el rey de Mongolia:

> Kutuktu, el Buda viviente, se sentó. Su rostro, con gafas negras, era impenetrable como siempre, pero sentía la terrible fatiga con toda su fuerza. Solo con gran dificultad el viejo contuvo un temblor nervioso. Un enorme trono con un alto respaldo dorado, lleno de almohadas de seda amarilla. Ungern se inclinó. Él miró a su alrededor. El barón no era de los que pronunciaban largos discursos, se limitó a anunciar su decisión: «En unos días me voy de Mongolia. Voy a Baikal para luchar

contra nuestro enemigo común, los rojos. Su país es en adelante libre, y sus hijos, dispersos por todo el mundo, deberían regresar a su patria. Pronto renacerá el imperio de Gengis Kan. Deben preservar la libertad que hemos ganado».

El rey y santón fue hacia una caja fuerte

> ... extrañamente enmarcada contra la decoración oriental de la habitación. Rebuscó en la cerradura por un largo rato. Finalmente, una puerta pesada se abrió lentamente. Kutuktu buscó en los estantes de metal un ataúd tallado en marfil. Dentro había un anillo de rubíes con un signo solar, la *hakenkreuz*, el símbolo de los antiguos conquistadores arios. [Y dijo:] Gengis Kan nunca se quitó este anillo de la mano derecha.

Sin duda el narrador no oculta sus posiciones políticas cuando pone el símbolo nazi en manos de Gengis Kan.

El Buda viviente bendijo a Ungern. Poniendo las manos sobre su cabeza, pronunció: «No morirás. Reencarnarás en una forma de ser más perfecta. Recuerda esto, dios viviente de la guerra, Kan con quien Mongolia está en deuda».

A estas alturas Ungern vivía en una especie de delirio en el que se revolvían su tradicional antisemitismo, su autoritarismo monárquico, su cristianismo místico. Una mezcla de nostalgia de los zares atiborrada de citas bíblicas, esoterismo, un poco de Nietzsche, militarismo a ultranza, sadismo criminal y chamanismo, asianismo, e imperialismo panruso. El mayor Antoni Aleksandrowicz, un oficial blanco de origen polaco y exinstructor de artillería, escribirá de su jefe: «extremadamente complejo tanto psicológica como políticamente». Y Dugin, que admira profundamente el batiburrillo ideológico del barón, registra que Ungern estaba familiarizado con los libros del esoterista (y antisionista) francés Alexandre Saint-Yves d'Alveydre, y sabía de la existencia del secreto país subterráneo de Agartha, donde las leyes del tiempo no están vigentes y donde reside el Rey del Mundo, el Chakravarti. El barón diría: «Todo el destino de mi linaie es ir al este, al Sol Naciente. No tengo herederos y he llegado solo al extremo oriental de Eurasia. No hay otro lugar a dónde ir. Desde este punto mágico de la geografía sagrada comenzará la Gran Restauración. Khalkha, las estepas sagradas, el Gran Escudo».

Se acercaba la hora. «Mi labor aquí está llegando al final. En nueve días comenzaré la guerra contra los bolcheviques e iré hacia

Transbaikal, en la Rusia soviética». En junio de 1921 tomaba el mando de sus dos divisiones de caballería y se dirigía a marchas forzadas cubriendo los veinticinco kilómetros que lo separaban de Altanboulag, al norte de Urga, y la tomaba al asalto. El revolucionario mongol Suke Bator, que había tomado la ciudad tres meses antes, logró escapar de la furia de la División Asiática replegándose de nuevo a la frontera ruso-mongola.

Pero, cuando parecía que todo mejoraba, Vasili Blücher, el ministro bolchevique de la guerra de la República del Lejano Oriente, al mando de cuarenta mil soldados soviéticos y diez mil guardias rojos mongoles encabezados por Suke Bator, avanzó pasando a la ofensiva, rodeando a los cinco mil soldados de Ungern. Las variadas cifras las ofrece esa curiosa colección de narradores que en torno a esta historia se han convocado, pero deben haber sido notablemente inferiores.

Ungern sabía que enfrentarse a la artillería pesada y los vehículos blindados soviéticos en campo abierto era una locura, y planteó una guerra de guerrillas. Abandonó con sus tropas Urga y se dirigió al norte, a Troisskossavsk, a intentar cortar la ruta del ferrocarril Transiberiano, el eje militar y comercial del oriente ruso. Se produjeron varios enfrentamientos y en uno lograron batir a un destacamento de la Guardia Roja. Tras el combate fusilaron a todos los prisioneros.

En un segundo encuentro la artillería y las ametralladoras soviéticas hicieron tal escarnio en las tropas de la División Asiática que la enfermería dejó abandonados a los heridos, dejaron sobre el terreno de fuego multitud de armas y municiones y huyeron en pánico, como dice Alioshin: «precipitados locamente hacia las colinas».

Luego, el barón dudó entre mantenerse en la región del lago Kossogol o replegarse hacia Mongolia para tener una batalla definitiva contra los rojos. A fines de mayo de 1921, Jiagt fue asediada por sus tropas, pero los soviéticos los rechazaron y a mediados de junio dos columnas del Ejército Rojo, acompañadas por los guerrilleros de Suke Bator, pasaron a la ofensiva final. El 28 de junio les cerraron el paso a los restos de la División Asiática y alcanzaron Urga el 6 de julio, destruyendo pequeños grupos de las fuerzas del barón en el camino. El Bogdo Khan volvió a ser arrestado. Los guardias rojos mongoles, casi todos ellos de origen campesino, cargaron contra la oligarquía monacal, ocuparon los monasterios budistas, el palacio del Kan, museos, colegios. El 11 de julio proclamaron un nuevo gobierno, con Suke Bator como ministro de la Guerra.

Tras la derrota frente al 5º Ejército Soviético, Ungern estaba sumergido en otra realidad, donde veía imágenes de triunfo y victoria. Alucinaciones y delirios místicos. Entre los supervivientes crecía la idea de que estaba ya totalmente loco. Dugin cuenta:

> Ungern sacó sus mapas y los desplegó. Extendiéndolos en la hierba, con una caña de bambú trazó una ruta imaginaria. Le dijo a su fiel asistente, el general Boris Ivanovich Rezukhin [...] Juntos iremos más hacia el oeste. Ahora estamos en Altai en medio de montañas, cuevas, gargantas y pastores que todavía creen en el dios encarnado de la guerra. Podemos cruzar fácilmente la frontera del oeste de Turkestán.

Proponía un viaje de mil kilómetros hacia el Tíbet, cruzando por Turkmenistán y el territorio chino.

> El techo del mundo. El dalái lama, el más alto sacerdote del budismo, está en Lhasa. Kutuktu ocupa el tercer nivel en la jerarquía en comparación con él. Cometí un error desde el principio: el centro de Asia no está en Mongolia [...] Mongolia es solo el círculo exterior, el escudo. Deberíamos ir al Tíbet [...] En la vertiginosa frontera de India y China, mi imperio renacerá. Hablaremos sánscrito y viviremos de acuerdo con los principios del Rig Veda [...] ¡Me están esperando en Lhasa! Revelaré el secreto de las runas que vinieron del norte y ocultas en los escondites secretos de los templos. Mi orden de monjes guerreros se transformará en un ejército como nunca antes se había visto. Asia, Europa y América temblarán.

El mes de julio de 1921 fue uno de los más fríos que se recordaban en la frontera ruso-mongola; treinta y cinco grados bajo cero. El barón vestía casi en harapos, había perdido su sombrero y su abrigo, traía un cordón amarillo del que colgaban talismanes sobre el pecho. Su plan de ir hacia el Tíbet no convenció a sus oficiales y sufrió un atentado en el que le dispararon una ráfaga de ametralladora mientras dormía en su tienda. Se levantó y salió del campamento hundiéndose en la oscuridad, poco después volvió ensangrentado causando el pánico de sus hombres. Los mongoles pensaron que era inmortal. Las tropas de Ungern comenzaron a desertar en masa, escapando del cerco en pequeños grupos y marchando hacia Manchuria para ponerse bajo la protección de los japoneses. Cuentan que Ungern en solitario inició el viaje con su potra favorita, Masha (que no su perro Misha).

Deambulaba por la ribera del río Selengá en la frontera ruso-mongola, hasta que fue reconocido por unos pastores que lo denunciaron a una patrulla del Ejército Rojo, siendo capturado el 21 de agosto.

Una fuente tan poco confiable como Alexander Dugin dice que Blücher había ordenado que Ungern fuera tratado como un oficial soviético. Los guardias rojos lo llevaron al puesto de mando del Comité Militar Revolucionario del Yeniséi. Según un informe, a todas luces falso, Blücher se reunió personalmente con Ungern y le propuso unirse a los bolcheviques. Ambos hablaron en alemán (cosa improbable, porque el general ruso en esa época de su vida no lo hablaba). Blücher dio su versión de los eurasianistas, del nacional-bolchevismo y de una línea con esa tendencia en el liderazgo soviético, que estaba recubierta superficialmente con «fraseología marxista», y que se esforzaba por construir un Estado gigantesco, continental y tradicionalista no solo en Mongolia, sino en toda Eurasia. Según esta versión fraudulenta, Blücher le prometió al barón plena amnistía y una posición alta.

El barón Roman Fiodórovich Ungern von Sternberg fue juzgado el día 15 de septiembre de 1921 en un poblado llamado Novonikolaiesvk. El fiscal era Emelian Iaroslavski, un bolchevique judío de la Siberia oriental que tenía una historia de viajes, luchas, aventuras y exilios tan larga como la del barón. La sala estaba repleta, muchos de los asistentes eran hermanos, padres o viudas de los asesinados por órdenes de Ungern. La acusación fue:

> ... servir a fines imperialistas del Japón, intentar crear un Estado fuera del control de la URSS, preparar el derrocamiento del poder soviético para restaurar la monarquía y colocar en el trono a Miaíl Romanov, y sobre todo, el asesinato bestial de masas de paisanos, soldados y trabajadores rusos, comunidades judías y revolucionarios mongoles y chinos.

El acusado, tras declarar que no tenían derecho a juzgarlo («Por mil años los Ungern han dado órdenes a otros. Nunca hemos aceptado órdenes de nadie»), aceptó todos los cargos (asesinatos, torturas masivas), excepto la asociación con los japoneses (lo cual no era cierto, porque mientras actuaba con Semiónov, los japoneses aportaron un centenar de oficiales y abundantes fondos para el entrenamiento de la División). La conclusión era obligada: «El barón Roman Fiodórovich Ungern von Sternberg, jefe de las últimas tropas contrarrevolucionarias, es condenado a morir fusilado». El juicio duró cinco horas. Una foto malamente reproducida en el libro de Érik Sablé lo muestra entre dos de los guardias rojos que actuaban como sus custodios. Dos días después del juicio, en el amanecer de lo que dirían era un frío y nublado día, el barón Ungern fue pasado por las armas y enterrado en una tumba sin nombre. Varios testigos ofrecen versiones distintas sobre su muerte y el rumor, que nada perdona, añade que se tragó su medalla militar antes de morir.

Se dice que las botas de Ungern se exhiben en el Museo Nacional de Mongolia en Ulán Bator y su uniforme en Minusinsk. No las he conocido ni he visto imágenes de ellas. Aunque solo existen dos fotografías, hay en la red decenas de cuadros basados en ellas, el mejor el del Zalmoxis Project, que lo muestra con una bufanda de sangre roja en torno a su cuello.

Hay rumores de que el 13er dalái lama tibetano declaró a Ungern von Sternberg en 1930 como reencarnación de un dharmapala, un guardián del orden divino; sea eso lo que sea, no pudo haber escogido peor. No es el único que recibió gloria discutible, Kolchak fue declarado héroe por la Marina Británica y Semiónov logró escaparse a Japón, vivió exiliado en Estados Unidos, donde lo juzgaron por un robo de pieles, pasó a Canadá y luego volvió a Japón donde se le dio mando de tropa en el ejército imperial durante la Segunda Guerra Mundial; capturado por los soviéticos fue ejecutado en Moscú.

**Nota sobre las fuentes**

Juan Antonio de Blas, cuando fuimos amigos (la amistad no es eterna) me llamó la atención sobre el personaje y publicó después un ensayo en la revista *Ábaco* en 1989. El tema volvió a mi cabeza leyendo mucho después en español *No hace falta contraseña,* la novela de Yulián Semiónov publicada originalmente en 1966, y retornó gozosamente con el *Corto Maltés en Siberia,* de Hugo Pratt.

Poco se ha escrito sobre Ungern, libros escondidos y dispersos. El barón resultaba atractivo para todo tipo de oscurantistas, esoteristas y fascistas. En el blog de Christopher Otten existe un amplio registro de los largos caminos recorridos por la historia, el periodismo y la ficción para lidiar con el personaje. Todo empieza con Ferdinand Arthur Ossendowski (1876), narrador de viajes y novelista polaco, que tras una vida azarosa en la que fue perseguido por el zarismo, exiliado en Francia, detenido en Rusia, autor de testimonios sobre las cárceles, se involucró en 1918 con el Gobierno Blanco de Kolchak y fue asesor político con grado de oficial del otro barón hasta 1920. Los rumores, y en esta historia abundan, dicen que guardó una parte del tesoro «místico» de Ungern von Stenberg. Autor de cerca de un centenar de libros, fue muy popular en la Polonia de entreguerras. En 1920 publicó *Beast, Men and Gods*, que tuvo un enorme éxito, donde abunda en información sobre el barón, pero minimiza su participación personal en la caballería asiática. El libro puede leerse en su edición en inglés en el Proyecto Gutenberg. En los años treinta aparecieron testimonios de N. M. Riabukin (Ribo), uno de sus médicos (*The Story of Baron Ungern-Sternberg told by his Staff-Physician*); el relato dejado por un oficial que sirvió bajo sus órdenes, Antoni Aleksandrowicz (publicado en 1938 por la revista *Études Traditionnelles*) y unas memorias de uno de sus supuestos asistentes, A. S. Makiev: *God Of War, Baron Ungern*, editada en Shanghái en 1934, de los cuales he leído fragmentos en obras de otros autores.

En 1938, un autor afín al nazismo, Berndt Krauthoff, escribió una semificción titulada: *¡Yo ordeno! Lucha y tragedia del barón Ungern Sternberg y su División Asiática de Caballería*. Hay una traducción española en la editorial Titania, de 2013. Sus editores promueven el libro como la historia del «abnegado paladín de la lucha anticomunista en el Oriente».

En 1941 Dimitri Alioshin editó *Asian Odyssey* en Londres, pero existen muchas dudas sobre la autenticidad del libro de este supuesto joven oficial zarista.

En 1973 un autor de extrema derecha francés, Jean Mabire, que había publicado previamente libros sobre las SS, escribió una novela titulada *Ungern. Dieu de la Guerre*, que puede ser comprada en Amazon en una de sus reimpresiones.

En los últimos treinta años, la historia del barón llamó la atención de académicos ingleses y norteamericanos y se editaron libros relativamente fáciles de conseguir: Peter Hopkirk: *Setting the East ablaze*, Norton, 1984. Jamie Bisher: *White Terror: Cossack Warlords of the Trans-Siberian*, Routledge, 2005. James Palmer: *The Bloody White Baron: The Extraordinary Story of the Russian Nobleman Who Became the Last Khan of Mongolia*, Basic Books, 2011. Nicholas J. Middleton: *The Bloody Baron (History Files)*, Short Books, 2001; y Vladímir Pozner: *Bloody baron*.

A partir de 1993 comenzaron a editarse textos sobre Ungern en Rusia, gracias a las plumas de S. L. Kuzmin, Sergei Khatuntsev, Evgeni Belov y Leonid Iuzefovich, que mi ausencia de conocimientos del ruso me ha impedido consultar. En cambio, pude acceder al escrito en internet *Barón Ungern: El dios de la guerra* del escritor y filósofo neofascista, esotérico y asesor de Putin, Alexander Dugin.

Me resultaron muy útiles los textos de Willard Sunderland: *Baron Ungern, toxic cosmopolitan*, de la University of Cincinnati; Alan Sanders: *Historical Dictionary of Mongolia*, ambos en internet; Marina Grey y Jean Bourduer: *Los ejércitos blancos;* y Richard Goldhurst: *The midnight war*.

Un debate en la red durante 2009 y 2010 arrojaba interesante información entre frikis históricos (lo digo sin ánimo peyorativo, yo mismo soy uno de ellos) bajo el común denominador «Roman Feodorovich von Ungern... who was this guy???». Las entradas están firmadas por Joaquín Albaicín, Johannes, Auseklis.

# 3

# Sol ardiente

En español al cuadro lo llaman *Sol ardiente de junio*,[*] aunque originalmente se titula *Flaming June* y una traducción mejor sería «Junio ardiente» o «Junio en llamas». Cuando se mostró en el Museo del Prado hace unos años el marco era un templo griego, con sus dos ridículas columnitas a los lados y un frontal horroroso. Formaba parte de una exposición titulada *La Bella Durmiente*.

Todo está lleno de confusiones, el museo le otorgó la medida de 47 × 47 pulgadas (más o menos un metro cuadrado), pero sus admiradores no sienten que sea cuadrado, sino más largo que ancho porque en las reproducciones se suele eliminar una cenefa en la parte superior (¡el final de un cortinaje!) y otra cenefa blanca en la parte de abajo.

Es el cuadro favorito de un buen montón de selectos cursis y *kitsch* que pululan en internet. Yo simplemente lo adoro. Lo descubrí hace muchos años reuniendo material para una novela que no acaba de querer escribirse y sucederá en las colonias africanas de la Inglaterra victoriana.

Lo pintó en 1895 lord Frederic Leighton, cuando tenía 65 años, lo cual todavía me sorprende más. Hay en el cuadro una visión adolescente de la belleza, lejana a la madurez, no tiene nada de victoriano, ni resulta compatible con la aversión republicana que tengo contra los lores.

Leighton era hijo y nieto de doctores ingleses, su padre incluso fue el jefe de médicos de la casa real. Había vivido con su familia en las cortes europeas continentales. Estudia en Berlín y en Florencia, donde, engañando a los administradores sobre su edad, lo dejaron

[*] El lector podrá ver el cuadro a color en el pliego de imágenes que se encuentra al final del libro.

entrar en la academia. Pinta a los 17 años el retrato de Schopenhauer (extrañísima combinación). Más tarde conoce a Eugène Delacroix, Camille Corot, Jean-François Millet y al regresar a Londres se vincula a los prerrafaelitas, tan sensuales, tan locos, tan misteriosos.

Su primer cuadro en obtener un cierto éxito lo pinta a los 25 años, tras dos de lenta peregrinación y manufactura. Es una pintura de casi seis metros de largo que presenta a la Royal Academy Exhibition y lo titula con el prolongado nombre de *La célebre Madonna de Cimabue es llevada en procesión por las calles de Florencia*. Es un panel enormemente detallista, donde aparecen al menos cuarenta y cinco personajes cuidadosamente trazados en ropajes y gestos, como si cada uno de ellos mereciera un retrato que lo aislara de la multitud: cortesanas, dogos, jerarquías eclesiásticas, niños elegantemente vestidos y desnudos, nobles, músicos. Es un mundo sin observadores, todos son participantes. Pareciera que lo que le interesa no es la procesión de la Virgen, a la que dedica una visión accidental (quitándole al cuadro connotaciones religiosas), sino el mundo de la Florencia medieval visto a través de sus personajes. El color es fascinante: amarillos brillantes, lilas, blancos resplandecientes, rojos sangre, bermellones, ocres y dorados. Los detalles lo son más. Le gustó al príncipe Alberto y se lo compró la reina Victoria. Parecería que se abre para el pintor una resplandeciente carrera, pero no hay tal. Apreciado, triunfante, exitoso, pero no genial. En 1878 es nombrado lord.

Siguen en su carrera cuadros basados en motivos de la mitología como *Hero ansiosamente esperando a Leandro durante la tormenta*, *El pescador y la sirena* y *Crenaia, la ninfa del Dargle*. Historias de mujeres de una extraña e inquietante belleza, amantes desafortunados.

Pinta un retrato poco menos que genial de sir Richard Francis Burton, uno de los herejes de la Inglaterra victoriana, el explorador británico que buscó las fuentes del Nilo y que fue el primer europeo en entrar en La Meca, un rostro dominado por la cicatriz en la mejilla producto de un lanzazo.

Curiosamente, hay una foto de Leighton en la que se parece al retrato de Burton, como si pintor y modelo se quisieran confundir. La foto fue tomada por la cámara de David Wilkie Wynfield; es un retrato de una intensidad muy peculiar que sugiere la pinche tormenta interior, el castigo del desconcierto, la mirada perdida —de una inquietante profundidad—, sólida nariz, despeinado, una barba y bigote crecidos en el exceso. Parece el rostro de un pensador socialista venido de la clase obrera y mil veces derrotado.

*Junio ardiente* será pintada al final de su carrera y me gusta porque es sexo del mejor, sexo melosamente romántico. Me gusta porque Leighton sabe que la magia está en la sugerencia, en el decorado. Me gusta porque el mundo de *Hustler*, *Penthouse*, *Playboy*, *Macho Men*, y del porno en la red, tiembla ante una imagen así.

El color naranja varía según la calidad de las reproducciones, pero abruma incluso en sus versiones más pálidas. La modelo era Ada Alice Pullen, también conocida por su nombre artístico, Dorothy Dene, una actriz fracasada que posó para muchos otros cuadros de Leighton en los últimos años de su vida. La vida amorosa de Leighton es confusa hasta para sus más perspicaces biógrafos. Nunca se casó, Emmanuel Cooper piensa que numerosos detalles apuntan a su homosexualidad encubierta; los más le atribuyen una relación clandestina con Dorothy.

Leighton moriría un año más tarde de firmar *Flaming June*, sin saber que sus pinturas ilustrarían la Exposición Mundial de París en 1900. El cuadro desde luego no fue apreciado por sus contemporáneos y el desdén alcanzó hasta la mitad pasada del siglo XX. Una buena parte de los más serios críticos británicos lo odian, dicen que ni siquiera sabe pintar la seda con la fuerza y la precisión que requiere, que para eso ves a Jean-Dominique Ingres. Obviamente se equivocan.

El cuadro se encuentra en un museo en el culo del mundo, en Ponce, Puerto Rico, donde lo cedió un millonario local que lo había comprado quién sabe dónde y cómo por centavos. Originalmente estuvo pensado como ornamento de una bañera que una anciana no quiso comprar por cincuenta libras, porque no quería «basura victoriana» en su casa. En 1960 *Flaming June* entró en una subasta y solo alcanzó la miserable cifra de ciento cuarenta dólares. Veinte años más tarde, al ponerse de moda los prerrafaelitas, una obra de Leighton alcanzaba el millón de libras esterlinas.

Tómense tres minutos para verlo con cuidado y luego opinen. A lo mejor no estoy solo en mi desatino.

# 4

# El rey del Photoshop

Iósif Vissariónovich Dzhugashvili habría de pasar a la historia como Stalin. Él, o la legión de aduladores y lacayos que formaban parte del aparato soviético, decidió cambiar la historia y con frecuencia se produjeron extrañas transformaciones en las fotografías que le tomaron a lo largo de los años, algunas de ellas sorprendentes.

Por andar señalando

De todos estos montajes el que me resulta más atractivo es probablemente el más inocente políticamente: Stalin abandona una casa, un ciudadano parece indicarle el camino a seguir. En la segunda versión fotográfica el ciudadano desaparece. No es ningún personaje de la

Revolución, simplemente estaba ahí, haciendo el gesto «indebido». No estaba mirando al líder. ¿Nadie le puede mostrar el camino al líder? ¿A ese nivel llega el delirio censurador?

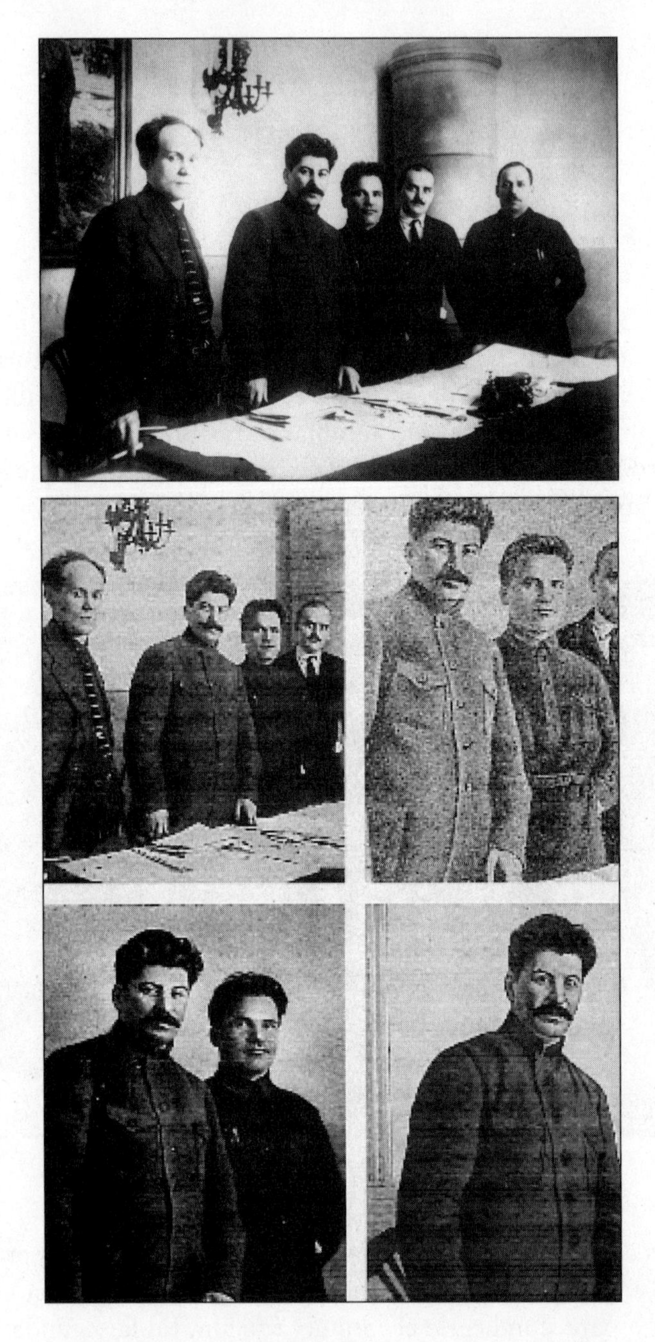

Eran cinco

En 1926, durante la 15ª Conferencia Regional del Partido Comunista Soviético en Leningrado o en 1925 en el Instituto Smolny, las fuentes difieren, Stalin se retrató con cuatro de sus más cercanos colaboradores.

Eran cinco: Nikolái Antipov, Stalin, Serguéi Mirónovich Kírov, Nikolái Shvernik y en la extrema derecha Nikolái Komarov.

El primero en desaparecer de la foto fue el hombre de la derecha, Nikolái Komarov (originalmente llamado Fiódor Sobinov), hijo de campesinos pobres, obrero industrial, veterano militante que ya había participado en la Revolución de 1905 y que en esa época era el secretario del soviet de Leningrado; tuvo algún conflicto con el camarada Iósif y terminó siendo fusilado en 1937.

Nikolái Antipov era un viejo bolchevique, obrero mecánico, hijo de campesinos. Fue presidente de la Cheka en Petrogrado en 1918. Al triunfo de la Revolución recorrió todos los cargos de dirección posibles: presidente regional de Kazán, secretario del partido en Moscú, alto funcionario en los Urales, ministro de Correos y Telégrafos. Fue ejecutado en las purgas en 1941.

Serguéi Kírov, nacido en 1886, era el más joven de los bolcheviques estalinistas; estudiante y mecánico, veterano del principio del siglo, fue parte de los soviets armados de la Revolución de 1905, pasó varios años en la cárcel. Adoptó el seudónimo de un rey persa y participó en la guerra civil. Apoyado por Stalin en la lucha interna, siempre se pensó que sería uno de sus sucesores. Más blando que Stalin en las siguientes purgas internas, en diciembre de 1934 fue asesinado en un atentado del que se culpó a un partidario de Grigori Zinóviev, lo que permitió una de las últimas masacres internas del bolchevismo, aunque muchos vieron en el asesinato la mano de Stalin.

El penúltimo en ser borrado de la historia fue Shvernik, que se salvó de la quema y sobrevivió hasta 1970, pero «desapareció de la foto de los cinco», quedando tan solo Kírov, que se desvaneció cuando el pintor ucraniano Isaak Brodski pintó el retrato de Stalin en 1928.

## El desaparecido del canal

Stalin pasea a la vera del canal Moscú-Volga. En la primera versión, a su izquierda, camina el pequeño (1.45 m) Nikolái Yezhov, jefe de la Policía Secreta Soviética (NKVD) entre 1936 y 1938, que había substituido a Guénrij Yagoda (llamado el Envenenador), quien a su vez había sido ejecutado por haberse negado a fusilar a Nikolái Bujarin.

Yezhov, exobrero metalúrgico y bolchevique desde el año 17, tras el triunfo de la Revolución fue burócrata ejecutivo en varias provincias y a partir de los años treinta responsable de las purgas y ejecuciones dentro del Partido Comunista. Arrestado el 10 de abril de 1939, Yezhov, de 45 años, nunca fue visto nuevamente en público y posiblemente fue fusilado el 7 de febrero de 1940.

Quizá por eso sería desvanecido de la foto.

Quizá las más conocidas fotos excluyentes son las de la pareja Lenin-Trotski, donde al inicio de la campaña polaca en la guerra civil Lenin se dirige a la multitud; a su derecha, de pie y con uniforme, Trotski, contemplando a la multitud, sería eliminado.

Hay una segunda foto que excluye a Trotski, quien saluda militarmente al lado de Lenin. El manipulador se voló de pasada a un mirón y tuvo que corregir el gorro de un soldado.

El problema que tendrían los eliminadores fotográficos de Stalin, es que al final todo se sabe.

## Nota sobre las fotos

El descubrimiento de la fotos manipuladas no es cosa mía, por la red circulan decenas de versiones del «Photoshop de Stalin», entre ellas: *Staline et la manipulation photographique*, *La manipulation de la photographie sous Staline*, *Image manipulation* II, *Censorship of images in the Soviet Union*, *El photoshop en los tiempos de Lenin y Stalin*, Ludovico Testa: *Riscrivere la storia*.

# 5

# El espía de las siete casas

Descubro leyendo *Mis recuerdos de la Comuna*, de Louise Michel, una nota críptica: «Vaysett, que para conspirar mejor tenía en París siete domicilios». Nunca había oído hablar del tal Vaysett, pero el que tuviera siete domicilios me parecía un alarde mayor, un abuso, incluso para un espía versallés y anticomunero. ¿Era particularmente paranoico o afortunado rentista? Di por hecho que debía tratarse de una metáfora salida de la maravillosa pluma de la Michel.

Sin embargo, picado por la curiosidad me fui al garaje de mi casa, donde está el estante comunero de mi biblioteca, y me decidí a buscar a Vaysett. Apareció en el rastreo el nombre de Vaysett, George y su destino final, haber sido fusilado por los Vengadores de Flourens en los últimos días de la Comuna. Curiosamente, antes de ser fusilado, lanzó al aire una extraña amenaza: «Responderán de mi muerte ante el conde de Fabrice» (según la *Historia de la Comuna*, de Prosper-Olivier Lissagaray). Según se entiende, Fabrice era un oficial prusiano y no un jefe del espionaje versallés. Los datos de Jules Tallandier en 1871 aseguraban que el fusilamiento se había producido en el Pont-Neuf, el famoso Puente Nuevo, al que alguna vez llegué de la mano de Julio Cortázar en *Las armas secretas* («Apoyado en el pretil del Pont-Neuf mira pasar las barcazas y siente el sol de verano en el cuello y los hombros»). La Place Dauphine es la punta de la isla de San Luis. El sexo de París, según André Breton. Recordé una foto que allí me había tomado Daniel Mordzinski. ¿Había escogido sin saberlo el lugar del fusilamiento para fotografiarme?

Dejé de lado el puente y volví al personaje. Varias horas más tarde, tenía claro que a Vaysett lo habían descubierto cuando trató de comprar al general Jaroslaw Dombrowski, ese maravilloso polaco de bigote fino que se había formado en una escuela militar para nobles en San

Petersburgo, participado en el levantamiento popular de Varsovia y terminado como general comunero que moriría en las barricadas a los 33, para al paso de los años darle su nombre a la XIII Brigada Internacional que combatió en la guerra de España.

Demasiado para mi inexistente alma: un espía que tenía siete casas, fusilado en el puente de Cortázar por haber intentado comprar a Dombrowski y poco más. Terminé leyendo todo lo que existía sobre la XIII brigada y la batalla de Teruel.

Pasaron los días.

En la *Historia de la Comuna* Prosper-Olivier Lissagaray cuenta que Eleonor, la hija de Carlos Marx, a su vez cuenta que Vaysett usó como intermediario para llegar hasta el general comunero a un ayudante de campo suyo, Hutzinger, que había sido espía de la policía entre los exiliados londinenses, y que por tanto debió haberla conocido de niña en las reuniones que se celebraban en casa de su padre.

¿No resulta enormemente literario? ¿La mirada de la niña al espía, que era el ayudante del otro espía?

Vaysett le ofreció quinientos mil francos según unos, un millón y medio según los exagerados y diez mil según los moderados, a Dombrowski para que retirara sus tropas y permitiera que una de las puertas de París se abriera dando paso a los versalleses. Al general comunero se le ofrecía un salvoconducto y el pago en billetes del Banco de Francia o un pagaré de la casa Rothschild de Fráncfort. (Ajajá: Rothschild y la Comuna, el gran dinero. Me lo guardo).

Veysett será denunciado, detenido, fusilado.

Carajo. ¿Es esto una historia, un fragmento de una novela? ¿Nada?

Estaba a punto de rendirme y dejar la cosa en el clóset virtual donde guardo materiales que algún día han de tener mejor destino, cuando meses más tarde en el maravilloso estudio de Bernard Vassor aparece el listado de las casas que usaba el espía Vaysett:

El 28 de la calle Pigalle, que le prestaba un conserje alsaciano y reaccionario llamado Müller, y donde pasé enfrente en 2002 y a veinte números me comí una cassoulet memorable con Rutés.

El 7 de la calle Pigalle, que le ofrecía un pariente.

La casa de un conde en la calle Neuve des Mathurins, probablemente en el número 91.

El 48 de la calle Condorcet.

El número 12 de la calle Frochot.

El 14 del boulevard de Clichy. El 3 de la calle de Douai, que le facilitaba Alphonse Guttin.

El 10 de la calle Cadet, facilitado por Adrien Guttin.

Y, finalmente, su propio domicilio en la calle Caumartin número 32.

Solo que sumando aparecen no los siete domicilios supuestamente metafóricos de Louise Michel, ¡sino nueve!

¿Para qué quería nueve casas?

Me entra la tentación de revisar las calles siguiendo la guía de las novelas de los Pardaillan de Zévaco. Afortunadamente me detengo, no sin antes haber puesto al pie de mi cama los veinte tomos de la serie.

Pasan los meses. Curioseando descubro un cuadro: *El espía, un episodio del sitio de París en 1871*, que fue pintado poco después de los acontecimientos por Jean-Baptiste Carpeaux, un artista cuyo nombre no me hacía vibrar ninguna imagen en la cabeza y al que obviamente no conocía. Extraño, un pintor bastante tradicional que pintaba y esculpía para la corte imperial. En la imagen una abigarrada multitud trata de linchar a un hombre. ¿Era un espía de los alemanes? ¿Era un espía de los versalleses contra los comuneros? Los informantes en la red no se ponen de acuerdo sobre si el cuadro está en el museo de Bellas Artes de Valenciennes o en las Manchester City Art Galleries. Lo que sí está claro es que una empresa comercializadora ofrece una copia que cuesta 531 dólares y se puede comprar una camiseta con el cuadro estampado por 15.80. No la compro.

Un día en que lo que escribo parece no querer dejarse narrar vuelvo erráticamente a la historia y pruebo a rastrear en la red con otras ortografías. ¿Veysett/Vayset/Vaysset/Veysset? Aleluya. Aparece un estudio de P. Martínez sobre los exiliados y los espías en la *English Historical Revue*, un texto de la viuda, un recorte de un periódico provinciano en Estados Unidos que recogía una nota de agencia; versiones bastante conservadoras en la *Revue des Deux Mondes*. Utilizo mi *access card* de la Biblioteca de Nueva York para llegar hasta versiones completas y legibles del material.

La versión anticomunera lo describe como un hombre «emprendedor, enérgico y hábil», un agricultor de 59 años (¿agricultor?) que estaba bajo la mira de la policía comunera de Raoul Rigault durante algún tiempo y a la que había logrado despistar. Cuando denuncian el intento de comprar a Dombrowski a través de su esposa, una tal señora Frossard, y de Hutzinger, comienzan a buscarlo; registran la casa de la *rue* Caumartin, detienen a su mujer y más tarde es denunciado por el portero de una de sus otras y muchas casas, y cuando se encuentra en el hotel del Conejo Blanco en Saint-Michel (décimo domicilio), donde se registra como Jean, no George, es detenido. Curiosamente se ofrece en los interrogatorios una nueva dirección «donde se realizaban las reuniones más importantes»: *rue* de Madrid número 29. (¡Once casas!).

Aparece en la historia Théophile Ferré (lentes, amplia melena, barba florida, tiene cara de buena persona). Gracias al *Diccionario de la Comuna de París* de Georges Darboy puedo precisar su biografía: militante blanquista y posiblemente pasante de abogado, condenado cuatro veces durante el Segundo Imperio por sus opiniones políticas, miembro del 152° batallón de la Guardia Nacional, delegado del comité central republicano del distrito XX con Louise Michel (la maravillosa Louise). Dirige la sublevación de los artilleros el 18 de marzo. Me detengo.

Busco la versión del alzamiento de Tardi y Vautrin en un cómic genial, *El grito del pueblo*. Cuando termino con los cuatro tomos, me he olvidado de por qué he regresado tan obsesivamente a la Comuna (¿no regresamos todos a la Comuna de París, madre de todas las izquierdas?).

Pasan los meses, casualmente retorno a Veysett.

¿Es el 24 de mayo, el mismo día que Ferré ordena el fusilamiento del arzobispo de París, lo que justificará su futura ejecución en noviembre del 71? El caso es que el responsable de la seguridad y miembro del comité central comunero, con un pelotón de los *Vengeurs de Flourens*, saca al hombre de las once casas del depósito donde está retenido. Lo llevan al Pont Neuf, a un lado de la estatua de Henri IV. Ferré dicen que le dijo a George Veysset: «Va a ser fusilado. ¿Tiene algo que decir?». Dicen que George respondió: «Lo perdono». Cuatro hombres descargan sus fusiles, el cadáver es arrojado por encima de la balaustrada al Sena. «Esta es la justicia del pueblo», dicen que dijo Ferré.

¿A dónde me lleva todo esto?

No tengo ni idea.

**Nota sobre las fuentes**

Para los interesados en saber más sobre el espía, además de las conocidas historias de la Comuna de París, véase *San Marcos Free Press* donde hay una nota de agencia periodística; P. Martínez: *A Police Spy and the Exiles Communards, 1871-1873. The English Historical*

*Revue,* vol. 97, núm. 382, enero de 1982. Madame de Forsans-Veysset: *1871-1873. Georges Veysset, Un Episode de La Commune et du Gouvernement de M. Thiers* publicado por Hachette. Georges Darboy-Bernard Noël: *Dictionnaire de la Commune de Paris*, Flammarion, 1978. P. D.: Si alguien encuentra algo más, por ejemplo otra casa, favor de enviarme una carta a la editorial.

# 6

# Herón Proal, los comunistas y la huelga inquilinaria de Veracruz de 1922

## I. Pobre, marinero y tuerto

México produce de vez en cuando personajes a los que la historia tradicional les queda pequeña, sorprendentes, dotados de una inercia particular por la que parecen haber sido lanzados a un interminable abismo del cual emergen con frecuencia. Desmesurados, teatrales, difíciles de querer, peor aún, casi imposible no quererlos.

Herón Proal nació en la calle Honda de una pequeña población llamada Tulancingo, en el estado de Hidalgo, el 17 de octubre de 1881. Era el octavo hijo de un comerciante francés llamado Víctor Proal, dueño del Bazar Universal, y de la chilanga Amada Islas. Muy pronto Herón y sus hermanos pasarán de ser hijos de comerciante a ser hijos de la pobreza y la miseria porque Víctor Proal desaparece de sus vidas al fugarse de regreso a Europa con una italiana. Nunca volverán a saber de él. «Nos dejó en la miseria [...] no teníamos el pan seguro», dirá su octavo hijo muchos años después. Se mudarán a las afueras de la ciudad y sobrevivirán gracias a que la madre lava ropa ajena.

Herón fantaseará más tarde, en sus años de marino, con viajar a Europa, encontrarlo y vengarse de él.

Estudia primaria con un maestro racionalista y ateo, Epifanio Silva, que de alguna manera le ayudará a entender que en ese mundo la religión es propiedad de los ricos.

A los 14 años, pasando por Pachuca donde viven sus abuelos, llega a la Ciudad de México. Vaga de trabajo en trabajo, paria urbano. Es obrero del Centro Mercantil, cosiendo chales y pantalones, empleado de un turco que vende helados y comerciante minorista fracasado. En 1897 se enrola como grumete en la Escuela Naval Militar.

Pasará en los siguientes quince años por casi todos los barcos de la armada porfirista en el golfo de México, empezando por el buque escuela *Yucatán*. Si el océano es la libertad, el mundo militar es su negación. Pasa de grumete a marinero, cabo de primera, cabo de cañón, a bordo de la corbeta escuela *Zaragoza,* de donde será expulsado. Va a dar al cañonero *Veracruz* y luego al cañonero *Nicolás Bravo* que se dedica al transporte de armas y materiales de guerra en la península yucateca durante la guerra contra los mayas. Conocerá todo el golfo de México, pero también viajará mucho más lejos y llegará a La Habana y Nueva York, que en el futuro le dejarán la cabeza llena de nostalgias.

Y es en aquellos años cuando pierde el ojo derecho. Hay muchas versiones sobre el accidente. La más común, que va a colaborar en el futuro mito del que será llamado «el Lenin mexicano», es que lo pierde por el latigazo que le da un capataz.

Cuando la Revolución mexicana se convierte en guerra naval, Proal, a pesar de sus simpatías por el maderismo y el constitucionalismo, se mantiene al margen y en abril del 14 abandona la Marina. En Veracruz comienza a reunirse con grupos sindicalistas y lo deportan a la Ciudad de México, retorna y se afilia al minúsculo Partido Obrero Veracruzano, que lo nombra vicepresidente.

## II. Sindicalista, sastre y desastre

Rebelde, aunque no sindicalista, porque no ha conocido el rigor de la vida fabril, Herón participará en varios intentos fallidos de crear una central sindical durante aquellos años. Del 15 al 17 de marzo de 1915 preside el Congreso Nacional Obrero de Veracruz, donde se constituyó la Confederación del Trabajo de la Región Mexicana de corta vida y es electo secretario general. Participa en el Congreso Nacional Obrero en marzo del 16 y forma parte de su efímero comité central. Los cargos de estas centrales sindicales que no prosperan se los debe a un verbo incendiario, a una habilidad para sintonizar con los corazones de los proletarios, a la decisión de encarar todas las injusticias y todos los abusos. Pero también son años de coqueteo con algunos de los cuadros progresistas del ala izquierda del obregonismo, entre ellos el general Cándido Aguilar y el coronel Adalberto Tejeda, a los que ofrece apoyo electoral.

Mientras tanto retoma el oficio de sastre («estudié para sastre y salí un desastre») y monta un taller que por primera vez le dará dinero. Se casa o se arrejunta con una activista libertaria, Herminia Cortés, con la cual tendrá dos hijos: Lucina y Víctor.

Pero fracasará de nuevo porque las deudas se tragan su manufactura. Uno de sus biógrafos dirá que fueron años de una «vida disipada». Otro de sus biógrafos, García Mundo, recoge un testimonio: «Proal era pobre porque carecía de habilidad en cosas de comercio, a tal grado que era incapaz de vender un chile, un tomate, ni el oro molido que tuviera en sus manos». Fuera eso o la «disipación», cuyos biógrafos nunca precisan, el caso es que su proyecto se malogra.

No se puede hablar de hogar cuando se cambia de casa tantas veces, siempre cargado de deudas. Habita con su compañera en la calle de Landero y Coss, interior 4, luego en el patio de San Fermín. Al poco tiempo establece de nuevo su sastrería en el patio María Domínguez, en la calle Esteban Morales. Luego se muda al patio El Porvenir, interior 2, en la calle Zamora y, enseguida, se traslada al patio de Las Flores, en la calle Francisco Canal. Después regresará con su taller a la casa de Landero y Coss, interior 4, y de allí al patio de Las Fresas. Este vagar por patios y vecindades le dará en el futuro una visión directa de las situaciones de vivienda de los habitantes pobres del puerto. Nadie habrá de contarle a Herón el hacinamiento, la degradación, las ratas y alimañas, la ausencia de baño, las goteras, las altas rentas de esas vecindades.

## III. Compañeros

En enero de 1919, los sindicalistas veracruzanos se declaran «por la acción directa y apolíticos» en un mitin realizado en el puerto, no reconocen a las juntas de conciliación más que para que fijen el salario mínimo y presionan por el mes de reparto de utilidades que concedía la ley del trabajo en Veracruz.

Impulsando este movimiento se encontraban un buen número de anarquistas: Rafael García Auli (el Negro García), dirigente de los estibadores; el sastre Herón Proal; los carpinteros de Huatusco, Úrsulo Galván y Manuel Almanza, el anarquista español José Fernández Oca, el tabaquero Juan Barrios y el tranviario Antonio Ballezo.

García se había concentrado en el trabajo sindical entre los estibadores, Almanza y Galván habían militado de manera errabunda por el golfo de México, llegando a tener una intervención destacada en Tampico durante la huelga petrolera de 1918; Fernández Oca hacía su labor entre los panaderos. Todos mantenían correspondencia con grupos anarquistas de otras partes del país o recibían materiales del anarcosindicalismo español; pero hasta ese momento no existía un proyecto común.

Esta era el ala izquierda de la militancia obrera jarocha, pero en el puerto existía también un pequeño grupo amarillo cromista capitaneado por el linotipista Carlos L. Gracidas, quien un par de años antes había intentado ganar las elecciones de la alcaldía sin éxito, y cuya influencia no iba más allá de la Unión de Linotipistas de Veracruz.

Un hecho ajeno al movimiento obrero iba a darle forma al radicalismo veracruzano. En los primeros meses de 1919, un militante de la IWW (los famosos *wobblies*, los Trabajadores Industriales del Mundo) que había pasado una docena de años en los Estados Unidos, regresó a la ciudad de Veracruz, de donde era originario y en la que tenía parientes. Su nombre era Manuel Díaz Ramírez, y su primer trabajo fue fundar una academia nocturna para trabajadores donde se daban clases de inglés. A ella asistieron Herón Proal, Rafael García, Manuel Almanza, León P. Reyes, Úrsulo Galván y Juan Barrios (para que se vea que estudiar inglés tiene virtudes) y en ella nació el grupo Evolución Social, un grupo de afinidad de carácter anarquista que en marzo de 1919 comenzó a realizar mítines semanales de divulgación ideológica en los que combinaban los temas tradicionales de la propaganda anarquista (ni dios, ni amo, ni rey) con la defensa de la Revolución rusa, un factor nuevo en el puerto.

En abril de 1919, el grupo Evolución Social se declaró admirador de la Revolución soviética y editó un manifiesto donde llamaba a seguir «el ejemplo noble y viril de nuestros hermanos los rusos; movimiento que se extiende ya por todos los ámbitos de la tierra y que reclama [...] nuestro inmediato concurso». Para ellos, los años de revolución armada no habían traído el deseado objetivo de la justicia social, la Constitución del 17 les sabía a poco, y a los patrones menos, las condiciones de salario y vida de los trabajadores de Veracruz eran infames.

## IV. Antorcha Libertaria

A mediados del 19, la parte más radical del grupo se reconstituyó y creó el grupo Antorcha Libertaria. Formaban parte de él Díaz Ramírez, Proal, Úrsulo Galván, Almanza, Fernández Oca, el Negro García, Barrios y Carlos Aubry. Además de continuar la agitación con sus mítines semanales, casi todos ellos en el teatro Eslava, los miembros del grupo comenzaron a tener una mayor participación en el movimiento sindical que se reanimaba en el puerto, lo mismo que en el resto del país. Colaboraron con la creación del sindicato de molineros de La Fortaleza, y en junio y julio de ese año mantuvieron una dura lucha contra la patronal hasta que fueron derrotados.

Proal era descrito por sus enemigos de causa como un hombre

> [...] con la frente despejada, su ojo dotado de sombras indescifrables y su nariz más chata que aguileña; boca grande en gesto resignado o de amenaza, genio violento y carácter pendenciero. Irascible a veces, violento y fanático en sus ideas y su intransigencia. Impetuoso e irreflexible... en lo físico ofrecía raros contrastes, lucía buena estatura, su cuerpo robusto y musculoso, pero de salud delicada... era incansable, trabajaba de las 7:00 de la mañana a las 12:00 de la noche.

En octubre, el grupo dio nacimiento a un periódico, *Irredento,* que tuvo momentos brillantes, desde la venta en los mercados, hasta la promoción truculenta en las peluquerías. El periódico jamás pudo pagar la deuda con el equipo impresor a pesar del apoyo de la Unión de Marineros y los estibadores del puerto, o de su éxito entre las sirvientas, cuando se creó una sección permanente de denuncias contra los patrones caseros y la explotación del trabajo domiciliario.

Los números que se conocen del diario muestran una combinación de información sindical, apoyo a la Revolución rusa y divulgación anarquista, combinados con denuncias por médicos que tratan de seducir a sus enfermeras, patrones a los que se les olvida el aguinaldo y otras similares, en un tono y lenguaje muy popular.

Aunque la labor de *Irredento* era muy irregular, Antorcha Libertaria adquirió mayor presencia en el movimiento obrero veracruzano y consolidó a un grupo de militantes que habría de dirigir en los siguientes años los movimientos sociales más importantes de Veracruz. Por ejemplo, la huelga electricista.

El origen fue la demanda de los electricistas del puerto (tranviarios y generación de energía) de un cincuenta por ciento de aumento, reconocimiento sindical y readmisión de despedidos. La respuesta de la compañía extranjera fue «No» a todas las demandas y el 9 de agosto estalló la huelga. La experiencia de la huelga entre los ferrocarrileros de la terminal de Veracruz (realizada el anterior julio) por aumento salarial y reconocimiento sindical, que triunfó gracias al apoyo de una huelga general portuaria y afectó a tres mil quinientos trabajadores, estaba detrás del movimiento electricista.

La empresa se apoyó en el gobierno del estado y fundamentalmente en el general Guadalupe Sánchez, jefe de la zona militar de Veracruz, y puso los tranvías en movimiento con esquiroles y custodiados por soldados. Los trabajadores respondieron con «miles de hojas sueltas a los pasajeros pidiendo a estos que no usaran los tranvías durante la huelga si tenían simpatías con la lucha del obrero».

La empresa intentó sobornar al Negro García, presidente de la Liga de Trabajadores del Puerto, provocó a los huelguistas llevando alcohol a las guardias y ofreció jugosas primas a los desertores. Los incidentes se prodigaron, choques contra los esquiroles, abundante sabotaje a las instalaciones e incluso la detención de huelguistas por parte de los policías, que los entregaron a las autoridades militares. En un clima de creciente tensión en el puerto, los sindicatos acordaron la huelga general solidaria y el 18 de agosto marinos, fogoneros, estibadores, panaderos, tabaqueros, carretilleros y ferrocarrileros cesaron labores en solidaridad con los electricistas. El mismo día en que estalló la huelga, el general Guadalupe Sánchez agredió a un sindicalista en un tranvía manejado por esquiroles y varios obreros estuvieron a punto de lincharlo. Relucieron las pistolas, hubo algunos tiros sueltos y muchos golpes. La patronal del puerto respondió a la huelga general con el desconocimiento de los sindicatos y los soldados salieron a la calle. El ala derecha del movimiento encabezada por Rafael García apeló a la CROM en el DF y puso todo el peso de la solución en las negociaciones. El ala izquierda, que encabezaban Herón Proal y Luis Cortés, llamó al sabotaje y a la presión sobre los esquiroles. Entre los días 19 al 21 de agosto abundaron los choques. La mediación del gobierno estatal fue clave para la solución del conflicto y el 28 de agosto se levantó la huelga general con el triunfo de las tres demandas de los electricistas.

A consecuencia del movimiento, Proal sería deportado a la Ciudad de México y luego encarcelado en el exconvento de Santiago de Tlatelolco. Será liberado por Adolfo de la Huerta tras el golpe de Agua Prieta en 1920, que da fin a la etapa armada de la Revolución mexicana.

El 15 de febrero de 1921 se reunió en la Ciudad de México un congreso nacional obrero que era el resultado directo del auge de 1920 y de la confluencia de la militancia roja a lo largo del país. Era el producto de la reorganización de la izquierda sindical tras dos años de dispersión, ante una CROM que se adueñaba formalmente de la dirección del movimiento obrero para ponerlo a la cola de un proyecto de conciliación clasista. Entre los delegados, Herón Proal (representando a Antorcha Libertaria de Veracruz) fue uno de los que dieron nacimiento a la Confederación General de Trabajadores (CGT), que daría algunas de las luchas más espléndidas de la clase trabajadora en los siguientes años. Pero la unidad nacional de los comunistas y los anarquistas duró poco y se rompió a la mala. Proal, a medio camino entre ambas corrientes, asistió al primer congreso del PC (diciembre del 21), el mismo que llevó a Díaz Ramírez a la dirección del partido y a que se alejara del movimiento veracruzano.

## V. El movimiento inquilinario

La interconexión que se mantuvo a lo largo de los primeros años de la década de 1920 en el golfo de México llevó hasta Veracruz los ecos de la ley inquilinaria yucateca, que fijaba la renta en el seis por ciento anual del valor de la casa. La situación habitacional del puerto era explosiva. En informes publicados por *El Dictamen* de Veracruz en los meses de enero a mayo de 1922 se relatan historias dantescas sobre condiciones de vivienda infrahumanas, escasez, malas condiciones higiénicas, rentas muy elevadas. De 1918 a esos días, las accesorias habían aumentado la renta de quince a treinta y treinta y cinco pesos, y los cuartos de seis a quince pesos cada uno. En vecindades donde habitaban cien o ciento cincuenta personas no solía haber más de un baño (como en el patio Variedades) o dos baños y un inodoro. Entre las denuncias que se hicieron públicas estaba la de un tal Porfirio, que vivía en un cuarto del tamaño de una sepultura, «no puede dormir en cama, porque no cabe dentro y duerme sobre tablas, y por ese cuarto, le cobran mensualmente $12.50». No era demagógica la reflexión que decía que la habitación popular en Veracruz estaba formada por «inmundas pocilgas cotizadas como si fueran palacios».

Un factor novedoso que hacía más aguda la situación inquilinaria del puerto eran las enormes rentas que los dueños de los patios hacían pagar a las prostitutas. Una de ellas, María González, había enviado al presidente Álvaro Obregón un telegrama para denunciar la explotación de la que eran víctimas y este había respondido diciendo que se tomarían medidas para detener a «esos individuos que viven explotándolas». Prostitutas además perseguidas por un reglamento urbano que les impedía ir a bailes públicos y el amparo judicial y prohibía a las meseras que se embriagaran con los clientes.

A fines de enero de 1922 el ayuntamiento aprobó un impuesto adicional a las contribuciones de fincas urbanas y pensiones de aguas y los propietarios decidieron trasladar el impuesto a los inquilinos. El ayuntamiento presidido por el sindicalista amarillo y cromista Rafael García, tránsfuga del grupo Antorcha Libertaria, apoyó indirectamente una convocatoria en la Biblioteca del Pueblo.

En la noche del 2 de febrero se celebra una reunión, dirigida por un hombre del ayuntamiento, el doctor Reyes Barreiro, cuyos tres mil asistentes dan idea de lo grave y explosivo del problema. Interviene el alcalde azuzando los espíritus contra los propietarios de los patios, interviene un marino que narra a los asistentes las leyes inquilinarias que se han aprobado en Campeche y Yucatán.

Aunque Herón Proal contará que estaba trabajando en su sastrería (o en la calle vendiendo *El Obrero Comunista*, que para eso existen las versiones), lo invitaron a asistir y luego a tomar la palabra. Con su habitual estilo turbulento irrumpió en la asamblea y denunció a García por querer frenar la lucha inquilinaria. La acusación era bastante injusta. ¿Qué lucha inquilinaria? A lo más podría haber acusado a los cromistas de querer canalizar la tensión que existía con fines institucionales y electorales.

El ambiente se tensa. La reunión se polariza entre anarquistas y cromistas, entre partidarios de la acción política y aquellos otros en pro de una acción social y económica fuerte. El alcalde intenta inútilmente invalidar las acusaciones lanzadas por Proal, hacer respetar el orden del día y evitar que los recién llegados lo desborden. Oponer un dique a un torrente es como aumentar su potencia devastadora. Proal relatará más tarde que cuando observa que entre los asistentes las armas comienzan a relucir, invita a todos aquellos que deseen escucharlo a continuar la sesión fuera de la Biblioteca.

El acto se escinde. Proal habla en la calle contra los promotores del acto, a los que acusa de querer utilizar el naciente movimiento inquilinario para sus fines políticos; con Proal están los miembros de la Local Comunista de Veracruz.

Herón no es un hombre joven, tiene 41 años, es un dirigente conocido de la izquierda radical, pero no ha pasado la prueba de fuego de un movimiento social en que se encuentre a la cabeza, que lo obligue a desplegar sus habilidades de organizador y su capacidad táctica. No bastará con el discurso incendiario.

A la noche siguiente el parque Juárez se llena con los inquilinos pobres de Veracruz convocados por Proal y los volantes de la Local

Comunista. Aparecen las prostitutas que habían estado ausentes en la asamblea de la Biblioteca. Surge el discurso radical de Proal, «nuestro viejo dinamitero», como dice el diario *El Dictamen*.

Si algo caracteriza al proalismo es la combinación de la lucha por reivindicaciones inmediatas con un lenguaje potente, repleto de adjetivos, que linda con lo insurreccional: «Qué otra cosa son los burgueses, perros cochinos, unas víboras, unos alacranes, rabos pelones», dirá el 3 de febrero.

Tratando de calmar el descontento, el gobierno local urge a los propietarios a que en un plazo de quince días mejoren las condiciones de salubridad de las viviendas en veinticinco patios. Los propietarios ignorarán la petición municipal.

El 4 de febrero, en asamblea masiva, se funda el Sindicato Revolucionario de Inquilinos que preside otro sastre, Miguel Salinas, y dirigen Oscar Robert como secretario general y Herón Proal como secretario del interior, y los comunistas Mateo Luna, tesorero, Porfirio Sosa, actas, y José Olmos, secretario del exterior. Se levanta la demanda de volver a las rentas de 1910 y comienza a sugerirse como forma de lucha la huelga de pagos de renta.

Durante todo el mes de febrero, Proal y los comunistas, así como algunos militantes anarquistas de origen español que han llegado a Veracruz desde La Habana, se prodigan en mítines callejeros, manifestaciones minúsculas, agitación callejera. La demanda de dejar de pagar las rentas corre como un río de pólvora.

Proal se unirá en esos días con María Luisa Marín, una joven anarquista. Pierde en cambio los dos hijos que tiene con Herminia Cortés (aunque ella sigue participando en el movimiento y se dice que recorre las vecindades con una navaja en la liga de las medias): Víctor obtiene una beca en México y se marcha para nunca volver a ver a su padre y Lucina, luego de acusarlo de maltrato, se fugará del hogar a la edad de 14 años con un «anarquista peruano».

El movimiento va creciendo. Ante las negativas individuales de pagar la renta, se producen desalojos. Y ante ellos la respuesta popular. La primera reacción colectiva ocurre en un barrio de prostitutas cuando la multitud vuelve a meter a la casa los muebles sacados por la policía. Para el 5 de marzo, la huelga de pagos se generaliza. La prensa destaca:

> La noche del 6 de marzo de 1922, las prostitutas del puerto de Veracruz popularmente conocidas como *las Horizontales de Guerrero*, amenaza-

ron con quemar en la vía pública las sillas, las camas y los colchones sobre los que trabajaban, en señal de protesta por las elevadísimas rentas que debían pagar a los propietarios de los patios de vecindad que les alquilaban las pocilgas donde vivían. Alarmada, la policía corrió hasta la zona de fuego para impedir la quemazón.

Proal toma en sus manos la conducción del movimiento, convierte su sastrería en las calles Landero y Coss número 5 y medio en cuartel general del Sindicato Revolucionario de Inquilinos (SRI), edita carteles con el eslogan: «Estoy en huelga, no pago renta», que comienzan a aparecer en las puertas de las vecindades, y cuelga una enorme bandera roja, símbolo del sindicato, en la puerta de su casa. Va creciendo el movimiento y para el 12 de marzo hay sesenta y un patios en huelga.

Se inician las manifestaciones masivas, bandera por delante. Al grito de: «¡Abajo los burgueses, mueran los explotadores del pueblo!» se sacude el puerto. Varios miles de inquilinos se organizan en una población que no llega a los sesenta mil habitantes. Los huelguistas pueden llegar a treinta mil.

«Aquí hay que acabar con todo, y si el alcalde municipal se negó a hacerles justicia, no hagan caso: tómenla ustedes, echen muchas bombas, muchísimas bombas; que estalle la revolución social, que tiemble el mundo, que se desplomen los cielos, que se estremezca la humanidad», dirá Herón el 27 de febrero.

El 12 de marzo doce patios más se declaran en huelga de pagos y ese mismo día al anochecer se realiza una manifestación con un gran mitin donde Herón, Porfirio Sosa y la joven comunista Juana Ruiz calentaron a la multitud desde el balcón del hotel Diligencias. La multitud con banderas rojas y repitiendo la consigna «Estoy en huelga y no pago renta» comenzó a recorrer las calles del centro de la ciudad.

Al llegar a la zona de tolerancia en la calle Guerrero, centenares de prostitutas se unieron a los manifestantes y Proal produjo, inagotable, otro discurso:

> Ustedes merecen un voto de confianza del comité de huelga y de todos los habitantes de Veracruz, porque fueron las primeras en decretar la huelga que hoy ha tomado proporciones gigantescas. Ustedes son en realidad verdaderas heroínas, por haber puesto la primera piedra de este edificio gigantesco que hemos ahora levantado. Son las iniciadoras y por lo tanto merecen un estrechísimo abrazo de confraternidad. El sindicato

rojo de inquilinos les abre sus brazos y les llama con todo cariño sus queridas hermanas.

Parece que el término «hermanas» resultó demasiado fuerte para una parte de los congregados y produjo risas. Proal corrigió: «Sí, señores, y no se rían, estas pobres y despreciadas mujeres no solamente son nuestras compañeras, sino que también son nuestras hermanas porque analizando las cosas, resulta que ellas son de carne y hueso como nosotros, y no hay motivo de excluirlas de la hermandad, tanto más que son carne de explotación de los burgueses».

Los sindicatos de Veracruz formaron un segundo sindicato inquilinario, pero las presiones desde la base fuerzan que el 20 de marzo se unifique con el SRI. Ya no hay obstáculos para que la huelga se desarrolle hasta lograr la unanimidad en los sectores populares. El sindicato amplía sus armas y además de la huelga utiliza los contralanzamientos. Multitudes de inquilinos organizados toman la casa de la que ha sido lanzado uno por los policías, y vuelven a meter los muebles.

El Negro García se encuentra desbordado. Por su izquierda, el movimiento inquilinario, del que ha perdido totalmente el control, por su derecha, los dueños de los patios, que presionan fuertemente. A pesar de que la prensa califica a Herón como «un líder que antes había fracasado en todo», es el indiscutible dirigente del movimiento.

La patronal no es precisamente blanda, la encabezan los gachupines hermanos Cangas y José García Suero junto a empresarios importantes como José Meléndez, dueño del hotel Diligencias y varios cafés, el poeta Salvador Díaz Mirón y la familia Malpica, dueños del diario *El Dictamen*. Se cuenta que el propietario Manuel García Suero, hermano de José, administrador del patio San Gabriel, le ofrece a Proal medio millón de pesos, una cantidad astronómica en esa época, para que abandone el movimiento y se vaya a Europa. Proal le responde que si tiene esa cantidad de dinero se la entregue al movimiento para que se hagan mejoras en las vecindades.

El 22 de marzo las autoridades ordenan la detención de Proal acusándolo de haber injuriado al gobierno municipal y al federal. El día antes se había turnado una orden a la policía para que impidiera manifestaciones en los barrios (donde pequeños grupos de inquilinos organizados recorrían las vecindades sumando a otros a la huelga) y el jefe de la policía montada, Zamudio, había disuelto un mitin del SRI en el parque Juárez.

Proal fue detenido a las 9:00 de la mañana por un par de policías. Corre la voz. Cuando llega al juzgado, tras él viene un millar de airados inquilinos, en su mayoría mujeres. El Negro García se entrevista con Proal.

En la multitud que sigue creciendo se discute si hay que asaltar el cuartel; quince gendarmes a caballo toman posiciones. El alcalde llama en su auxilio a la infantería de Marina. Los inquilinos van a pasar a la acción, el alcalde negocia: soltará a Proal si se disuelve la manifestación. Proal sale al balcón y dice que si en veinte minutos no llega al local del sindicato, quedan libres para hacer lo que quieran, la manifestación no se disuelve. Un inspector trata de llevarse al dirigente inquilinario, pero la multitud lo rescata. El ejército y la Marina no han intervenido. La manifestación inquilinaria con Herón al frente llega en triunfo al parque Juárez.

Al día siguiente corre de nuevo la sangre cuando una mujer arroja una maceta a un inquilino que pretendía colgar una bandera roja y la multitud responde con un disparo que la mata.

En los últimos días de febrero, el alcalde le informa a Plutarco Elías Calles, secretario de Gobernación, que el 27 Proal se presentó espontáneamente diciendo que «de una manera absolutamente casual había dado muerte a uno de los dirigentes inquilinarios que se encontraba en el local». Se trataba de Emiliano Herrera. García reconoce que la participación de Proal en el «incidente fue totalmente casual». Las versiones sobre la muerte de Herrera son múltiples, desde que a Proal se le cayó una pistola cuando hablaba con él y murió a causa de un disparo accidental, hasta que le disparó a sangre fría durante una discusión sobre los fondos sindicales.

Herón permanecerá detenido, acusado de «homicidio imprudencial». Pero desde la cárcel donde está recluido sigue dirigiendo el movimiento. La iniciativa ahora es comenzar a autoadministrar los patios, con el dinero de las rentas no pagadas comenzar a hacer mejoras, introducir agua y luz, poner inodoros, fogones.

El movimiento inquilinario goza de un amplio espacio de maniobra; las pugnas entre varias de las corrientes políticas veracruzanas vinculadas al poder económico y político les ceden ese espacio. El alcalde laborista del puerto tiene enfrente a los propietarios de los patios, a los industriales, al diario *El Dictamen*, al jefe de la zona militar, el general Guadalupe Sánchez, acérrimo enemigo del movimiento popular, quien está enfrentado a su vez al gobernador Tejeda, quien a su vez apoya a García pero sin el lastre de los compromisos cromistas de este; el gobierno federal tolera a los militares, etcétera.

En este espacio político, durante los meses de abril y mayo, proalistas y comunistas siguen impulsando el movimiento: manifestaciones de un millar de mujeres con banderas rojas que reinstalan e impiden el lanzamiento de un inquilino huelguista, mítines, movilizaciones contra las tarifas de la compañía de luz, intento de crear una colonia comunista en Pocitos y Rivera.

Proal dejará la cárcel. Hay una maravillosa foto: Herón recostado en el centro, rodeado de decenas de mujeres con blusas, faldas blancas y sombreros de paja. Debe haber sido tomada tras las movilizaciones del 1 de mayo, cuando los miembros del SRI colocaron la primera piedra de la colonia en terrenos que les cedía el gobernador y «posteriormente empezaron a *expropiar* material de construcción para la futura edificación de la colonia; prepararon un proyecto de autosuficiencia basado en cultivo de arroz y frijoles, e hicieron las reglas de distribución», donde «cada uno recibiría según sus necesidades, pero los perezosos serían expulsados de la colonia».

El alcalde de Veracruz obstaculizó el proyecto argumentando que se trataba de un terreno privado y la policía bloqueó los accesos impidiendo el ingreso de los invasores. El sindicato decidió aplazar el proyecto hasta que se hubiera ganado la lucha inquilinaria.

A mediados de mayo, los militares aumentaron su intervención, al principio tímidamente. Dirigidos por el jefe de la guarnición, el coronel Aarón López Manzano, actúan en algunos desahucios e impiden algún mitin. Su participación contra el movimiento no es frontal, pero detrás está el general Guadalupe Sánchez preparando la gran operación. «Trabajadores que habitaban en patios de vecindad con San Salvador, La Isabelita en la calle Guerrero, La Veguita en la calle Progreso [...] se unieron a la lucha. A finales de mayo de 1922, treinta mil inquilinos de más de cien patios de vecindad no pagaban renta». Moviéndose a la sombra del omnipresente Herón Proal, el «Lenin mexicano», como comenzaban a llamarlo, sus aliados, los comunistas de la Local del puerto, han crecido. El 1 de junio, en una prensa propiedad del sindicato sale a la luz *El Frente Único,* órgano de la Local dirigido por Manuel Almanza que durante un año aparecerá en las calles diariamente, compitiendo con la gran prensa del puerto y con los periodicuchos financiados por los casatenientes.

*El Frente Único* acompaña la abundante información inquilinaria con cuentos, narraciones, canciones y denuncias, así como pequeñas secciones permanentes, de las que la titulada «Lo que los trabajadores han aprendido con la huelga de inquilinos» es la más significativa.

1. Que la derrota es imposible cuando el proletariado se organiza, sabe lo que quiere y sabe adónde va.
2. Que los vividores del obrerismo en el poder son sus peores enemigos.
3. Que los legisladores no sirven para nada.
4. Que la burguesía no es tan dura de pelos como dicen cuando el pueblo en masa se propone arrancarle una concesión.
5. Que el sistema burgués capitalista será barrido fácilmente por la acción conjunta del proletariado.
6. Que en tres meses que no han pagado renta han tenido más pan en sus hogares.

Paralelamente al nacimiento de *El Frente Único*, nace la Juventud Comunista de Veracruz. Sus miembros son todos jóvenes que han intervenido activamente en el movimiento inquilinario: Arturo Bolio, Celestino Dehesa, Guillermo Cabal, Sóstenes Blanco, Lucio Marín, Guillermo Lira, Gabriel Domínguez, Rodolfo Mercado. Su actividad, además de las usuales entre la militancia inquilinaria, se extiende a la promoción de la cultura popular con obras de teatro político, al estudio del marxismo, y a la distribución del periódico.

En el puerto, durante el movimiento inquilinario, existían dos federaciones sindicales, la cromista (dirigida por el alcalde) y la Cámara del Trabajo (CGT), encabezada por José Fernández Oca. Ambas en conflicto con el proalismo, la primera desde el inicio del movimiento y la segunda a partir de mayo, cuando Proal asaltó el local de la Cámara del Trabajo y trató de linchar a Fernández Oca, quien lo expulsó acusándolo de ser un títere de los comunistas.

El movimiento inquilinario jarocho lleva tres meses de vida.

La Local Comunista de Veracruz vive el momento más brillante desde su nacimiento. Comparte la dirección del movimiento inquilinario, tiene un diario, acaba de ganar para su causa a los mejores militantes jóvenes del puerto.

Aunque la chispa inquilinaria se produjo en el puerto de Veracruz, y las acciones más brillantes se dieron en el DF, el movimiento inquilinario no se vio restringido a esas dos ciudades. Entre marzo y junio de 1922 surgieron multitud de sindicatos inquilinarios en todo el país (Guadalajara, Puebla, San Luis y Ciudad Juárez), que utilizaron la huelga de pagos como arma de lucha. La Unión de Propietarios que ha manejado desde el principio la política de los grandes casatenientes en el conflicto se mantiene irreductible, pero en junio cerca de un centenar de pequeños propietarios aceptan las condiciones del SRI respecto al pago del dos por ciento anual del valor de la casa.

Otro elemento que invitó a los militares a encontrar una salida represiva contra el movimiento inquilinario jarocho fue la intervención solidaria de los sindicatos en la huelga general de junio en el puerto. Las dos centrales, CROM y CGT, secundaron el movimiento de los trabajadores de Progreso en Yucatán, pero la CGT radicalizó la lucha e impulsó demandas propias, propiciando un acercamiento con el SRI del que se había aislado en mayo tras el choque de Proal con Fernández Oca.

Sintomáticamente, el pretexto para el enfrentamiento entre inquilinos y militares se va a producir el 30 de junio, el mismo día en que el gobernador Tejeda envía al Congreso veracruzano una ley inquilinaria para su debate.

Ese día, Olmos, miembro de la Local Comunista, apoyado por un «manifiesto que firman treinta miembros del SRI», rompe con Herón Proal, al que acusa de malversación de los fondos sindicales. Olmos y los treinta disidentes apelan al comunismo para hacer su denuncia: «El comunismo, he ahí el ideal noble y sublime a que aspira el proletariado mundial, y precisamente por la nobleza del ideal debemos ser celosos vigilantes de los hombres que predican a las multitudes la buena nueva de esa aspiración».

La Local Comunista del puerto, en una nota firmada por su secretario general Miguel Salinas, el secretario del exterior y director del *Frente Único* Manuel Almanza, el secretario del interior Mateo Luna, el de actas Porfirio Sosa, y el de finanzas J. Ruiz, desautorizó a Olmos y mantuvo su apoyo a Herón Proal. Varios autores han tenido que hacer maromas ideológicas para explicar por qué, si la Local rompió con Proal en julio, «reanudó» sus relaciones casi inmediatamente y las conservó hasta 1923.

Mientras tanto, dos batallones con quinientos veinte hombres llegaron de Chiapas a Veracruz enviados por la Secretaría de Guerra.

## VI. La masacre

La sensación de que la tragedia estaba a la vuelta de la esquina recorría la ciudad. La tensión dominaba a la base del movimiento inquilinario. Desde el 1 de julio se habían producido choques con la policía, cuando trataron de desalojar a la comisión de vigilancia y protección de Proal, que dormían en la banqueta frente a su casa, y el día 5 de julio la calle de Landero y Coss estaba llena de inquilinos que a gritos pedían aclaraciones sobre la traición de Olmos, porque la dirección del SRI lo había acusado, junto con Aubry (otro exmiembro de Antorcha Libertaria), Consuegra y José F. Ortiz de haberse vendido al oro de los propietarios. Se celebró un mitin en el parque Juárez y grupos de manifestantes vieron a Olmos cuando se estaba refugiando en casa de una hermana y trataron de detenerlo. Chocaron con un grupo de gendarmes que intentaron proteger al tránsfuga, mientras pistola en mano trataba de defenderse. Solo la intervención de los militares salvó a Olmos del linchamiento.

Con el pretexto de este incidente el ejército avanzó sobre el mitin y fue recibido a gritos. La tropa, comandada por el siniestro coronel López Manzano, se desplegó a media cuadra del parque. Muchos inquilinos se enfrentaron a los soldados y se produjeron forcejeos. Las banderas rojas ondeaban ante la cara de los militares que comenzaron a repartir culatazos.

El primer disparo partió de los soldados y fue a herir a un ambulante de la Cruz Roja que se encontraba recogiendo a un herido. El coronel López Manzano se introdujo entre los participantes del mitin seguido por una columna de soldados «a paso de carga y levantando los rifles con cartucho cortado». Los inquilinos resistieron la primera presión. Nuevos culatazos. Surgen algunos cuchillos en manos de los manifestantes y el teniente Valtierra es apuñalado.

Los dirigentes del sindicato organizan la retirada, una manifestación desfila por la parte sur de la calle Madero. Frente al local del sindicato, Proal interviene dando orden de que la manifestación se disuelva para evitar nuevos choques con los militares y que cada cual se retire a su casa. En la calle Landero y Coss queda un nutrido grupo de mujeres y en el interior de la sastrería un pequeño grupo de militantes.

El saldo del primer enfrentamiento es de varios heridos de bala y golpes y el militar apuñalado que muere horas más tarde.

Pero no habían de terminar ahí las cosas. Sobre el puerto de Veracruz se desata un tremendo aguacero, la guardia proalista trata de meterse al local del sindicato. Imposible, solo caben apretujadas unas sesenta personas. Los que no pueden ingresar se cobijan bajo balcones en la calle de Landero y Coss.

A la 1:00 de la madrugada, y armados con una orden de detención contra Herón Proal dictada por el juez MacGregor, los militares salen del cuartel Morelos. También la gendarmería municipal dirigida por Zamudio y Plata toma las calles; la muerte del teniente Valtierra ha excitado los ánimos.

Los soldados llegan disparando por la calle de Vicario, sobre las personas que se encontraban guarecidas en un zaguán. Caen los primeros muertos del Sindicato Inquilinario. La mayoría son mujeres, algunas adolescentes. La soldadesca enloquece. Se atraviesa con la bayoneta a mujeres y hombres desarmados, se dispara a boca de jarro contra los que huyen.

Las oficinas del sindicato son cercadas, los máuseres disparan descargas hacia el interior del pequeño local de dos piezas. «En la primera, Herón Proal se tiró pecho a tierra, y en su derredor hicieron lo mismo las mujeres y los niños que lo protegían». Más heridos. Los soldados golpean violentamente las puertas y ventanas. Ni un solo disparo ha surgido del interior. Porfirio Sosa, miembro de la Local Comunista, trata de pactar con el mayor Eulogio Hernández, para garantizar la vida de Proal. No se llega a nada, los soldados irrumpen en la sastrería. Golpes y detenciones.

Hay cerca de ciento cincuenta hombres y mujeres arrestados que son conducidos al cuartel Morelos, muchos de ellos heridos. Allí han de ser golpeados nuevamente, varios torturados, por las fuerzas del coronel Aarón López Manzano. Entre los detenidos, los comunistas Sosa, Mercado y Luna, además de Proal y el anarquista Palacios.

El ejército recorre las calles en la noche arrancando las banderas rojas. La prensa del puerto al día siguiente no habla de los sindicalistas muertos, tan solo del difunto teniente y de cinco gendarmes que han sido heridos.

Tras esta historia, tan trágicamente reiterada en México, se inicia la búsqueda de la verdad. Si los inquilinos abrieron fuego sobre soldados y gendarmes, y cuántos fueron los caídos de la matanza del 5 de julio, fueron el centro de un enconado debate entre la prensa obrera y la prensa reaccionaria veracruzana durante 1922 y 1923.

Los hechos comprobables son que hubo dos soldados muertos y cuatro policías heridos, que lo fueron por puñaladas y contusiones y que en el registro del local sindical solo aparecieron dos cartuchos de pistola sin usar. El testimonio de Sosa dice que el anarquista Elías Palacios estaba armado, pero que le impidieron que disparara para evitar una masacre.

Respecto a los huelguistas, la prensa en días posteriores habló de veinte muertos y el Sindicato Inquilinario de ciento cincuenta. La indagación del SRI, avalada por testimonios firmados, recoge más de setenta casos de asesinatos, la mayoría de ellos de mujeres, con heridas de bayoneta en sus cuerpos o con tiros de máuser. En días posteriores aparecerían en Veracruz cadáveres «ahogados», «atropellados por el tren» y «muertos por congestión alcohólica», en cuyos cuerpos estaban las perforaciones de las bayonetas y de las balas.

Al amanecer del 6 de julio, parecería que el sindicalismo inquilinario de Veracruz había sido barrido por las balas de los doscientos soldados y gendarmes del coronel Manzano y del jefe de policía Zamudio.

Donde la historia debía terminar, recomenzó. En Veracruz «el comité ejecutivo del sindicato, lejos de perder el tiempo en lamentaciones inútiles, trabajaba sin tregua ni descanso: el día 6 de julio se instalaba en su oficina provisional y el día 7 celebraba un mitin en la casa de Carlos Palacios, con la asistencia de no menos de cuatro mil personas».

La reacción a la matanza y a la oleada de detenciones había sido organizada por la dirección de relevo del movimiento inquilinario del puerto, integrada prácticamente por la Local Comunista de Veracruz, que no había sufrido muchas bajas en la represión. De los noventa detenidos que se encontraban en la cárcel de Allende, no había más que media docena de comunistas (Sosa y Mercado entre ellos).

Se hacen cargo de la dirección del movimiento el director de *El Frente Único* Manuel Almanza y otros miembros de la Local Comunista (Úrsulo Galván, Barrios, Salinas y los jóvenes Lira, Blanco, Bolio, Dehesa) junto al diputado local veracruzano Carlos Palacios y la compañera de Proal, una joven que era descrita como «mestiza de una veintena de años con largas trenzas negras, de tamaño mediano y una mirada algo traviesa pero firme», sin duda anarquista y llamada María Luisa Marín.

*El Dictamen* y la prensa financiada por los casatenientes atacaron duramente al movimiento y en particular a Palacios. El ataque se combinó con un intento de los cromistas, apoyados por el alcalde, para hacerse con la dirección de la lucha. Gracias a la intervención de la federación local de la CGT esto pudo impedirse. La Liga Marítima (CROM, punto de apoyo del alcalde García) dio «una limosna de paro» y trató de meterse a la dirección. En cambio, la federación local de la CGT apoyó económicamente al movimiento, declaró que respetaba su autonomía y se sumó solidariamente a las movilizaciones.

La policía y los militares recorrieron los patios quitando las banderas rojinegras que quedaban. La ciudad era patrullada por el ejército y se prohibieron las manifestaciones.

Proal, en la cárcel, fue acusado junto con sus compañeros de los delitos de «sedición, tumultos, homicidio, agresión al ejército e insultos al gobierno federal».

Una cuarta tendencia trató de hacerse también con la dirección, la dirigida por el tránsfuga del PC José Olmos, quien hizo público un manifiesto acusando a Herón Proal de fraude.

La Local Comunista atacó a Olmos en *El Frente Único* y defendió a los presos. Esto la consagró como dirección real del movimiento. El día 8, a pesar de la prohibición de manifestaciones, con Palacios a la cabeza y con sus banderas rojas, con esa tremenda terquedad que los movimientos sociales despliegan, los inquilinos llegaron frente a la cárcel de Veracruz a realizar un nuevo mitin donde se insultó al ejército.

La posibilidad de una segunda represión más violenta aún, utilizando al ejército y con el amparo que los cromistas y Olmos le daban, estaba en pie, pero el gobierno estatal envió una comisión mediadora que se entrevistó con los dirigentes inquilinarios rojos, y esto dio cierto respiro a la lucha.

Por la ciudad corría el rumor de que un tribunal secreto del SRI había condenado a muerte al coronel Manzano y a todos los oficiales que habían participado en la matanza, incluso se decía que la comisión secreta había sido bautizada «comisión de supresión».

## VII. Reorganización

Para mediados del mes, la situación tendía a estabilizarse, y la dirección del SRI invitó a que se reorganizaran los comités de patio y vecindad y a que se enviaran representaciones al comité central. La huelga de pagos se mantenía.

Una muy activa María Luisa Marín creó la Federación de Mujeres Libertarias como una extensión del sindicato de inquilinos y organizó el paro de venta de carne en el mercado Fabela durante la huelga.

El día 15 de julio el PC trató de ampliar el movimiento inquilinario y *El Frente Único* abrió una extraña lista. Los comunistas volvían sobre una de las obsesiones del viejo grupo Antorcha Libertaria, la organización de las sirvientas. La lista era para que las trabajadoras domésticas del puerto se inscribieran: «Los criados y criadas de las casas burguesas y semiburguesas dan servicio por un jornal que es una burla y no conformes con eso cada día los patrones rebajan los sueldos».

Tampoco Proal permanecía inactivo en la cárcel. En una de esas acciones, que sorprende hasta a sus más fieles biógrafos, a más de mandar mensajes de ánimo a sus huestes, el día 1 de agosto fundó en la galería número 1 de la cárcel de Allende el Sindicato Revolucionario de Presos de Veracruz. Los reclusos organizados pintaron una bandera rojinegra aunque su primera asamblea fue disuelta a tiros al aire por los soldados de la guarnición.

La ciudad seguía conmovida, durante los primeros días de agosto corrieron rumores de que Herón Proal había sido asesinado en el interior de la prisión, aunque se disiparon al final de la semana.

La dirección sindical, mientras tanto, había reanudado la vieja práctica de realizar tres mítines por semana. Para el 13 de agosto el movimiento se había reanimado lo suficiente, y la manifestación que partió del parque Juárez avanzó sin permiso del ayuntamiento hacia la cárcel de Allende. No estaba muy claro si solo iban a hacer un mitin enfrente o si pretendían asaltarla para liberar a los presos. El caso es que los soldados cortaron cartucho en las azoteas y dispararon al aire. Durante toda la tarde y parte de la noche grupos de inquilinos recorrieron el puerto haciendo mítines y pequeñas hogueras en las esquinas.

Con su doble cabeza, en la cárcel y en las oficinas de *El Frente Único,* que sorprendentemente conservaba su periodicidad diaria, el movimiento tendió a estabilizarse aunque sin la pujanza de los primeros meses.

En septiembre de 1922 se celebró una convención de sindicatos inquilinarios del estado, donde la principal conclusión impulsada por los comunistas de Veracruz, Xalapa, Orizaba y Córdoba, unidos al proalismo, fue que los sindicatos de inquilinos deberían ser autónomos respecto de las organizaciones obreras (léase la CGT), que los sindicatos obreros deberían promover la sindicación de sus miembros en las organizaciones inquilinarias y que los sindicatos inquilinarios deberían promover que los obreros en sus filas se organizaran dentro de los sindicatos.

Esta especie de pacto de no intromisión y colaboración pretendía consolidar el baluarte comunista en el movimiento inquilinario en todo el estado y ceder a la CGT la organización sindical.

En la prisión, mientras tanto, un informe decía que a los quinientos cincuenta y siete presos de la cárcel de Allende les tocaban cada tres días cincuenta y cuatro gramos de carne, veinte gramos de arroz, cincuenta gramos de frijol, siete gramos de café y veintiséis gramos de pan. Surgió un fuerte movimiento para mejorar la calidad de la alimentación de los detenidos protagonizado por el Sindicato Revolucionario de Presos, que organizó el 18 de septiembre el primer baile rojo en una institución carcelaria mexicana.

Autorizados por el regidor del ayuntamiento y la policía, inquilinos e inquilinas detenidos quitaron en una galería las banderas nacionales y colgaron las rojinegras. Entre vivas a Rusia, Lenin, Trotski y los soviets y al sindicato rojo, con orquesta y bebidas, el baile tuvo feliz fin, aunque fue violentamente criticado por la prensa del puerto.

En octubre, a ritmo de tres mítines diarios, el movimiento se sostenía.

Menos de dos semanas después del zafarrancho, la legislatura veracruzana había aprobado una ley inquilinaria que fijaba las rentas en el seis por ciento del valor catastral y, si no lo hubiese, en la renta de 1910 más el diez por ciento. Se concedía una moratoria de cuatro meses a los inquilinos para pagar los adeudos y se fijaba la fianza de dos meses de renta por depositarse en la receptoría de rentas, con un plazo de dos años para conservar las rentas en ese nivel.

A pesar de su inicial aprobación (incluso fue publicada por el diario oficial del estado), la ley, expedida por el suplente de Tejeda, Casarín, fue objeto de nuevos debates en el Congreso que se prolongaron durante todo 1922, y su ejecución bloqueada en el puerto de Veracruz por los amparos de los propietarios y por la huelga de inquilinos rojos. A fin de año el tema seguiría debatiéndose, ahora ante un proyecto presentado por el propio Tejeda. Para animar el debate, *El Frente Único* anunció el estreno de un nuevo danzón, «El inquilino», cuya letra y partitura se vendía en la Imprenta Mercantil.

La represión no había destruido la lucha inquilinaria jarocha. A diferencia de lo sucedido en la Ciudad de México, el movimiento inquilinario del puerto, aunque con un ritmo más bajo que el de su etapa de arranque, se sostenía y permitía un punto de partida para nuevas acciones.

Así como en Veracruz había nacido el movimiento inquilinario, así como en Veracruz se había producido una aproximación efímera a la posibilidad del Frente Único, así en Veracruz debía gestarse la experiencia más consistente de trabajo campesino que iban a desarrollar los comunistas en esos años.

## VIII. Ley inquilinaria

Al iniciarse 1923, la Cámara de Diputados de Veracruz desbloqueó la iniciativa de Tejeda para ofrecer a los jarochos una nueva ley inquilinaria. La ley, que se promulgó el 2 de mayo de 1923, representaba una afirmación de la anterior. Se fijaba el seis por ciento anual sobre el valor catastral como renta, en caso de que no estuviera fijado tal valor se regresaba a las rentas de 1910, se abolía la fianza, se impedía el desalojo en caso de enfermedad o desempleo del inquilino y se obligaba a los casatenientes a mantener las viviendas higiénicas.

Sin duda representaba un gran triunfo del movimiento. El Sindicato Inquilinario condicionó su respuesta a la nueva ley a la liberación de los presos y a la entrega de su local sindical, a más de la restitución de las garantías suspendidas.

Tejeda respondió con una amnistía que permitió que los inquilinos detenidos, encabezados por Herón Proal, abandonaran la cárcel el 11 de mayo de 1923. Tocado con un gorro rojo, Proal recorrió las calles del puerto seguido por millares de correligionarios.

Comenzaron entonces los arreglos particulares entre inquilinos y propietarios y la huelga de pagos lentamente comenzó a levantarse. Proal declaró: «El sindicato quiere tratar de potencia a potencia con los propietarios, lo que significa arreglos directos entre el capital y los explotados».

La salida de Proal de la cárcel y su regreso a la dirección del Sindicato Inquilinario cambiaron las relaciones entre el dirigente anarcocomunista y la Local Comunista. Mientras Proal estuvo en la cárcel, ambos se necesitaron; ahora, podían brotar libremente las discrepancias.

Uno de los primeros elementos que provocaron el choque fue el desacuerdo de Proal con las giras agraristas que Galván había realizado el año anterior con fondos del SI, y sobre todo con su resultado, la muy «legalista» Liga de Comunidades Agrarias. El segundo elemento que hizo que los comunistas se enfrentaran con Proal fue el control de *El Frente Único*. Aunque aparecía como órgano de la Local Comunista de Veracruz, el diario se realizaba en la imprenta del Sindicato Revolucionario de Inquilinos y con fondos suyos. La prensa registró de esta manera el choque:

> Herón Proal intenta separar a los jóvenes comunistas de la redacción del diario *El Frente Único*, por su parte los jóvenes comunistas habían dis-

> tribuido un manifiesto protestando contra la actitud de Proal llamándolo dictador. Dicen que manejó el Sindicato de Inquilinos y el dinero de dicha organización sin rendir cuentas ni aceptar instrucciones y que trata de volver a hacer lo mismo.
>
> Los comunistas se han dirigido al sindicato [...] pidiendo que sean ellos quienes designen la nueva comisión ejecutiva del Sindicato de Inquilinos y los miembros de la redacción de *El Frente Único*.

Era tarde para recordar las mismas acusaciones que Olmos había hecho un año antes y que la Local había desechado, apoyando a Proal. Mientras la situación se definía, los comunistas perdieron el control de la imprenta y *El Frente Único* dejó de salir al final de mayo de 1923.

Algunos miembros de la Local trataron de conversar con Proal y pareció que la situación tendría una salida negociada. A mediados de junio se anunció que *El Frente Único* volvería a salir como órgano común de los jóvenes comunistas y el SI.

Pero el 6 de julio apareció *Guillotina,* órgano del Sindicato Revolucionario de Inquilinos, el diario que habría de substituir a *El Frente Único.* Los comunistas quedaban desplazados de la gestión del nuevo periódico que dirigía Mario Duval. Sin embargo, las puertas de la colaboración no estaban totalmente cerradas, los proalistas le ofrecían a la Local un espacio dentro del diario: «Este periódico substituye al anterior que publicábamos y ponemos sus columnas a disposición de *todas* las filosofías libertarias».

De tener un diario propio la Local pasaba a compartir un espacio con proalistas y anarquistas, que tímidamente comenzaron a colaborar en el periódico inquilinario. Pronto los miembros de la Local se deslindaron del proyecto y, a partir del número 29, cuando comenzó a salir un serial libertario y antisoviético en la primera página, rompieron totalmente con él, aunque permanecieron formalmente dentro del SI.

A mediados de mayo de 1923 el gobernador del estado, Adalberto Tejeda, envió una comisión para investigar la situación de los inquilinos, que visitó los patios en compañía de dirigentes del SRI.

El Sindicato Inquilinario se mantuvo organizado, y en agosto lanzó una fuerte ofensiva contra los propietarios más reacios. Durante una semana se sucedieron las ocupaciones de casas vacías para habitarlas, los choques con la montada, las manifestaciones con la bandera roja al frente y los enfrentamientos a tiros.

Enrique Flores Magón, volviendo del exilio, llegó a Veracruz, donde Proal le entregó la dirección de *Guillotina,* el periódico inquilinario que dirigió desde el número 14 al 42. *Guillotina* intentaba lo imposible: combinar los viejos textos de Ricardo Flores Magón con lemas de Marx en el cabezal. Publicaba los artículos de Proal bajo el seudónimo *Arnolphe,* junto con textos anarquistas contra la Unión Soviética. Pero el proyecto magonista renacido no duró mucho, y Enrique terminó afiliándose a la CGT.

## IX. Rebelión delahuertista

La sucesión presidencial de 1924 provocó el último gran enfrentamiento militar de la Revolución mexicana: mientras Obregón trataba de imponer la candidatura de Plutarco Elías Calles, varios militares se agruparon en torno al expresidente Adolfo de la Huerta y se levantaron en armas. A escala regional los militares alzados hacia la mitad de diciembre de 1923 no solo combatieron al gobierno de Obregón sino que se aliaron con los caciques y las oligarquías locales y reprimieron brutalmente al movimiento popular y campesino. En Yucatán el coronel Juan Ricárdez Broca aprovechó el alzamiento para arremeter contra el gobernador Carrillo Puerto y el Partido Socialista del Sureste y fusiló en Mérida al dirigente y a varios de sus compañeros, entre ellos el marinero Pedro Ruiz, miembro del SRI, el 3 de enero de 1924. En Veracruz las tropas del general Guadalupe Sánchez arremetieron contra el agrarismo rojo y el Sindicato Revolucionario de Inquilinos.

Un grupo de la Liga dirigido por Licona comenzó a realizar reuniones en los alrededores de Veracruz. Tenían por toda arma una pistola, y dos veces estuvieron a punto de ser atrapados por los soldados, pero evadieron los cercos y se concentraron en Plan del Manantial. Peor suerte tuvieron Juan Rodríguez Clara y Feliciano Ceballos, que el mismo 5 de diciembre fueron detenidos en las inmediaciones de la estación El Burro por el coronel Aarón López Manzano (el que había dirigido la represión de junio del año anterior contra el Sindicato Inquilinario), quien los entregó al terrateniente Franyutti, en cuya hacienda fueron asesinados a puñaladas. En los primeros días del levantamiento cayeron Marcelo J. Cruz y dieciséis campesinos más asesinados por el ejército en el paso de Peñas Blancas; igual suerte corrió Benito Fernández Colorado, agente de propaganda agrícola. El día 7 Guillermo Lira, secretario general de las Juventudes Comunistas del puerto, fue detenido en Boca del Monte, donde estaba comisionado trabajando en una escuela para los campesinos, colgado en un árbol y luego fusilado por pistoleros y soldados mandados por el cacique González. En el puerto se inició la cacería de Herón Proal y fueron asesinados el cromista Luis García, hermano del alcalde, y Jacobo Ramírez.

La prensa de la Ciudad de México informó que Herón Proal había sido capturado por el ejército y fusilado y varios autores contemporáneos hicieron buena la información. Pero Proal, usando las redes del Sindicato Inquilinario, permaneció oculto en Veracruz durante toda la ocupación delahuertista.

El día 9 de diciembre cayó Xalapa en manos de los rebeldes. Allí fue capturado el primer secretario de la Liga, José Cardel, y fue enviado a Veracruz. Torturado brutalmente por el terrateniente Lino Lara, murió en Mozomboa. En Córdoba fueron asesinados Ángel López y J. Campo. Dos militantes importantes también fueron detenidos y se salvaron milagrosamente de morir: en Orizaba, el secretario de las JC, el obrero textil Mauro Tobón, y en las cercanías del istmo el ferrocarrilero simpatizante Francisco J. Moreno.

Todavía el 22 de enero del 24 fuerzas militares que buscaban a Proal destruyeron la imprenta de la CGT donde se imprimía *Pluma Obrera* y asesinaron a Carlos Cruz.

Desde el 12 de febrero el puerto quedó en manos del gobierno. Al llegar las tropas federales, Herón Proal salió de su escondite y organizó una manifestación que avanzó sobre *El Dictamen* disparando revólveres y tronando cuetes.

## X. La ruptura

El 5 de abril de 1924, Julián García, Porfirio Sosa, Arturo Bolio, Rafael Cruz y el resto del comité local del Partido Comunista retiraron su reconocimiento a Proal acusándolo de malversación de fondos.

Bolio cuenta:

> Desconocimos a Herón Proal por su mala actuación, y porque prácticamente demostró ser lo contrario de lo que él ha propagado, al principio fue enemigo de la propiedad privada, no había ni grande ni pequeña que fuese bien adquirida. Siempre dijo: «La propiedad es un robo», hoy sustenta un criterio bien distinto, tiene auto (un Overlan), sus casas propias, terrenos y una fuerte fortunita sindicalista revolucionaria [...] A raíz de haber desconocido al falso *mesías* muchas dificultades y tropiezos tuve que vencer. Se pretendió asesinarme por una ocasión.

¿Eran estas acusaciones ciertas o encubrían una profunda ruptura política?

El hecho es que la separación y las purgas de la rebelión dejaron al Partido Comunista en muy malas condiciones. La Local quedó desarticulada («Es difícil reorganizarla con visitas continuas del secretario nacional»). Además se produjeron choques internos, y el partido expulsó a Barrios por «conducta bochornosa en su sindicato» y «actitud en la lucha contra Proal».

La CROM en esos mismos días trató de aprovechar la coyuntura y convocó a un acto sindical en Veracruz que permitiera darle fin al movimiento inquilinario. María Luisa Marín, con varios militantes del SRI, trataron de impedir el encuentro poniendo una barricada en la entrada del salón de los estibadores y con gritos de «Mueran los explotadores del pueblo» y vivas a Proal, irrumpieron en el salón. Esa misma noche un mitin del sindicato llamó a proseguir la huelga. Trece miembros del sindicato con María Luisa a la cabeza fueron detenidos por veinticinco policías que además trataron de capturar de nuevo a Proal en el local del sindicato, dejando un saldo de un policía y varios inquilinos heridos.

María Luisa logró escapar y fue acusada de intentar incendiar el local donde se celebraba el acto cromista, así como de «sedición». Arrestada tres días más tarde, fue enviada a la prisión de Allende, donde organizó la huelga de las tortilleras protestando por la carencia de agua potable y los maltratos de parte de los carceleros. Las autoridades finalmente abandonaron el juicio.

Proal fue detenido y expulsado de Veracruz por órdenes de Plutarco Elías Calles, y mantenido «arraigado» en la Ciudad de México. En 1925, acusado de ser guatemalteco (basado en una vieja denuncia de 1916 cuando era marinero), será expulsado a ese país del cual regresó inmediatamente, aunque sin poder retornar al estado de Veracruz hasta el final del 25.

En enero de 1926 Herón fue arrestado de nuevo en su casa de la calle Arista, lo acusaron de oponerse a la decisión judicial de retirar las banderas rojas y estrellas de la casa de los inquilinos, fue subido a un vapor y enviado a Frontera, Tabasco, dos días más tarde. María Luisa fue amenazada pero poco después, acompañada por un grupo de ciudadanas del movimiento inquilinario entró al ayuntamiento para exigir que se permitiera a la dirección del sindicato participar en las negociaciones que podrían dar fin a la huelga. Le propusieron que se disolviera el sindicato y la amenazaron con darle 48 horas antes de arrestarla y expulsarla del estado.

Al día siguiente de la deportación de Herón, María Luisa fue arrestada y tuvo que abandonar Veracruz el 28 de enero de 1926.

## XI. Epílogo

Herón volvió a Veracruz del exilio interior en 1929, se había separado de María Luisa (que reaparecería dos años más tarde, organizando grupos de mujeres obreras y campesinas en San Luis Potosí). Tenía 47 años. El Sindicato Revolucionario de Inquilinos había desaparecido.

Se sumó al movimiento anticlerical que promovía Adalberto Tejeda, quien había dicho en Orizaba: «¡Abajo los ídolos de madera! ¡Abajo las imágenes rodeadas de simbólica santidad! ¡Ha llegado la edad del pensamiento y de la idea!». Afiliado a la Unión Revolucionaria Anticlerical, anduvo en campaña de debates e ideas y promoviendo la quema de objetos religiosos. Paradoja de paradojas, en agosto de 1931, cuando llegaba a la calle Guerrero (que había sido uno de los puntos de origen del movimiento inquilinario), mientras trataba de destruir objetos de culto, fue recibido a pedradas por un grupo de mujeres.

Proal se casaría con Lola Muñoz, con la que tuvo otros siete hijos, cinco de los cuales lo sobrevivieron y esperaba uno más a los 71 años cuando Mario Gill lo entrevistó para escribir su *Revolución y extremismo;* vivía miserablemente y había sido recientemente despedido de un taller por razones de salud. Habitaba en una casa de madera que valía con todo y el lote dos mil setecientos pesos.

Herón Proal, el Lenin mexicano, moriría en abandono y olvido en 1959, a los 77 años.

En 2013 unos ochenta miembros de la colonia Herón Proal en el municipio de Medellín de Bravo cambiaron su nombre por el de Enrique Peña Nieto en un acto de servilismo que espero no les haya servido de nada.

Sin embargo, un ejido en Veracruz, dos colonias cerca de Xalapa y Alvarado, una calle y una colonia en el DF y una biblioteca virtual llevaban su nombre. Hasta donde he podido investigar, ninguna escuela ni cantina se llamaban así.

### Nota sobre las fuentes

El corazón de este texto fue tomado de mi libro *Bolcheviques,* que reunía decenas de fuentes originales sobre el periodo (colecciones de

*Irredento, Nuestros Ideales, El Frente Único, Guillotina*) localizadas en los archivos del IIES de Ámsterdam y en el archivo Valadés. Volví a revisar: Octavio García Mundo: *El movimiento inquilinario en Veracruz,* 1922; y *Herón Proal y la utopía;* la antología del movimiento inquilinario en *El Dictamen* publicada por la UNAM en 1984; Mario Gill: *Revolución y extremismo en Veracruz* y *México en la hoguera;* Arturo Bolio: *Rebelión de mujeres;* Roberto Sandoval: *Notas sobre la vanguardia roja y el movimiento popular en Veracruz.*

Sumé una lectura de los recientes trabajos de Ricardo Luqueño Romero: *Herón Proal y la rebelión inquilinaria de 1922;* Andrew Grant Wood: *A history of the Mexican anarchist María Luisa Marín and the 1922 Veracruz Renters' Movement;* Adriana Gil Maroño y Mª Luisa González Maroño: *Mujeres en la historia de la ciudad de Veracruz – Primera mitad del siglo* XX, y Rogelio de la Mora Valencia: *Ni programas ni tácticas importadas: Herón Proal, un libertario entre las clases subalternas del México revolucionario,* que pueden ser consultados en internet y además notas de la página web de la Biblioteca Herón Proal.

# 7
# El escritor

## I

Durante años, muchos años, fui reuniendo en mi biblioteca novelas y cuentos sobre la Segunda Guerra Mundial contadas desde una perspectiva soviética. La mayor parte de lo reunido era basura, formalista, pinche, demagógica, panfletaria. De vez en cuando surgían libros que se dejaban querer, así apareció en una edición cubana *El pueblo es inmortal,* de Vasili Grossman, mucho antes de que se tradujera en español *Vida y destino* y su novela se volviera material de culto para lectores apasionados. Junto a ella, encontré y gocé las novelas cortas de Alexander Bek sobre la Brigada de Panfílov, ingeniosamente narradas, con un gancho anecdótico formidable, y trabajé con Justo Vasco la retraducción de *Iván* de Bogomólov (a la que llegué gracias a la película), que ya me había cautivado con *El verano del 44*.

Cuando comenté estos libros entre mis habituales compañeros y amigos, que forman parte de la RDL (la República Democrática de los Lectores), la mayoría me miró como si les hubiera traído una caja de galletas de animalitos con chispas de chocolate desde Marte. ¿A poco lees eso?

Y sí, los leía. Más allá de que algunos autores muchas veces mentían o silenciaban por las peores razones, las razones de Estado, u omitían más de lo que contaban a causa de la feroz censura, a veces sus textos estaban cargados de las mejores intenciones, las más sólidas utopías, las defensas más apasionadas de los valores humanos.

Lo que mataba al perro era la pretensión de leer como realista una literatura epopéyica, cargada de pedagogía, funcionalista en el sentido político. ¿Por qué pretender leerlos como realismo? ¿Acaso leemos a Bradbury y a Dick y su ciencia ficción como realismo? ¿Vamos buscando realismo en el *western*? ¿Lo son Schlemberger, Sabatini, los Pardaillan y las novelas de capa y espada? ¿Leemos el surrealismo kafkiano, Le Carré en las novelas de espionaje, la *space opera*, a Proust o a Joyce en clave realista?

¿Es más realismo el socialista *Así se templó el acero*, de Ostrovski, que *Arenas de Iwo Jima*, dirigida por Allan Dwan y protagonizada por John Wayne?, una hija del «realismo capitalista» donde un burgués bueno aporta su sabiduría taylorista al esfuerzo bélico antijaponés en medio de muchos tiros, emboscadas y abundante peligro amarillo.

No sé si sirve como excusa. El estalinismo es algo demasiado horrendo para andar bromeando. Millones de ciudadanos y junto a ellos miles de escritores cayeron bajo su guadaña, fueron literariamente mutilados, censurados, encarcelados y asesinados por ver en ellos perversiones de la verdad oficial del Estado totalitario.

Sin embargo, persistí. Nunca he sido muy políticamente correcto. Entre lo que ha ido quedando de estos años de lectura, había un escritor en particular que me interesaba.

## II

Sin duda su historia es extraña. Se apellidaba Voitinsky y había nacido en Kirillovka, un pueblo de la región de Moscú, en julio en 1926, pero sus documentos posteriores dirán que nació el 3 de julio del 24, posiblemente porque fingió su edad siendo estudiante para poder ir al frente. Quizá con la lógica de ocultar su edad, o su pasado familiar (estamos en pleno estalinismo, no se olvide, y ser parte de una familia religiosa, o de izquierda, era suficiente), se hace llamar Vladímir Ósipovich Bogomólov (tomando el apodo de su madre: Bogomolets, «devota de dios»).

El 22 de junio de 1941 el ejército alemán ataca la Unión Soviética, la primera ofensiva de la Operación Barbarroja es fulminante, el purgado Ejército Rojo es masacrado. Stalin apela a la retórica nacionalista y trata de contener la velocidad del avance nazi.

El adolescente Bogomólov se presenta como voluntario a los 15 años, miente sobre su edad y se incorpora al regimiento antiaéreo de Moscú, más tarde asiste a la escuela de suboficiales y para abril de 1942 es jefe de un pelotón de reconocimiento que actuaba tras las líneas enemigas. En la campaña de Viazma, bajo ataque de morteros, su compañía pierde un tercio de sus efectivos. El joven cadete es seriamente herido.

Terminará en un hospital en Tashkent y luego en Bugulma (donde estaba su familia evacuada). Retorna al ejército en junio del 43 y es enviado a Leningrado a la Escuela de la Bandera Roja, especializada en artillería táctica. Sale con el grado de teniente. Hasta ahí la historia semioficial, pero muchos años después, en 2005, algunos medios en los que colaboraban historiadores y periodistas publicaron que tenían dudas sobre sus hazañas militares previas, a las que calificaron como un fraude. Decían que había pruebas de que desde 1941 hasta 1943, Bogomólov simplemente había vivido bajo otro nombre, evacuado en Tartaristán. ¿Era esto cierto? En el 43 tenía 17 años, sin duda había sido herido gravemente, ¿para qué inventarse una biografía?

El hecho es que hacia el fin del 43 entra a la inteligencia militar (conocida como GRU). ¿Cuáles son sus misiones? ¿Opera tras las líneas alemanas? ¿Tiene a su cargo la ingrata tarea de corroborar la fidelidad soviética de las guerrillas que actuaban en territorio ocupado y que luego serían purgadas? Cruza dentro de una unidad especial (la compañía de reconocimiento de la guardia de la 117 división) el Dniéper, participa en la liberación de Novorosíisk, de Zhitómir y la ofensiva de Kirovogrado.

El 12 de enero de 1944 es herido por segunda vez y hospitalizado. Entre junio y julio participa en la liberación de Bielorrusia y recibe la medalla de la Orden de la Guerra Patria.

Nuevamente un movimiento, es transferido al departamento de contrainteligencia del ejército, el conocido SMERSH. Participa en liberación de Polonia y en la ofensiva dentro de territorio alemán.

Entre las pocas noticias en español que se tienen de su trayectoria, está una reseña de un periodista que acompaña al teniente Bogomólov en la zona ocupada de Berlín. «Las mujeres nos temen, les decían que los soldados soviéticos, especialmente los asiáticos, las violarían y matarían... Miedo y odio en sus rostros». Termina la guerra como comandante de una compañía. Sigue en el ejército hasta 1950, sirviendo en el contraespionaje en Alemania (ni más ni menos que el territorio de las primeras novelas de John Le Carré).

Un nuevo misterio, entre 1950 y 1951 pasa tres meses en la cárcel sin que se le presenten cargos. ¿Por qué ha sido detenido? Se retira de la milicia un año más tarde y comienza a estudiar periodismo (se graduará en el 58). Cuando tiene 30 años publica una novela corta: *Iván,* que tiene un enorme éxito. No tiene sentido contar aquí la historia de este increíble niño de 12 años que sorprende al joven oficial que es su enlace; pero está escrita con una combinación de dureza, ternura y entereza que solo la guerra proporciona.

En 1958 aparece una segunda novela: *Primer amor*. Y cuatro años más tarde un joven realizador, Andréi Tarkovski, recién salido de la escuela de cine soviética, dirige su primera película, *La infancia de Iván,* basada en la novela de Bogomólov. El éxito se multiplica.

Bogomólov produce lentamente. Pasan cinco años de silencio. No se afilia a la Unión de Escritores; finalmente, entre el 63 y el 64 aparecen varios cuentos y novelas cortas suyas, entre ellos *Zosya,* que cuenta una historia de amor entre una joven polaca y un oficial soviético en los últimos días de la guerra y es llevada al cine por Mikhail Bogin en 1967.

Y nuevamente el silencio. Es huraño, no permite que la prensa lo fotografíe, no participa en actos públicos. No le gustan las versiones cinematográficas de sus libros, pide que se retire su nombre de los créditos. «He sido muy desafortunado con los directores de cine… Traté con cuatro de ellos, dos muy famosos (Andréi Tarkovski y Vytautas Zalakevicius). Ninguno sirvió en el ejército ni siquiera una hora… No lo entienden. No lo conocen. Y lo que es peor: no quieren escuchar… Lo que los directores de cine quieren en nuestros días es acción».

Y al fin en el 74 se publica *En agosto del 44* (también conocida en algunas traducciones como *El momento de la verdad*). Es una novela bélica, pero también, en el mejor de los sentidos, de aventuras y desde luego detectivesca, que narra las acciones de una brigada de contrainteligencia tras sus líneas en el frente de Bielorrusia, empeñada en la cacería de un grupo de infiltrados nazis.

Utiliza narración directa, monólogos internos y documentos, en un divertido equilibrio. Parte de sus críticos pensaban que había tenido acceso a la documentación del SMERSH. ¿Dudas y más dudas? Posiblemente se trataba de documentos elaborados desde la ficción siguiendo los caminos que la experiencia del autor le había otorgado. El libro, sin embargo, no tendría una trayectoria fácil. El general de la KGB Vladímir Ósipovich revisó el manuscrito y le pidió al autor una serie de correcciones a las que Bogomólov se negó. El manuscrito permaneció encerrado en una caja fuerte policiaca durante un tiempo. Finalmente, Bogomólov logró que se editara completo. La recepción de los lectores le proporcionó un enorme éxito y la novela fue reeditada un centenar de veces en ruso y al menos dos en español, una de ellas en Cuba, con millones de ejemplares circulando. Filmada dos veces, un nuevo misterio, una de las dos versiones nunca llega al público; la segunda, de Mikhail Ptashuk, es nuevamente muy exitosa.

Bogomólov era extraordinariamente meticuloso, estaba muy enfadado porque los lectores habían descubierto dos minúsculos errores en su texto. La descripción del olor de una medicina que no tenía tal y el sonido de un pájaro que no podía oírse a los dos kilómetros que mencionaba.

Aislado de la prensa, no solía dar entrevistas ni se relacionaba con sus viejos compañeros del ejército. Excepcionalmente el novelista cubano Luis Rogelio Nogueras lo entrevista a fines del 84:

> En la cocina de su apartamento en Prospekt Mira, uno de los más vigorosos narradores soviéticos de hoy, Vladímir Bogomólov, me ofrece empanadillas de queso, trozos de salchicha y coñac armenio. Juan Cobo, el periodista hispanosoviético, evita con un rápido movimiento de prestidigitador que nuestro anfitrión derrame sobre la mesa un tarro de mostaza. Bogomólov sonríe, y gruñe un chiste de disculpa: «Por eso no puedo escribir a máquina: las destrozo siempre».

Todavía publicará una nueva novela en 1986, *In Krieger,* sobre la guerra a fines del 45 en el Extremo Oriente. Envuelto en misterios y silencios Vladímir Bogomólov murió en diciembre de 2003 a los 78 u 80 años.

## Nota sobre las fuentes

Hay una edición cubana de *Agosto del 44* con prólogo de Kuznetsov y otra de Planeta Argentina (*El momento de la verdad*), ambas casi imposibles de encontrar. Existe la traducción de *Iván* que para la Universidad de Guadalajara hice con Justo Vasco. En inglés la editorial Progreso publicó los *Collected writings,* pero el libro está descatalogado. A pesar de su reluctancia a ser retratado, en *Russia infocentre* pueden encontrarse tres buenas fotos suyas.

Sorprendentemente, dentro del *The Cambridge Companion to Twentieth-Century Russian Literature* fue autor del capítulo 2: «Prosa entre el simbolismo y el realismo». Mucha de la información surge de «Who stole the manuscript of the novel by Vladimir Bogomolov, *In August, forty-four?*» (internet) y de los artículos «Vladímir Bogomólov. Los ríos del alma», *Bohemia,* 7 de diciembre de 1984, La Habana; y F. I. Razzakov: *Life of the wonderful times.*

# 8

# Sterling Hayden, el largo camino del retorno

Esta es la historia de una infancia desafortunada, adolescencia caótica en la pobreza, el acceso proletario a la aventura, el éxito no deseado y más que casual, el heroísmo y la gloria, toda repleta del glamour hollywoodiano, la traición y el lento, confuso y turbulento camino de regreso. Pocas veces se reúnen tantos relatos que harían cada uno de ellos una novela. Y menos en un solo protagonista. El gran problema es que por más que se le busque, no admiten moraleja.

Se supone que para iniciar por el obligado principio debería decirse que el futuro personaje nació el 26 de marzo de 1916 en un pueblito llamado Montclair, en Nueva Jersey, hijo de un vendedor de periódicos y se llamó Sterling Relyea Walter. Pero la verdadera historia se inicia al morir su padre cuando él tenía 9 años y fue adoptado por un tal James Hayden, y rebautizado componiendo su nombre y apellido como Sterling Walter Hayden.

Infancia y adolescencia errabunda: New Hampshire, Massachusetts, Pennsylvania, Washington y Maine y siempre en la pobreza. Cuando en 1933 está estudiando secundaria en la Wassookeag School, en Dexter, se fuga para trabajar en la goleta *Puritan* que tenía su base en New London. Tiene 17 años y acepta trabajar sin pago.

> Los barcos me dominaron cuando tenía como 12 años, como si alguien hubiera prendido un *switch*. Me dieron algo que todos necesitamos de vez en cuando, una obsesión. Habitualmente bajaba en tranvía a Boston desde el departamento de mi madre en Cambridge y pasaba todo el día a la orilla del mar. Más tarde, firmé para laborar en veleros de pesca sin salario. Como los pescadores son generosos, me daban diez dólares o así por un viaje que duraba un día pescando bacalao y merlán.

En los siguientes años trabajaría en un pequeño barco langostero en los grandes bancales de Newfoundland. Sería incluso no inusitado en alguien versátil, porque la pobreza lo hace así, bombero a bordo. Obtiene su licencia de piloto a los 21 años. Tiempo después escribiría una defensa de la libertad de la vida en el mar: «Nuestro sistema económico nos lava el cerebro hasta que terminamos sepultados bajo una pirámide de pagos con fecha límite, hipotecas, aparatos ridículos, juguetes que nos desvían la atención de la pura simplicidad de la charada que es la vida».

Comienza a beber alcohol con enorme frecuencia. «Pensé simplemente que era algo muy norteamericano». Hacia 1938, cuando tenía 22 años, Sterling se había hecho habitual de las carreras de barcos de pesca en Gloucester, Massachusetts.

> Estas carreras eran una especie de tiempo de gloria cuando los trabajadores jugábamos. Había chicas observándolas desde la cubierta de los guardacostas y periodistas. Una mañana, mientras trataba de conseguir un cigarrillo para mi socio Jack alguien tomó una fotografía y a la mañana siguiente aparecí en el *Boston Traveler.* Al pie decía: «Marino de Gloucester como ídolo cinematográfico». Solo palabras. Obtuve mi primer mando para llevar un barco a Tahití, luego trabajé el verano en Maine como capitán de un yate y finalmente conseguí un trabajo para navegar con el káiser alemán en su velero de cincuenta metros. Regresé para la temporada de pesca en Boston cuando aparecieron los periodistas.

La foto abre una extraña puerta. Un amigo le propone que lo intente en Hollywood y lo convence de que mande una carta a un agente. Poco después trabajaba como estibador cuando recibe una respuesta. «Una semana más tarde estaba haciendo una prueba en Nueva York con la hermana menor de James Cagney. Estaba completamente perdido, ignorante, nervioso. Paramount me hizo un contrato de siete años ofreciéndome doscientos cincuenta dólares a la semana, lo que era astronómico». Compra un coche y se lleva a su vieja madre a California. «Me asignaron un maestro de arte dramático y un luchador para que me mantuviera en forma, lo que me divertía porque estaban realmente allí para evitar que me fuera de juerga en las noches».

El luchador tenía una novia que era la peinadora de Madeleine Carroll, una actriz inglesa muy popular entonces en Hollywood (había triunfado en *39 escalones,* dirigida por Hitchcock), de pelo rubio cenizo, notablemente bella, diez años mayor que Sterling, con formación teatral y más de treinta películas en su historia. Los cuatro comienzan a salir en un grupo informal.

Dos semanas más tarde el director Edward H. Griffith lo convoca en sus oficinas en la Paramount y le suelta en seco: «Voy a convertir en estrella a alguien sin experiencia, en la película más cara en Technicolor filmada en locaciones». «Estaba tan perdido que ni siquiera lo analicé, me dije "es idiota, pero, maldita sea, es agradable". Iba a ganar cinco mil dólares y tenía en mente un velero que podía comprar y luego salir huyendo».

La película se llamó *Virginia* (en español: *Un pasado que revive.* ¿Quiénes eran los criminales que cambiaban los títulos?), estelarizada por Madeleine Carroll y filmada en Charlottesville en 1940. Pero no fue una, fueron dos películas, ambas con Madeleine. Luego siguió *Bahama Passage* (*Más allá del odio*) también de Griffith, una historia de amor bastante insulsa que sucede en el Caribe. La prensa hizo del asunto un tema caliente. En 1941, los estudios Paramount comenzaron una campaña de publicidad con el lema: «El hombre más bello del cine». Era el heredero sin quererlo de Humphrey Bogart y de John Garfield. Los estudios proyectan hacer de él una superestrella. Pero Hayden diría de sí mismo: «Empecé hasta arriba y trabajé mi camino descendiendo, normalmente es al revés».

Europa estaba en conflicto, Inglaterra resistía la ofensiva nazi. A través de su hijo, un fanático del velerismo, Sterling había conocido a William J. Donovan, conocido como Wild Bill, a quien Roosevelt había nombrado coordinador de los servicios de inteligencia militares y creado una organización que muy pronto se convertiría en la Oficina de Servicios Estratégicos (OSS). Bien que Hayden inquiriera tratando de lograr un contacto o bien que Donovan por extrañas razones le enviara una invitación críptica, terminó entrevistándose con Wild Bill. ¿Estaba huyendo de Hollywood? ¿Del éxito? El caso es que nada lo obligaba, Estados Unidos aún no había entrado en guerra, pasarían meses antes de que se produjera el ataque a Pearl Harbor. Donovan le sugirió que se entrenara en la escuela de Comandos Británicos.

Y así de simple, en pleno camino del futuro éxito Sterling Hayden abandonó Hollywood y en noviembre de 1941 partió hacia Escocia en un convoy británico. Cuando se presentó en la embajada norteamericana en Londres nadie sabía qué hacer con él. Tras una semana de inquietante espera recibió instrucciones de reportarse al Centro de Entrenamiento en Archnarry. El coronel Young, quien lo recibió, tenía poca confianza en que sus habilidades como actor fueran útiles para hacer carrera como espía, pero era alto y parecía rudo, de manera que en traje de combate británico, aunque con gabardina hollywoodense y sombrero, se entrenó con franceses, daneses, polacos, noruegos, holandeses, belgas, muchos de ellos combatientes cuyos ejércitos habían sido derrotados por el fascismo y estaban exiliados en Inglaterra a la espera del retorno y la venganza.

Sobrevivió a los rigores del entrenamiento de comando y fue enviado a la escuela de paracaidismo cerca de Manchester, donde hizo sus diez primeros saltos. Pero al inicio del 42 su paracaídas lo hizo aterrizar en una cantera de piedra. Cuando lo rescataron tenía un tobillo roto, se había dislocado la rodilla y sufría otras heridas menores. Regresó a los Estados Unidos. El 14 de febrero de 1942 Sterling y Madeleine se casaron en una boda secreta. ¿Cómo explicó a los ejecutivos de la Paramount su desaparición? ¿Seguía vivo su contrato?

Mientras sus heridas sanaban Donovan le propuso que fuera a incorporarse a la Marina, pero elegantemente lo rechazaron, no necesitaban capitanes lesionados para las lanchas rápidas torpederas. Sin tener muy claro qué seguía en su destino, compró un velero y zarpó hacia la estación petrolera de la Shell en Curazao, donde durante una pelea callejera mostró su entrenamiento de comando y terminó en la cárcel. Los estudios cinematográficos pagaron su fianza, vendió su barco y retornó a Nueva York en avión.

Un día después de su arribo se enlistó en la infantería de Marina. Una foto del *New York Daily News* lo atestiguaría. Después de un breve entrenamiento, que debió haberle parecido suave al lado de la experiencia con los comandos ingleses, fue destinado al adiestramiento como oficial, pero a petición de Donovan lo pusieron a disposición de la OSS. Su registro quedó bajo el nombre de John Hamilton. Tras una breve estancia en Washington la OSS lo destinó a El Cairo.

¿Egipto? ¿Qué se le había perdido al servicio secreto norteamericano en el Mediterráneo oriental? Hayden dejaría en sus futuras memorias la descripción del mundo de espionaje y diplomacia de El Cairo, repleto de villas que parecían «un Taj Mahal bastardo». Su oficial superior le preguntó: «¿No lo he visto anteriormente?». «No lo sé, señor». «Su rostro me parece familiar. ¿Jugó futbol en la universidad?». «Nunca fui a la universidad».

Lo pusieron a leer todos los reportes posibles sobre la situación griega, donde los comunistas mantenían una fuerte guerra de guerrillas contra alemanes e italianos. Aburrido, tomó un yate en el club británico de Alejandría y fue a navegar. A su regreso recibió finalmente sus órdenes. Iba al Adriático. Era el 24 de diciembre del 43, llevaba dos años en entrenamientos y sin ver acción.

Parecía que su destino sería utilizar sus habilidades marineras para, usando un barco pesquero griego, infiltrarse en zonas ocupadas por los alemanes. Se estableció en un pequeño puerto italiano llamado Monopoli, cuarenta kilómetros al sur de Bari. Años después ofrecería una descripción del sí mismo de entonces en tercera persona:

> Se alzaba 1.96 metros sobre sus botas de lanzamiento de piel y pesaba cerca de 104 kilos. Un distintivo de paracaidista británico y una pequeña bandera norteamericana estaban limpiamente prendidos de su chamarra de combate. También una insignia de rango convencional y un revólver Magnum 0.357 a la cintura. Se llamaba John Hamilton y era un segundo teniente de la reserva de la infantería de Marina de los Estados Unidos.

Finalmente Donovan, interesado en meterse en el patio trasero de los británicos y sus relaciones con las guerrillas comunistas en la retaguardia alemana, creó la Unidad K, dotada de catorce veleros que había conseguido por medio de un amigo, un ejecutivo de la empresa Wrigley's Chewing Gum, que quién sabe cómo Wild Bill había reclutado. El enlace sería con el Ejército de Liberación Yugoslavo que dirigía un enigmático personaje llamado Tito, y en particular con los cuatrocientos guerrilleros que tenían una base en la isla croata de Vis, un pequeño islote de noventa kilómetros cuadrados, llamada por los italianos Lissa, a cuarenta y siete kilómetros de una ciudad importante, Split. La llamaban la *Isla de los Vientos,* los más potentes del Adriático.

El problema es que los catorce veleros con los que contaba el grupo no podían tener mayor velocidad que cuatro kilómetros por hora y las lanchas artilladas alemanas podían llegar hasta veinte, y además estaban apoyadas por aviones de combate.

La Unidad K continuó apuntalando con operaciones de abastecimiento a la guerrilla junto al pequeño apoyo de los comandos británicos. Cuando la división alemana 118 inició un contraataque en las islas de Hvar, Brač y Šolta, la Unidad K estaba en el centro del conflicto. En la noche de Navidad de 1943 el teniente «Hamilton» desembarcó en la isla de Korčula a mitad de un ataque alemán. En una misión de exploración a bordo de un *jeep* con un oficial de la guerrilla y dos escoltas fueron a caer en una emboscada, el chofer murió tiroteado, pero el grupo se abrió camino disparando. La guerrilla abandonó Korčula y durante varios días Hayden con los partisanos pasaron por las islas de Hvar, Brač y Vis, evadiendo los ataques de las lanchas rápidas y los bombardeos de los cazas Bf 109 y los stukas; lograron sobrevivir mientras a su alrededor volaban casas y campamentos.

Finalmente pudieron llegar a la base montañosa en Hvar. Gracias a estos movimientos, Sterling pudo completar un informe muy detallado sobre las posiciones alemanas y las fuerzas guerrilleras en las islas y la costa.

Al inicio de enero del 44 Sterling, a bordo de un velero de quince metros, viajó unos ciento veinte kilómetros en mares enemigos de Monopoli a Vis con material de guerra para la guerrilla. Ocultándose durante las noches en las cuevas de la costa, la primera parte de la operación fue exitosa. «Nos reunimos con cerca de tres de los más duros bastardos de la tierra. Ninguno había comido una hogaza de pan en años. Habían estado en la campaña más dura de Bosnia y Croacia. Solo fumaban un cigarrillo para todos, que pasaba en círculo».

Pero en el viaje de regreso el motor se estropeó; Sterling y su asistente, el ametrallador de los marines John Harnicker, remaron hacia tierra firme y fueron a dar frente a un bote patrullero alemán. Sterling dudó al disparar pero Harnicker hizo fuego ayudado por los partisanos. Capturaron el bote y los alemanes heridos fueron atendidos en tierra por el médico de la guerrilla, un cirujano francés, que en lugar de la inexistente anestesia usaba el método de dormir al paciente con un culatazo de su pistola. Hayden regresó a Vis con el bote patrulla capturado.

Entre las acciones que el grupo K realizó destacaba un transporte de refugiados a la isla de Vis, donde se reunirían con otros seis mil combatientes que estaban esperando el apoyo en armas y abastos de los aliados. Más tarde escribiría: «Ahora sé que toda mi vida anterior era una interminable búsqueda del placer. Bueno, quizá no es muy tarde para arreglar los años perdidos». Tenía 27 años.

En la primera semana del 44 Sterling Hayden y otros tres oficiales de la OSS se confrontaron con el mando aliado argumentando que había que impedir que los guerrilleros yugoslavos quedaran atrapados y hambrientos en las islas.

Ignorando su petición, el comandante Robert Koch dividió el grupo. Sterling fue enviado al puerto de Bari para que enfriara su descontento, ahí no perdió oportunidad de calificar a los mandos como ineptos. No hubo más represalias. Tres semanas más tarde el teniente Hamilton recibió órdenes de conducir un pequeño velero de pesca para llevar material bélico a la costa albanesa. Entre febrero y abril del 44 Sterling y su equipo hicieron diez viajes, los dos primeros con su bote desarmado por falta de equipo. «Evadiendo los campos de minas aliados los veleros podían alcanzar la costa italiana en una tarde y camuflarse en las cuevas bajo los acantilados, descargar y regresar a Italia si el tiempo acompañaba». De ahí otros botes manejados por la guerrilla podían pasar las armas de Vis a tierra firme. A partir de ese momento los rebeldes seguían un largo camino sobre mulas hasta llegar a las montañas y al Ejército Rojo. Durante estos días el actor de Hollywood reconvertido en traficante de armas adquirió un enorme aprecio por las guerrillas comunistas, una relación de admiración y fraternidad.

A mitad del verano del 44 Sterling fue enviado a una misión de reconocimiento para buscar una ruta que permitiera entregar a los guerrilleros de Tito cuarenta toneladas de explosivos, para cortar la retirada al ejército alemán que se replegaba de Yugoslavia. Navegando solo de noche en lanchas rápidas artilladas con ametralladoras Breda capturadas a los italianos y escondiéndose durante el día en la costa, a su regreso a Italia descubrió que por razones diplomáticas esa operación había pasado a manos británicas. Enfadado, pidió que lo transfirieran. Su petición fue rechazada.

Quizá la única compensación por ese conflicto con sus superiores se produjo cuando en la base italiana Sterling se encontró con su mujer, Madeleine Carroll, cuando retornaba de una de sus muchas incursiones a la isla de Vis. La actriz formaba parte de la organización de la Cruz Roja (era enfermera voluntaria en Bari) y eran frecuentes las visitas de figuras conocidas del mundo del espectáculo a las guarniciones norteamericanas en el teatro de guerra.

Este efímero encuentro no quedó registrado por ninguno de los dos. Ni siquiera una fotografía.

Formando parte de una patrulla, el 22 de agosto desembarcó en Croacia y durante un mes, apoyados por la guerrilla, se movieron en la retaguardia alemana hasta descubrir nueve pilotos y tripulantes de aviones que habían caído tras las líneas. Un mes más tarde, recorriendo montañas, evadiéndose por la costa lograron llevarlos a la base italiana. Más tarde recordaría: «las tripulaciones dejaron a los guerrilleros sus zapatos, cualquier cosa de la que pudieran desprenderse... sabíamos que eran comunistas, sabíamos que tenían comisarios, pero eso no se discutía. Los alemanes o los fascistas locales arrasaban sus campos, violaban a sus mujeres, quemaban unas cuantas casas y se iban. Entonces los guerrilleros regresaban al combate».

La hoja de servicios de Sterling Hayden en la OSS está llena de informes positivos respecto a su valor y su habilidad para manejar botes, incluso en un reporte se habla del «desprecio por la vida del teniente Hamilton». En la base italiana otros marines sufrían por la eterna demora del correo, la rutina de las raciones K e incluso la falta de leche. Sterling parecía estar más allá de estas pequeñeces. En enero del 44 dejó la base y participó en la campaña hacia Nápoles, aunque su misión más importante se produjo de nuevo en el Adriático cuando fue enviado al rescate de veintiséis norteamericanos, incluidas once enfermeras cuyo avión había caído en territorio albanés. El 13 de septiembre de 1944 fue ascendido a primer teniente.

Sterling Hayden regresó a los Estados Unidos en noviembre de 1944. Llevaba prendida sobre su uniforme la estrella de plata que le habían otorgado por sus servicios en el Adriático («El presidente de los Estados Unidos de América se complace en entregar la Silver Star Army Award al capitán John Hamilton, conocido también como Sterling Hayden, por su gallardía en acción mientras servía en la OSS. El capitán Hamilton mostró gran valentía en peligrosos viajes en aguas infestadas por el enemigo y en labores de reconocimiento»). Sorprendentemente llevaba también una condecoración, la única recibida por un norteamericano, que le había dado Tito en Yugoslavia.

Durante unos meses vivió el permiso y se dedicó a la vida social, cenó con Eleanor Roosevelt y charló con comunistas norteamericanos que querían conocer sus experiencias con el Ejército de Liberación de Tito. El 14 de febrero del 45 fue nombrado capitán y regresó a Europa como miembro de la OSS destinado al 1er ejército situado en Francia tras la batalla del Bulge.

Al terminar la guerra en Europa en mayo del 45 la OSS envió a Sterling a la rama de estudios fotográficos para documentar los daños causados por los bombardeos aliados en Alemania, Dinamarca y Noruega. «Aparecieron como gusanos a la luz millones de antinazis. Era muy duro, decían, ondeando pañuelos y estrechando nuestras manos con júbilo. Decían que los verdaderos nazis estaban muertos o en el exilio, o en Belsen, Auschwitz, Buchenwald. Nombres que pensamos entonces que nos enseñarían una lección que nunca se olvidaría». Hacia septiembre se reunió con Madeleine en París y decidieron divorciarse aunque terminarían haciéndolo un año más tarde.

En la Navidad de 1945 Sterling Hayden dejó el servicio militar y trató de volver a navegar, pero escaso de dinero regresó a Hollywood y contra sus deseos firmó un nuevo contrato con la Paramount. ¿El cine como opción al ocio? ¿El cine como alternativa al desempleo?

Su admiración por los partisanos yugoslavos atrajo las miradas de los comunistas norteamericanos. «Me parece que los comunistas no solo saben lo que está pasando en el mundo sino que además tienen los redaños para determinar un camino... En Yugoslavia, cuando el asunto se puso rudo y era el momento de que contaran con uno, eran los comunistas los que se sostenían».

Sus contactos sin embargo eran bastante superficiales. «¿Qué me importaba el mundo del trabajo? ¿La discriminación racial? ¿Las libertades civiles y la lucha de clases? Me preocupan en mi propio estilo. Me interesaban lo suficiente para hacerlas mías, vagando semiborracho noche tras noche en fiestas».

Fue reclutado por la actriz Karen Morley. Hayden reflexionaría: «Me pregunto si ha habido alguna vez un hombre que compró un yate y se unió al Partido Comunista todo en el mismo día». La militancia en el Partido Comunista era secreta. Un escritor que llevaba el curioso nombre de Abraham Lincoln Polonsky, exorganizador sindical, veterano como él de la OSS, que había colaborado con la Resistencia francesa durante la guerra, lo vinculó a una célula de técnicos y trabajadores del *staff*, para aprender algo acerca de la militancia sindical. El partido, a través de la Conference of Studio Unions, preparaba la huelga que se produjo en 1946-1947.

No era un militante muy afortunado ni riguroso. «Decidí enseguida que no era para mí. Recuerdo la primera reunión a la que asistí y nos convocaron a la siguiente, el martes a las 7:30. Lo primero que pensé fue: a la chingada con la revolución. ¿Y mi cita con Charlene? No pude leer sobre dialéctica y materialismo histórico, aunque traté». En la estructura clandestina del partido no mantuvo grandes contactos con otros personajes de la industria. «Oí que John Garfield estaba también adentro. Nunca lo supe. Nunca conocí a otros actores o gente famosa».

Su militancia no dura mucho. Simplemente se aleja. «Prefiero estar equivocado por mí mismo que tener razón porque alguien lo dice. Nunca estuve bajo la disciplina del partido, ni siquiera cuando era miembro».

En 1947 vuelve a actuar profesionalmente en *Blaze of Noon*, la historia de cuatro hermanos pilotos circenses, dirigido por John Farrow. Ese mismo año, el 25 de abril, se casa con Betty Ann de Noon, una diseñadora de modas de Pasadena, California, rubia y pálida. El que se haya separado del Partido Comunista no implica que esté ausente de los movimientos por la libertad de expresión que confrontan al macartismo. Participa en un programa radial dirigido por Danny Kaye, defendiendo el que los norteamericanos puedan pensar como les dé la gana. Es arrestado un par de veces en movilizaciones por los derechos civiles. «No hice nada en el resto de 1947, la Paramount me pagó setenta mil dólares».

La tensión va creciendo, el FBI pide a los estudios que colaboren presionando a los actores, guionistas y directores de izquierda para que renuncien a cualquier militancia y denuncien a los comunistas o a las organizaciones sindicales y políticas donde el partido tiene influencia o incluso mínima presencia. En 1947, el Comité de Actividades Antinorteamericanas del Congreso (HUAC) inició una serie de nueve sesiones sobre la «propaganda comunista» en la industria del cine en Hollywood, era el primer momento estelar de lo que sería conocido como la «cacería de brujas».

El 27 de octubre de 1947, en respuesta, un grupo de cerca de treinta muy conocidos representantes del mundo fílmico organizados en el Comité de la Primera Enmienda (la que garantizaba en la Constitución norteamericana la libertad de opinión y de expresión) marcharon a Washington para protestar contra el HUAC y sus métodos. En el movimiento de resistencia se encontraban los directores John Huston y William Wyler y el guionista Philip Dunne. Jugándose sus carreras, y sus enormes ingresos, participaron Lauren Bacall, Lucille Ball, Humphrey Bogart, Charles Boyer, Gene Kelly, John Garfield, Judy Garland, Katharine Hepburn, William Holden, Danny Kaye, Burt Lancaster, Myrna Loy, Fredric March, Audie Murphy, Vincent Price, Edward G. Robinson, Frank Sinatra e Ira Gershwin. Hayden se les unió desde los primeros momentos y coordinó una velada para recabar fondos en casa de Ida Lupino.

El HUAC mantuvo su presión, obligando a todos los interrogados a que respondieran a la pregunta de si habían sido miembros del PC o si conocían organizaciones o miembros afines al comunismo. La mayoría de los cuestionados se volvieron «testigos amistosos», pero diecinueve se mantuvieron negándose a responder y a delatar a colegas, once se negaron a declarar argumentando que se acogían a la primera enmienda, diez de ellos fueron condenados a penas de prisión, la mayoría guionistas: Alvah Bessie, Albert Maltz, Ring Lardner, Dalton Trumbo. Uno se quebró, el director Edward Dymitrick.

La persecución se amplió a más de trescientos creadores, Howard Fast fue encarcelado, Chaplin, Brecht y Welles se fueron de Estados

Unidos y guionistas como Dalton Trumbo tuvieron que escribir sus guiones firmados por otros. Hasta Marlene Dietrich, que también había sido colaboradora de la OSS, fue investigada por el FBI. Centenares de despidos, listas negras.

Hayden fue marginado por el Comité de la Primera Enmienda porque efectivamente había sido miembro del PC, aunque muy brevemente, y parecía que el HUAC lo dejaría tranquilo. Pero, bajo la presión, los estudios crearon su propia lista negra. En el 48 y el 49 hizo dos películas con el director Lewis R. Foster, un policiaco menor, *Manhandled,* y un papel secundario en un *western, El Paso.*

Sol Lesser y Productions/RKO Radio Pictures le ofrecieron una enorme oferta en términos económicos y de popularidad; reemplazar a Johnny Weissmuller para continuar la serie de Tarzán, pero convencido de lo poco que le interesaba el mundo de E. R. Burroughs y la habitual mediocridad de su paso por el cine, declinó y el papel fue a dar a manos de Lex Barker.

Y entonces vino su gran oportunidad: la posibilidad de estelarizar *La jungla de asfalto,* basada en una novela policiaca de W. R. Burnett, sobre un robo de joyas en el que todo habría de salir mal, que sería filmada en 1950, escrita y dirigida por John Huston. *La jungla de asfalto* sería el film que lo catapultaría a la fama y asociaría su imagen con la del mejor cine negro. «Esa fue realmente la única buena película en la que he estado envuelto. No soy tan estúpido como podía parecer. Me di cuenta de la gran oportunidad de trabajar con un tipo del calibre de Huston, que sabía que el vago que yo protagonizaba no era tan simple como simulaba. No era solo un tipo duro, quizá había sido engañado por la vida». En el film Marilyn Monroe se estrenaba y hacía un papel secundario. Curiosamente, tras la película, Sterling se mudó a la casa donde ella había vivido.

Un poco después de la *premiere* de *La jungla de asfalto* Sterling fue incluido en una «lista gris» por los estudios y se encontró sin posibilidades de trabajo durante seis meses. En torno suyo la industria del cine en Estados Unidos ha sido purgada, cientos de directores, guionistas, escenógrafos, camarógrafos, actores, están desempleados y sin posibilidad de ejercer su oficio.

Al estallar la guerra de Corea, tras andar a la deriva varios meses, en junio del 50 Hayden, que aún formaba parte de la reserva de la infantería de Marina, estaba preocupado por que lo fueran a convocar, se repitiera la persecución por haber militado en el Partido Comunista y pudiera ser acusado de perjurio si decía que no lo había sido. Y si decía que sí, los estudios de cine podían pasarlo a la lista negra.

Conversó con su abogado, que a su vez telefoneó directamente a J. Edgar Hoover, el corrupto director del FBI, para proponerle eliminar de los archivos la militancia de Hayden dentro del PC. Hoover se negó y le dijo que su cliente se entrevistara con el FBI. En el verano del 50, en una entrevista no pública, la agencia le dijo que se presentara ante el Comité de Actividades Antinorteamericanas como un «testigo amistoso» y si no lo hacía lo amenazaron con quitarle la custodia de sus hijos. El FBI también le prometió que su testimonio sería confidencial. Sterling lo hizo y contó brevemente su paso por el partido sin ofrecer nombres de las pocas gentes que había conocido. «De manera que me tragué los cojones y los meses pasaron. De repente estaba haciendo una película de mierda».

Era el año 1951 y la «película de mierda» era *Journey into light*, dirigida por Stuart Heisler. La historia de un predicador de un pueblo pequeño en el este de Estados Unidos, con una esposa alcohólica que se suicida. De ahí prosigue una lacrimosa trayectoria de redención.

> No necesitas talento para protagonizar una película. Todo lo que precisas es algo de inteligencia y la habilidad de actuar libremente enfrente de las cámaras. ¿Por qué siempre me congelo? Estuve en la guerra. Hui de los bombardeos. Jugué a las escondidas con los botes patrulleros alemanes cuando manejaba un barquichuelo de trece metros con seis ametralladoras a una máxima velocidad de once kilómetros por hora. Y aun así, cuando tenían que hacerme un *closeup* en un bello y cálido estudio, me achicaba y moría.

Sterling confronta a su psiquiatra, Ernest Phillip Cohen, que colaboraba con el FBI y el Comité de Actividades Antinorteamericanas y había convencido a varios de sus pacientes de que confesaran. «Hijo de perra, doc. No estoy seguro de que pueda aguantar mucho más de esto. Estoy pensando en dejar el análisis. Si no fuera por ti no me hubiera convertido en un soplón de Hoover. No tienes ni la más vaga idea del desprecio que me causo desde que lo hice... ¡A la chingada y a la chingada tú también!». Su amigo Warrick Thomkins estaba preocupado, pensaba que Sterling podía quebrarse ante el HUAC y delatarlo.

«Y recibí un citatorio. Lo siguiente que supe es que estaba volando a Washington para testificar. El peor día de mi vida. Lo sabía, y esa era la salvaje ironía». Pasaron por el estrado los guionistas Leo

Townsend y Richard Collins y finalmente Edward G. Robinson, que testifica a petición propia cargado de documentos sobre sospechosos «no leales a Norteamérica». Era el 10 de abril de 1951.

«Entré al Partido Comunista voluntariamente. Es cierto que pienso que fue la cosa más estúpida e ignorante que he hecho, y he hecho muchas», declara Sterling Hayden al HUAC. Su esposa, Betty de Noon, defendió posteriormente a su marido argumentando que los nombres que citó ya figuraban en la lista que el comité tenía de miembros del Partido Comunista, bien porque lo habían admitido, bien porque habían sido denunciados previamente. La lista de los identificados por Hayden incluía a la actriz Karen Morley, que fue sumada a las listas negras y nunca volvió a hacer otra película, al guionista y director Abraham Polonsky (quien escribió las clásicas del cine negro *Cuerpo y alma* y *La fuerza del mal*) y a su mejor amigo, que posteriormente moriría en la cárcel.

Ronald Reagan le envía un telegrama felicitándolo por ser un «buen norteamericano». Sterling desapareció después de la audiencia; no contestaba el teléfono. «No estaba viendo a mis amigos izquierdistas. El jefe de la Paramount me dijo: "Estoy orgulloso de ti y voy a ser el primero en ofrecerte trabajo"». «No creo que tengan ni la más vaga noción del desprecio que sentía por mí mismo desde el día que lo hice. Es la única cosa de mi vida de la que estoy categóricamente avergonzado».

Filma durante el resto del año varias películas. Pareciera que el cine, que tanto desprecia, es ahora importante. *La estrella,* dirigida por Stuart Heisler, donde su trabajo como actor en un drama es bastante superior a otros, actúa con Bette Davis y Natalie Wood, la película es un fracaso de crítica y público. Le sigue *Flaming Feather,* dirigida por Ray Enright. *Denver y Río Grande,* dirigida por Byron Haskin, «filmada en algún lugar de Arizona o de Colorado, y luego comencé a trabajar en un bajo nivel de películas de serie tal como me las ofrecieron. Me hundí en el pantano».

Dirá más tarde: «Porque en el análisis final el actor es un peón, brillante a veces, diferente y talentoso, capaz de llevar placer y aun inspiración a otros, pero no más que un peón por eso».

Filma un *western, Hellgate* (*Puerta al infierno*) dirigido por Charles Marquis Warren; *El halcón dorado,* con Rhonda Fleming, una película de piratas dirigida por Sidney Salkow. La prensa hollywoodiana lo declara «galán ideal». Siguen *So Big* (*Trigo y esmeralda*) de Robert Wise, un blando drama de romance y vida rural junto a Jane

Wyman; *Fighter Attack,* dirigida por Lesley Selander, un aburrido film sobre la Segunda Guerra Mundial, en el que aparece un piloto de caza, guerrilleros italianos, misión cumplida, rutinaria; *Kansas Pacific,* dirigida por Ray Nazarro, que cuenta la construcción de un ferrocarril amenazado por los confederados, poco antes del inicio de la guerra de Secesión; *Ola de crímenes* de André de Toth, sobre un robo a mano armada; *El príncipe Valiente* de Henry Hathaway; y un *western* dirigido por Lesley Selander, *Arrow In the Dust* (*Flechas incendiarias*). Había filmado más de nueve películas en los últimos tres años. Más tarde se preguntaría: «¿Cuando un productor me contrata, a quién querría realmente para hacer esta película?».

Se divorcia en 1953 de Betty Ann de Noon, con la que ha tenido cuatro hijos: Christian, Dana, Gretchen y Matthew. Ha estado haciendo mucho cine.

> Creo que un buen número de directores me escogieron (he tenido mucho tiempo para analizarlo) porque soy maleable. Muchos actores que son buenos, ¿en el set no lo son? Conmigo, quieren saber qué tanto pueden hacer con tan poco. Cuando me he entrevistado con un director le pregunto: "¿A quién querías realmente?". Puedo saber la verdad por su reacción. Muchos me adularían y dirían: «Te quería a ti». Sé muy bien que no me querían. Querían el nombre más grande que pudieran encontrar. Sea Anthony Quinn o John Wayne.

Sin embargo, la racha de películas medianas parece cortarse cuando en 1954 Nicholas Ray le propone que haga *Johnny Guitar,* que algunos críticos un tanto alucinados llaman «un *western* shakespeariano», que haría junto a una madura Joan Crawford. Cuenta la historia de la dueña de un salón, Vienna, que está a punto de ser linchada por una mafia moralista que además la involucra en un asesinato y entonces se produce la aparición de un personaje que «no es lo que parece». Algunos estudiosos quieren ver en la película un velado y subterráneo ataque al macartismo. El guion era de Philip Yordan, que viviendo en París servía de tapadera para escritores que estaban en las listas negras.

La película produce algunas secuencias memorables como esta:

> JOHNNY: Dime algo bonito.
>
> VIENNA: Seguro, ¿qué quieres oír?
>
> JOHNNY: Miénteme. Dime que todos estos años me has estado esperando.

VIENNA: Todos estos años te he estado esperando.
JOHNNY: Dime que hubieras muerto si no hubiera regresado.
VIENNA: Habría muerto si no hubieras regresado.
JOHNNY: Dime que aún me amas como yo te amo.
VIENNA: Aún te amo como me amas.
JOHNNY: Gracias. Muchas gracias.

La visión de Sterling sobre la película era más complicada: «No sé de qué se trataba *Johnny Guitar,* y hacerla fue extremadamente difícil para mí. Estaba en guerra con mi esposa en las noches y en los días con Joan Crawford. Joan estaba volviendo un infierno la locación, y yo tratando de personificar a Johnny Guitar y ni siquiera sé tocar la guitarra o cantar».

La película se volvería de culto en Francia, pero nunca fue muy popular en Estados Unidos. «No creo haberla visto. No voy demasiado al cine, ni a ver mis películas ni las de otros». Años más tarde asistiría a un pequeño cinedebate en París y le pidieron que dijera algunas palabras sobre *Johnny Guitar*. «Cuando respondí que no sabía de qué se trataba, pensaron que me estaba burlando de ellos. Lo que sí tenía claro es que no existía suficiente dinero en Hollywood para tentarme a hacer otra película con Joan Crawford. Y me gusta el dinero».

Siguen en relampagueante velocidad en los siguientes dos años una serie de películas medianas: *Naked Alibi* de Jerry Hopper; *De repente* (*Suddenly*), en la que actúa junto a Frank Sinatra; *Battle Taxi* de Herbert L. Strock, una mediocre película de pilotos de helicópteros; *La pradera sangrienta* (*Shotgun*), un *western* de Lesley Selander; *The Eternal Sea* de John H. Auer, y finalmente una película filmada en el mar sobre la Segunda Guerra Mundial, *Top Gun* de Ray Nazarro; *Última orden* (*The Last Command*) de Frank Lloyd, cinta de aventuras bien ambientada; *Titanes de la montaña* (*Timberjack*), de Joseph Kane; y *The Come On* (1956) de Russel Birdwell.

«Nunca he invertido el dinero que me pagan porque no creo en ingresos que no he ganado. Como si fuera poco las astronómicas cantidades que me han pagado». Entre 1954 y 1955 se casa de nuevo con Betty Ann de Noon y como la relación por más que lo intenten no funciona, se vuelve a divorciar de ella. La hollywoodiana prensa del chisme lo registra en *Movieland:* «Su divorcio ha sido otorgado y podrá estar en la lista de solteros de nuevo. Como probablemente ha hecho más películas que cualquiera otra estrella masculina en los últimos dos años, tomará vacaciones de los estudios y del matrimonio». Pero no será así.

> Cuando Kubrick llegó a la ciudad para hacer *The Killing*, todos pensaron que estaba loco. Mi agente me dijo: Hay un tipo que se supone que es un genio que tiene un guion que ninguno de nosotros puede entender. Pero lo van a apoyar financieramente, ¿por qué no vas a verlo y hablas con él? Kubrick se comportó frío, un tanto mecánico. Estaba peleando con todo el mundo para contar sus historias desde cinco puntos de vista diferentes como *Rashomon*. Pero cuando vi cómo hacía los movimientos de cámara pensé: «Esto es diferente». Me recordaba la velocidad de la no-ficción en televisión.

*The Killing*, llamada en español *Atraco perfecto* o *Casta de malditos*, cuenta la historia de un exconvicto que organiza un atraco en un hipódromo el día de las mayores ganancias de la temporada. Estaba basada en una novela de Lionel White pero dialogada nada menos que por el verdadero genio de la novela negra, Jim Thompson, y mostraba a un Sterling frecuentemente mal afeitado, pero sin duda en su mejor actuación. «No hay nada malo en ser actor, si eso es lo que uno quiere. Pero hay algo terriblemente perverso en conseguir un sorprendente éxito simplemente porque uno fotografía bien y es capaz de mantener un diálogo».

Tropieza con John Frankenheimer, al que describe como «el Huston de la TV, recién salido de Yale, 26 años, estaba caliente. Hice un programa basado casi absolutamente en *Fahrenheit 451* pero bajo otro título, Robert Alan Arthur lo escribió y fue demandado por Ray Bradbury, se llamó *El sonido de un tamborilero diferente*, siguiendo la cita de Thoreau».

En el programa los libros están prohibidos, y los *bookmen* descubren bibliotecas y las incineran. En uno de los momentos de la película interrogan a Sterling y le piden que dé los nombres de otros lectores perseguidos. El actor responde: «¿Es que tengo una opción?». ¿Qué está pasando por su mente en esos momentos? Hayden no menciona esta escena en sus memorias. Lo que sí cuenta es lo difícil que era hacer televisión en vivo. «Nunca había memorizado más de seis páginas de un guion, y ahora tenía ciento veintisiete, estaba aterrorizado [...] Frankenheimer amaba mover la cámara muy rápido. ¡Cristo, era salvaje! Yo estaba muerto de miedo». El capítulo salió al aire en CBS el 3 de octubre de 1957.

Siguieron en el 57 y 58 películas y muchos programas de TV, sin mayor trascendencia, como *Crime of Passion,* un policiaco de Gerd Oswald; *Red invisible* (*5 Steps to Danger*) de Henry S. Kesler; *Gun Battle at Monterey* de Carl K. Hittelman; *The Iron Sheriff* de Sidney Salkow. Y Sterling seguía actuando con las mujeres más bellas del mundo, como Anita Ekberg en *Valerie* de Gerd Oswald. «No creo que haya muchos otros oficios en el mundo donde te paguen buen dinero y no sepas lo que estás haciendo».

En 1958 hace *Ten Days to Tulara* dirigida por George Sherman y *Terror in a Texas Town,* una película que mezcla el *western* y el pavor, dirigida por Joseph H. Lewis, una cinta de culto. Curiosamente, y sin que Sterling lo sepa, el guion es de Dalton Trumbo, uno de los escritores más ferozmente perseguidos por el macartismo, aunque los créditos se lo atribuyen a Ben Perry, que actúa como prestanombres.

En el 58 se divorcia por tercera vez de Betty Ann de Noon, tras lo que debió haber sido una virulenta y tormentosa relación. Hayden señalaría ante un juez que había descubierto actos de infidelidad de su esposa con al menos seis personas. Parece ser que la denuncia tenía solidez, porque el veredicto del juez le da la custodia de los cuatro hijos de la pareja: Christian, Dana, Gretchen y Matthew, que tenían entre 6 y 11 años.

Harto del cine, Sterling se lanza, a los 42 años, a lo que sería uno de sus más locos proyectos. Había comprado un viejo yate (botado hace sesenta y siete años), el *Gracie,* al que rebautiza *Wanderer* (Vagabundo), de más de treinta metros y dos palos y se proponía hacer un largo crucero con sus hijos. Aceptó una coactuación en *A Summer Place* (que nunca haría) y un adelanto de cuarenta mil dólares y anunció que a lo largo del viaje haría una «película de aventuras para la televisión» en los mares del sur. Nunca intentó cumplir su compromiso. Años más tarde diría que no quería ser como los que «están sumergidos en la cancerosa disciplina de la seguridad».

Betty Ann de Noon interpuso en el Tribunal Superior un juicio para que se impidiera el viaje y le devolvieran a ella la custodia de los niños. El tribunal dictaminó que Hayden mantendría la custodia de los hijos, pero que no podía llevarlos en el crucero. Los argumentos del juez Emil Gumpert eran que el barco no era seguro, no tenía radio y la tripulación era *amateur* para un viaje tan largo en el océano Pacífico, que habría de llegar a Tahití, las islas Marquesas, la isla Jueves en el estrecho de Torres, tierra australiana, Bangkok y Hong Kong.

Hayden debe haber estado indignado, podían llamarlo *amateur* como actor, pero no como capitán de barco. La tripulación del *Wanderer* incluía a trece personas, entre ellas cinco mujeres, un médico y otros tres niños. Una maravillosa foto del *San Francisco Chronicle* muestra a Sterling y a sus cuatro hijos con los brazos reposando en la popa del *Wanderer,* Hayden y Gretchen parecen preocupados. Él acaba de tomar la decisión de violar la orden judicial. El 22 de enero del 59 recoge a los niños en la escuela, suben a bordo del *Wanderer* y a las 10:30 de la mañana zarpan desde Sausalito supuestamente hacia San Francisco. La Guardia Costera es alertada, porque sospechan que realmente van hacia los mares del sur. «Para que un viaje sea verdaderamente un reto, como la vida, debe levantarse a partir de una sólida situación de inquietud financiera. Si estás planeando un viaje y tienes los recursos económicos, abandona el proyecto hasta que tu fortuna cambie. Solo entonces sabrás lo que significa el mar».

Durante casi un año, Hayden dirigió talentosamente su barco, quizá no tanto sus relaciones familiares. Años más tarde reproduciría la siguiente conversación con su hija:

> —¿Por qué, papá? —pregunta Gretchen, las manos cruzadas en la espalda tras su pijama.
>
> —Porque estoy ocupado.
>
> —No, no lo estás, papá. Todo lo que haces es estar sentado en la vieja silla con un trago.
>
> —Es cierto. Estoy ocupado pensando, deberías probar de vez en cuando y ver lo que se siente.
>
> —Dame un vaso de whisky y lo haré. —Echa para atrás su cabeza hacia el puente.

Regresaron casi un año después y solo porque «el dinero se acabó». Hayden fue llevado a juicio en enero de 1960 y se declaró culpable de haber violado la orden del tribunal, pero le dijo al juez: «Tenía que hacer una elección entre estar en desacato o convertirme en el desprecio del interés superior de los niños. El viaje parecía el menor de dos males». Se le dio una sentencia suspendida de cinco días en la cárcel y una multa de quinientos dólares y el magistrado explicó su dictamen: «El resultado es inusual porque este es un hombre inusual». Sorprendentemente, el mismo juez condenó a Betty de Noon, afirmando que había «acosado casi continuamente con incontables procedimientos judiciales repetitivos y no exitosos a su exmarido».

Poco después, en marzo, se casaría con una mujer de pelo negro y ojos azules, Catherine Devine McConnell, hija de un magnate de empresas de seguridad y descrita por los medios como una *socialité* neoyorquina, con la que tendría dos hijos más, Andrew y David. En los archivos de la Universidad de San Francisco existen unos minutos de película sin sonido sobre la boda que se realizó en Sausalito, Hayden ha perdido su estampa de joven galán, aunque conserva la reciedumbre y el mensaje de masculinidad sólida junto a un clavel blanco en el ojal.

Está sin dinero, con deudas con el fisco. Lo buscan para hacer *Siete hombres y un destino,* el papel de Britt, el lanzacuchillos, pero terminarán dándoselo a James Coburn. Sin trabajo, consigue apenas un programa de TV. Para Hollywood, Sterling Hayden está difunto. Su alcoholismo se vuelve un agujero sin fondo: «Soy un bebedor asiduo. No me siento un macho por eso. Pero amaba beber y lo sigo amando». ¿De qué vive durante estos años?

Y, como siempre, surgiendo de lo inesperado, Stanley Kubrick en 1964 le ofrece un papel en una película, a medio camino entre la comedia y la denuncia de la mentalidad de la Guerra Fría: *Doctor Insólito o cómo aprendí a no preocuparme y amar a la bomba.* Kubrick tenía el poder que le había dado el éxito de *Lolita* hacía dos años, ahora era un gran personaje.

> Fraternizaba conmigo. Dijo: «Vamos a ver a Peter Sellers y le dejamos que añada algo al guion».
>
> Un domingo fuimos a su casa, donde había toda una pared de equipo electrónico. He vuelto a ver la película y la mitad de los parlamentos salieron de esa conversación. Lo grababan todo. Tuve un momento terrible el primer día frente a la cámara. Perdí el control y obligué a que se repitiera cuarenta y ocho veces una toma... con un puro, mascando el puro, destrozando mis líneas y sudando. Finalmente fui a ver a Stanley y me disculpé. Me dijo la más bella de las cosas: «No te disculpes. El terror en tu cara nos dará la calidad que el personaje requiere. Si no sale, regresa en seis u ocho semanas y haremos la escena entonces. No te preocupes». Con el papel del general adicto a las atómicas, Jack D. Ripper, en las manos, regresé a mi casa con mi esposa, Kitty, me emborraché un poco esa noche y no hubo más problemas.

Hubo ese año otro film, *Carol for Another Christmas,* una película de hora y media para televisión, también con una temática antinuclear, dirigida por Joseph L. Mankiewicz. Luego dejará de hacer cine por cinco años.

De nuevo, ¿cómo sobrevive? No habrá ingresos, ni películas, ni televisión. Renta la casa abandonada del piloto del ferry sobre la cima de la isla Belvedere, y se encierra en el pueblo pesquero de Sausalito, que tiene no más de cinco mil vecinos, rodeado de botellas de licor. Sin embargo, no solo es el alcohol, sorprendentemente, está buscando un nuevo camino. Y lo va a encontrar en la literatura. Durante esos años escribe un libro de cuatrocientas páginas, que titulará *Wanderer* (Vagabundo), una autobiografía, que publica en 1963, escrita en su «estilo alcohólico de vida». Uno de sus hijos contaría: «No hacía esfuerzos en ocultar sus defectos sobre la bebida o cualquier otra cosa. Una autocrítica castigadora era el tema de su autobiografía».

No se dejen engañar, puede ser impulsivo, torpe, errático; puede vivir desconcertado, arrastrado por inercias cuyo origen desconoce, pero no es un hombre simple, y mucho menos simplón. Escribe en su biografía:

> ¿Qué es lo que un hombre necesita? ¿Lo que necesita realmente? Unas pocas libras de comida al día, un refugio y calor, dos metros para dormir, y algo de trabajo que le produzca una sensación de éxito. Pero tenemos el cerebro lavado por nuestro sistema económico hasta que terminamos en una tumba bajo una pirámide de deudas, hipotecas, inútiles aparatos electrónicos, que tocan cosas que distraen nuestra atención de la pantomima. Los sueños de juventud se adelgazan cuando se hornean con polvo en los cajones de la paciencia. Antes de que lo sepamos, la tumba está sellada.

El libro no tiene malas ventas y logra muy buenas críticas. Curiosamente el título de la novela se remite al nombre de su velero y este, vendido, naufragará en noviembre de 1965 en las islas Tuamotu.

Se anuncian los cálidos sesenta, el movimiento por los derechos civiles de los negros en el sur, la resistencia a la Guerra de Vietnam, las movilizaciones estudiantiles. Hayden repudia públicamente su colaboración con el macartismo. A la pregunta de un periodista de si es el único actor que ha repudiado su testimonio ante el HUAC, contestará: «Entiendo que varios han hecho algún tipo de gesto, pero ninguno fue tan evidente. Me he castigado de la manera en que una persona verdadera lo haría». Habla en actos estudiantiles sobre la libertad de expresión. En 1965 participa en la Universidad de Northwestern en Chicago, en un simposio de tres días titulado *Reflexiones sobre la rebelión*. En un panel con el crítico literario Leslie Fiedler acusa a los académicos de vagos: «porque tienen todas las oportunidades de extender su influencia y contribuir a hacer un mundo mejor y permanecen silenciosos e inactivos». En el 68 apoya a su hijo mayor, que quema su cartilla de reclutamiento en protesta contra la guerra de Vietnam.

Por esos días Hayden pasaba la mitad del año con su esposa y los dos nuevos niños en Wilton, Connecticut, donde en 1968 Catherine había comprado una casa. «No me gustan los suburbios, pero me gusta Kitty, de manera que esa fue mi base, un refugio donde me podía quebrar. Aun cuando estaba bebiendo. Me sumía en la depresión y me dejaba estar, día tras día, semana tras semana, leyendo el *New York Times*. Gran cosa».

Hacia 1969, Hayden compró una chalana, un bote de río en Holanda, que bautizó como *El que sabe,* «donde se encuentra mi romántico corazón», e iría viviendo entre París, los canales holandeses, Connecticut y su departamento en Sausalito, California. «Mi cueva en Sausalito está llena de botellas para mis amigos. Frecuentemente les hablo a las botellas en la noche y les agradezco, les digo: "Dios las bendiga, porque me han dado algunas de las noches más gloriosas de mi vida"».

Entre el 69 y el 72 actúa en media docena de películas, algunas de ellas en Europa: *Antes amar, después matar* (*Hard Contract*) de S. Lee Pogostin, junto a James Coburn y Lee Remick; *Dulces cazadores* de Ruy Guerra, una de las películas que consolidaron al nuevo cine brasileño; *Buscando amor* (*Loving*) de Irvin Kershner; *Los secuaces* de Yves Boisset. Haría además el papel del capitán McCluskey en *El padrino* de Francis Ford Coppola y también en la versión más larga que se hizo para la televisión y actuaría en *Le grand départ* de Martial Raysse.

Y entonces llega la oferta para hacer *El largo adiós* (*The Long Goodbye*) basada en una novela policiaca de Chandler. Lo dirige nada menos que Robert Altman y Hayden realiza una de esas apariciones fascinantes como personaje secundario. «Fue la primera cosa que he hecho que puedo volver a ver en una pantalla. La primera vez que no estuve mortificado».

Ese mismo año, 1973, actúa en *The Final Programme* de Robert Fuest, basada en una novela de Michael Moorcock y al año siguiente en *Encuentro mortal* (*Deadly Strangers*) de Sidney Hayers. Seguirán *Los locos del oro negro* (*Cipolla Colt*) de Enzo G. Castellari, un *spaghetti western* rodado en Almería, donde Hayden destaca sobre Franco Nero. Al revivir como actor, los estudios Universal a través de Richard D. Zanuck le ofrecen estelarizar *Tiburón* en 1975, pero no podía trabajar en Estados Unidos a causa de una demanda por evasión de impuestos según la cual, si pisaba territorio americano, sería arrestado. Los estudios trataron de encontrar una forma de darle la vuelta pagándole por el guion y no por la actuación, pero el Departamento del Tesoro descubrió la maniobra e impidió que hiciera la película o le retendría la totalidad de su salario.

Entre 73 y 75 Hayden colaboró con el cineasta Raul daSilva en una adaptación de la *Rima del anciano marinero* de Samuel Taylor Coleridge, un documental de animación que habría de ganar seis premios en festivales internacionales.

Pero en sus refugios, Hayden trabajaba en un ambiciosísimo y enorme proyecto literario: una novela. Contaría más tarde en una larga entrevista para la televisión francesa que escribir era: «salir del conflicto, salir del dolor de las lágrimas y la agonía y el terror que lo hace a uno ser quien es». Tenía 60 años cuando publicó en 1976 el resultado: *Voyage: A Novel of 1896* (que se titularía en español *La travesía*). Setecientas páginas de pura épica, con el océano, que conoce tan bien, como una permanente presencia. Tenía 60 años y había escrito una novela formidable. Situada a fin del siglo XIX, era una historia repleta de información y de imaginación. Una novela de aventuras y una novela de la lucha de clases, de confrontación entre millonarios y parias y sobre todo un libro sobre los enormes océanos del planeta, el alcohol, la esclavitud.

Gira en torno a la familia de un gran propietario naviero de Maine y las penurias de una tripulación de borrachos, muchos de ellos ni siquiera marineros, en un larguísimo viaje en el velero más grande jamás construido, esclavizados por el capitán y el sádico asesino oficial de a bordo

Es el retorno, el camino de regreso que lo conecta con su juventud de marinero proletario, su siempre accidental paso por el cine de aventuras, su pasado de combatiente antifascista con la guerrilla yugoslava, su participación en el Hollywood de la libertad de expresión; su amor por el mar.

En 1976 le proponen participar en *Novecento*.

> Me encontré a Bernardo Bertolucci en Beverly Hills y me contrató para hacer el papel de un patriarca campesino. Le pregunté: «¿Por qué yo?».

> Y me dijo: «Cuando era joven *La jungla de asfalto* capturó todas mis fantasías». Le respondí: «Bendito seas». No era un gran papel. Bertolucci no era como la mayoría de los directores con los que he trabajado, hay algo bello, loco, especial en él. Y gracioso también. Actúa como un escritor. Nadie sabe nunca lo que va a hacer. Muchos millones de dólares se mueven en sus solas manos. Tiene el poder, va para delante, molesta a los que programan las filmaciones y los horarios, se toma su tiempo, sigue su propia genialidad.

En el 78 hace *King of the Gypsies* (*Estirpe indomable*) dirigido por Frank Pierson, junto a Susan Sarandon y Eric Roberts, quien por cierto años más tarde comentará que Sterling «no solo es un alcohólico, sino que consume hachís regularmente». Aunque declara a los medios «nadie puede tocar mi barba», permite a los maquillistas que la adapten para la filmación, los periódicos se hacen eco de esta derrota: peinada, repeinada, cardada, hinchada, cambiada de forma, metida bajo y fuera de la camisa, alterando el estilo y con brillantina. Dino de Laurentiis, el productor, hace una prueba, resulta satisfactoria.

En 1979 John Huston lo menciona en una entrevista: «En los últimos años la personalidad de Sterling se ha hecho más rica. Hay una cierta majestad, un tono patriarcal en él ahora. Puedo verlo conduciendo un rito pagano, su barba volando en todas las direcciones». Ese año hace *Muertes en invierno* (*Winter Kills*) de William Richert, una historia muy mediana y especulativa sobre el asesinato de Kennedy. «Trabajo cuando estoy quebrado o cuando algo se aparece y tiene integridad o redaños». En ese mismo año hará *The Outsider* dirigida por Tony Luraschi.

«Lo que me confunde es que no soy feliz. ¿Por qué bebo? No lo sé». En 1980, entrevistado por un periodista del *Toronto Sun,* declaró: «Lo más importante ahora es llevar el alcohol bajo control [...] La hierba es todo lo que consumo ahora. La hierba y hash. La hierba entró en mí y me dijo *tómalo con calma*. Por eso me gusta tanto». Ocho meses después de aquella entrevista, Hayden fue detenido en el Aeropuerto Internacional de Toronto por los aduaneros (él diría que fue la Policía Montada del Canadá). «Tenía tres onzas y media de hachís libanés en el bolsillo». Los cargos de posesión de drogas fueron posteriormente abandonados. El juez dictaminó: Sin fianza y sin periodo de libertad vigilada.

Filma *Cómo eliminar a su jefe* (*Nine to Five*) (1980) de Colin Higgins, junto a Jane Fonda, una de las expresiones más claras del nuevo Hollywood de izquierda. En el 81 tiene la oportunidad de interpretar a una de las figuras míticas de la historia norteamericana: John Brown, el precursor de la lucha abolicionista, en *The Blue and the Gray* (*Los azules y los grises*), una miniserie de televisión.

Entre el 81 y el 82 trabaja en dos películas absolutamente marginales fuera de Hollywood: *Gas* dirigida por Les Rose; y un *thriller*, *Venom* de Piers Haggard.

> Hice *Gas* en Toronto, una película de la que nadie ha oído hablar. Era una de esas mediocres coproducciones con dinero canadiense. Actuaba Donald Sutherland. Por eso la hice. Si veo alguien en el reparto a quien respeto, digo: «Okey, si es buena para él es buena para mí». ¿Veneno? ¡Gusano! El productor era un pendejo de categoría. Voy a crucificar al bastardo cuando escriba sobre esto. Suelo pensar en Thoreau: «Si vas a hacer algo por dinero, vas para abajo. Si haces algo solo por dinero, vas para abajo perpendicularmente». De manera que me encontré en Londres con un contrato de cincuenta mil dólares a la semana por cinco semanas.

En la película actuarían Klaus Kinski, Oliver Reed, Sarah Miles.

> Yo protagonizaba a un personaje que era un cero absoluto, un nada, un jodido heredero con una esposa rica, que quería hacer un safari fotográfico en África. ¡Jesucristo! Una noche en mi cuarto de hotel comencé a escribir un libro a las 3:00 de la mañana, una autobiografía. Se sentía genial y había estado seco por tres o cuatro meses. Iba a certificar el proyecto con un par de tragos. Me tomé dos dobles. Bien, ya saben el resto. Seguí bebiendo lentamente. Al tercer día le dije al director: «Estoy demasiado borracho para trabajar». Le di la mano al camarógrafo y a Kinski, y hui al hotel. El productor me retuvo ciento ochenta mil dólares y demandé al bastardo, al final acordamos el cincuenta por ciento.

En Sausalito, entrevistado en 1983 por la televisión francesa, luce una frondosa barba blanca sin bigote, se siente notablemente saludable. Tiene un aspecto patriarcal. «La función de Gloucester en mi juventud ha sido suplantada por mi casa en Sausalito, que para mí es la gema de la corona de los Estados Unidos». Sus vecinos lo ignoran, uno solo parece recordarlo porque sus perros se peleaban con los de él. En esa y en otras entrevistas parecía sentirse permanentemente incómodo. Decía: «Estoy orgulloso de mis escritos, no de mi actuación».

Afirmaba que no extrañaba Hollywood, que nunca había sido parte del negocio. El *Times* comentaba el documental francés diciendo que parecía encontrarse en un estado de estupor la mayor parte del tiempo, combinando el vino con el hachís. Uno de sus hijos añadía que «tenía una chispa de genuina excentricidad».

En esos años aparece en una foto con una descuidada y larga barba, con aspecto de patriarca bíblico y la mirada huidiza.

Un extraño culto se produce ante la figura de Sterling Hayden y su tormentosa vida. Los cinéfilos y los cineclubes, sobre todo en Europa, lo recuerdan y lo admiran como el Johnny Guitar, el personaje de *La jungla de asfalto* o el policía corrupto de *El padrino*. En Estados Unidos, aunque sus libros pueden encontrarse en las librerías de usado o ser recuperados en Amazon, siempre con excelentes comentarios de sus lectores, aparece en la lista de International Movie Data Base como uno de los ciento cincuenta peores actores del cine norteamericano. En América Latina es prácticamente desconocido.

Sterling Hayden moriría de cáncer de próstata el 23 de mayo de 1986, a los 70 años, en Sausalito. ¿Había recorrido el camino de regreso? ¿Había triunfado al destruir su carrera cinematográfica? ¿Extrañaba a sus compañeros los guerrilleros yugoslavos? Sin duda los mares, los botes, el océano. ¿Las noches de más vino que rosas?

**Nota sobre las fuentes**

La mayor parte de la información aquí usada se encuentra en el centenar de notas periodísticas sobre Sterling que se localizan en la red, concentradas sobre todo en su carrera en el cine, sus matrimonios y sus divorcios; resulta particularmente interesante la sección de trivia de IMDb y la conversación que tuvo con Gerald Peary. En YouTube hay varias excelentes entrevistas realizadas para las televisiones francesa y norteamericana. Los papeles de SH están en el Howard Gotlieb Archival Research Center, de la Universidad de Boston. Su libro *Wanderer* puede leerse en internet y *Voyage* tiene una traducción española agotada (*La travesía*) de Laser Press en México.

Entre los libros y artículos de revistas, Richard Smith: *OSS: the secret history of America's first central intelligence agency;* Joseph F. Jakub II: *Spies and saboteurs;* Patrick K. O'Donnell: *First SEALs: the untold story of the forging of America's most elite unit;* Richard Dunlop: *Donovan, America's master spy;* Max Hastings: *La guerra secreta;* Andrew S. Mousalimas: *Greek/American Operational Group*

*Office of Strategic Services (OSS);* Tad Roberts: *Sterling Hayden and Wanderer,* internet; Larry Ceplair y Steven Englund: *The Inquisition in Hollywood: Politics in the Film Community, 1930-1960;* Kenneth Lloyd Billingsley: *Hollywood Party: How Communism Seduced the American Film Industry in the 1930s and 1940s;* Lee Mandel: *Sterling Hayden's Wars;* Matthew Allen Tierney: *The projector rests on a pile of books: void and medium in postwar US culture"* (en particular el capítulo 4: «The Terror That Makes One Whatever One Is: Sterling Hayden's Emotional Testimony»). Paul X. Rutz: «Sterling Hayden sacrificed his sailing dreams, a budding Hollywood career, a marriage and his very name to aid communist rebels fighting the axis onslaught in Yugoslavia», *Military History Magazine*. Scott McConell: «Leaving the Party: the politics of Sterling Hayden», *The New Criterion,* enero de 1988. La entrada de Sterling Hayden en *ClandesTime 097.* J. Y. Smith: «Maverick Movie Star Sterling Hayden Dies», *Washington Post,* 24 de mayo de 1986. Algunas notas aparecidas en el archivo histórico del *San Francisco Chronicle* y la reseña que hace la revista *Kirkus* de *Voyage*.

A lo largo de varios meses revisé tres docenas de películas en las que Sterling actuó, la mayoría de ellas horribles, tratando de encontrar claves ocultas o sugerencias.

# 9

# Carlos Aponte, la revolución como oficio eterno. 1900-1934

Escribir sobre Aponte es como navegar en un río revuelto. Estuvo en Hispanoamérica en todos lados, algunos muchas veces los recorrió como si le fuera propio el continente. También estuvo en otros en los que no estuvo, porque el rumor lo depositó allí y porque con una historia como esta vaya usted a saber qué es verdad, media verdad, rumor benévolo o declarada mentira.

Solo son míticos los que se lo merecen.

Nunca se sabe en qué trabajaba y de qué, si fue fogonero o panadero o camarero o profesor de escuela. No hay apenas registro de dónde dormía y absolutamente ninguno de con quién. No se sabe qué comía y cómo pagaba sus comidas.

Solo conocemos una foto, la misma que aparece en todos los artículos que le han dedicado, la que se muestra en el memorial que tiene en Cuba junto a Antonio Guiteras. Una foto invertida a veces, recortada otras, la misma. Saco, corbata, sombrero, algo indistinguible en el bolsillo superior (¿un pañuelo?), mirada fija, no arrogante, no burlona. Parece un poco mayor de lo que debe haber sido en ese momento, un poco más de 30, aunque hay una madurez que apunta a los 40. Una sola foto, no hay más rastros gráficos, por ahora.

Era un revolucionario de profesión, la mayoría de las veces sin aparato político alguno detrás que lo amparara, que no solía obedecer a una consigna, un programa, una doctrina. Vivió usando la desinformación para protegerse y ella lo acompañó durante toda su vida y lo persiguió después.

El maravilloso periodista cubano Pablo de la Torriente, que fue su amigo, decía de él, en una descripción que, aunque pareciera pecar de desmesurada, era bastante rigurosa: «Cuando llegó a un pueblo de América y en él no encontró ocasión de pelear, pasó a otro [...] Nadie ha sido nunca más americano que Carlos Aponte. Odió y amó con la turbulencia de una juventud frenética [...] Fue un protagonista de *La vorágine*. Fue un hombre de las avalanchas. Fue un turbión. Fue un hombre de la revolución».

Las noticias que el narrador posee sobre Carlos Aponte Hernández son erráticas y muchas veces contradictorias. No se puede ser un mito sin estar rodeado de mitómanos. Unos dirán que nació el 2 de noviembre de 1900, otros lo harán nacer dos días más tarde, el 4; e incluso los habrá que transportarán su fecha de nacimiento a un año después, el 12 de diciembre de 1901 (que según su único y mejor biógrafo, José Antonio Quintana, es la exacta). El lugar sería Venezuela, pero en particular La Pastora o el Distrito Federal o Caracas, lo cual es una manera de decir lo mismo porque La Pastora, «la puerta de entrada a Caracas», era un barrio engullido por la capital. Traté muchas veces de llegar a La Pastora y siempre me perdí. ¿Destino apontiano?

Todos estarán de acuerdo en que era el tercer hijo de Manuel y Socorro y que lo precedieron Elías y Manuel y le siguieron María Carmela y Cecilia. Alguien matizará y dirá que «pertenecía a una familia muy conocida». (¿Conocida por quién?).

Sus medio biógrafos dirán que en una fecha imprecisa cercana a 1914, bajo la influencia de su hermano mayor, Elías, y siendo un escolar, enfrentó a la dictadura de Juan Vicente Gómez y se sumó a los alzamientos que en 1915 encabezaba el extelegrafista y general Emilio Arévalo Cedeño contra la dictadura en los llanos de Anzoátegui. De ser así sus primeros combates los habría hecho en plena adolescencia.

Se dice que en 1917 Carlos Aponte hubo de salir de Venezuela a causa de un «fuerte altercado con un alto funcionario del gobierno», pero no parece muy fiable, porque otros contarán que se graduó en la Academia Militar de Guerra. En un futuro artículo dirá: «Salí de Venezuela en 1919, a las fronteras de Colombia». En 1923 se rebeló nuevamente contra la dictadura de Gómez, combatiendo en las guerrillas de Guárico y con un grupo de compañeros atacó Guanape, Barcelona y San José de Guáripe. Fue detenido por una delación y encarcelado durante seis meses. Pablo de la Torriente dice que en aquellos años llegó a ser capitán de las fuerzas rebeldes y que su hermano Elías terminó en la cárcel.

Un segundo vacío en esta sorprendente biografía. ¿Por dónde pasó? ¿De dónde lo deportaron? ¿Lo deportaron? Porque en otra versión, tras diez meses de cárcel, lo arrastraron amarrado hasta la costa.

El poeta cubano José Zacarías Tallet contaría más tarde que había visto las huellas de las sogas en sus muñecas.

Pocas dudas habrá de que llegó a Cuba hacia el inicio de 1925, probablemente tras haber pasado por los Estados Unidos, entrando por el oriente; precisamente cuando estaba a punto de iniciarse el segundo periodo presidencial de la dictadura sangrienta de Gerardo Machado. Pasó por Camagüey, donde trabajó en un bar y el dueño lo corrió porque no aceptaba propinas («él era capitán venezolano emigrado y por eso había descendido a cantinero») y terminó en La Habana, donde habría de relacionarse con Julio Antonio Mella, Rubén Martínez Villena y Gustavo Aldereguía, en cuyo consultorio se instaló usando una cama de hospital como dormitorio. El despacho del médico es llamado por Mella «la comuna roja» y por Roa «la cueva roja». Allí Aponte convive con los que serán sus grandes amigos, el médico ecuatoriano Manuel Monteros, los venezolanos Gustavo (que con su sueldo de abogado los mantenía a todos) y Eduardo Machado, Francisco Laguado Jayme y Salvador de la Plaza; los peruanos Esteban Pavletich, Luis Bustamante, estudiante de medicina, Manuel Seoane, líderes de la Alianza Popular Revolucionaria Americana (APRA), y el poeta Jacobo Hurwitz. Una buena representación de los exilios rojos latinoamericanos, que irracionalmente eligen la Cuba de la dictadura de Machado como su centro. Terminó trabajando como cobrador de la Federación Médica de Cuba.

Aponte acompaña a Mella durante los más tensos momentos de la huelga de hambre del dirigente juvenil comunista, que culminó en su destierro hacia México. Algunos dirán que participó como huelguista, pero no parece Aponte partidario de ese tipo de huelga. El caso es que pierde a su compañero cuando lo deportan y asiste desconsolado a su forzado exilio.

Protegido por el gran poeta comunista Martínez Villena, otro gran personaje de tragedia griega («Tengo el impulso torvo y el anhelo sagrado / de atisbar en la vida mis ensueños de muerto. / ¡Oh, la pupila insomne y el párpado cerrado!... / ¡Ya dormiré mañana con el párpado abierto!»). Carlos huyó hacia México. Noticias contradictorias dicen que no salió, o estuvo poco tiempo allá (seis meses), regresó porque en 1926 «se le vio nuevamente en los días en que un ciclón furioso intentaba destruir La Habana», apoyando a los damnificados.

No podía pasar sin meterse en problemas y cuando llegó a La Habana el diplomático venezolano José Vallenilla Lanz, Aponte lo esperó en la puerta del hotel Sevilla al caer la noche y le dio en la cara una tanda de cinturonazos. Detenido por el jefe de la policía, estaba en riesgo de ser deportado a Venezuela, pero gestiones de Rubén Martínez Villena le permitieron liberarlo bajo fianza y pudo huir a México de nuevo.

Se reunió en la Ciudad de México con Mella y con el grupo de revolucionarios latinoamericanos que había hecho del DF su nuevo refugio. Vivirá en la misma casa de Julio Antonio. Un testigo dará noticia del club rojo: «Salvador de la Plaza, Gustavo Machado y yo ocupábamos el primer piso, junto con el peruano Jacobo Hurwitz. El segundo piso lo ocupaban Julio Antonio Mella, su esposa Oliva Zaldívar, Carlos Aponte Hernández y Bartolomé Ferrer».

Y así en agosto de 1927 será padrino de Natacha, la hija de Mella y de Oliva, que en plena miseria de la colonia de exiliados dormía en la tapa de una maleta. Pondrá su nombre como testigo en el acta de nacimiento, y los burócratas del registro civil del DF la bautizarán Natalia, porque no les gustaba darle a la niña un nombre ruso. Actuará como escolta de Mella y hay noticias de que frustró un intento de atentado contra el joven cubano, organizado por la policía de Machado.

Se suma en México al Partido Revolucionario Venezolano (recién fundado en 1926), y será incómodo miembro de su Comité Central y de la Liga Antiimperialista de las Américas. Pero es mucha la calma para Carlos Aponte. Y regresa a Cuba.

Quién sabe en qué acciones y enfrentamientos intervino contra el gobierno de Machado a finales de 1927 y al inicio de 1928. Se cuenta que una vez en el cabaret Montmartre, en el que se encontraba un delegado gringo a la Sexta Conferencia Panamericana, el 16 de enero de 1928, lo sacó a sillazos del local. Y aunque se dice que el gobierno de Machado lo deportó en 1928, no hay tal, porque apoyándose en el Partido Comunista sale de Cuba para sumarse a una guerra.

Pasando por Honduras, llegará a Nicaragua, entrando por las Segovias al cuartel de Sandino en marzo del 28 para combatir contra la intervención norteamericana.

Más tarde escribirá una carta a sus compañeros mexicanos donde describe los horrores de una guerra técnicamente desigual, hablando de los bombardeos norteamericanos contra poblaciones campesinas, donde mueren mujeres y niños.

Aquí se convirtió en guerrillero, participó en quince combates y fue jefe de columna. Augusto César Sandino lo nombró sargento mayor y segundo ayudante de órdenes. Pronto se distinguió en los combates de Murra, Luz, Los Ángeles, Jinotega, Liliwas y Telpaneca. Pablo de la Torriente resumiría: «Y fue cruel con los hombres del norte, y a su muerte nadie hubiera podido recordar la lista de los nombres de los hombres que mató en Nicaragua».

«Estaba luchando con las armas en la mano no solo por el pueblo de Nicaragua, sino por Venezuela y por todo el continente», declaró Aponte a un periodista años después:

> [...] resolví prestar mi concurso a Nicaragua porque allí se estaba luchando con las armas en la mano no solo por el pueblo de Nicaragua sino por Venezuela y todo el continente. Yo sé que existen venezolanos miopes o imbéciles que nos critican la visión de conjunto que tenemos sobre el problema de la América Latina [...] En Nicaragua se ve claramente la trayectoria que seguirán nuestros pueblos en su doloroso camino hacia la emancipación definitiva [...] La guerra de guerrillas y emboscadas es posible practicarla en todos nuestros países con el mismo éxito que en Nicaragua [...] No es sino un solo campo de batalla con muchos frentes distintos contra el enemigo común.

El periodista vasco Belausteguigoitia, que visita el campamento sandinista en esos años, los describe: «El aire de todos ellos era duro, y se adivinaba la fiereza de los hombres obligados a vivir en la selva durante años enteros. El rasgo común era el lazo rojo y negro que adornaba su sombrero. Muchos llevaban una gran mascada del mismo color sujeta al cuello».

Aponte alcanza el grado de teniente coronel en agosto o noviembre (hay una carta de Sandino que lo precisa) del 28 por el combate de río Coco. Tras veinte meses en Nicaragua, cuando Sandino viaja hacia México en busca de apoyo internacional Aponte lo acompaña. ¿Lo acompaña o viaja antes que él? Porque en el 29 Sandino le escribe a Socorro Hernández, la madre de Aponte (¿también su madre estaba ligada a la red de combatientes antiimperialistas?), que su hijo es enviado a México en una misión «por convenir a América Latina en su lucha contra el imperialismo».

Pero hay otra versión. Se dice que acató instrucciones del Partido Comunista Venezolano, porque la Internacional Comunista había roto con Sandino, y Aponte se retiró del movimiento. Una tercera versión la dará Aponte: «Teníamos los dos muy mal carácter y a la larga o me mata él a mí o lo mato yo a él».

A fines de junio de 1929 estará de nuevo en la Ciudad de México. Con un enorme vacío en su vida: Mella había sido asesinado meses antes por los pistoleros de Machado.

¿Qué sigue en este camino tortuoso? ¿Volver a Venezuela? Con la experiencia militar adquirida Carlos Aponte pensaba y sabía que la guerra de guerrillas era el camino para derrocar la dictadura de Juan Vicente Gómez. Pero ¿con quiénes? ¿Con qué armas? Viaja a Guatemala, donde piensa establecer la base para el futuro movimiento. Unos dirán que iba acompañado de un tal Flores, del nicaragüense Lorenzo Obregón y del abogado salvadoreño Miguel Ángel Vázquez. Las crónicas no dan noticia del fracaso del proyecto, pero sí de que ganaron un premio de la lotería y con ese dinero regresaron hacia México.

Y cuando no les toca la lotería, ¿de qué viven, qué comen, cómo viajan, qué leen en los interminables caminos, los eternos viajes en tren?

Lo encontraremos el 1 de junio de 1929 en Curazao (¡!) donde junto con Gustavo Machado y Ramón Torres planea apoderarse del fuerte de Ámsterdam para obtener armas y desde allí iniciar operaciones sobre Venezuela. La operación fracasa.

Luego, Panamá. Viajó a Colombia. Planificó asaltar el cuartel de Arauca, en la frontera con Venezuela, sin éxito debido a una delación. A lo largo de su historia, los cómplices tan locos como él se suceden, al igual que los delatores y soplones, con una regular frecuencia. Guardó prisión casi dos años. Gestiones de un grupo de amigos revolucionarios de Bogotá, encabezados por Eduardo Santos, impidieron que las autoridades lo enviaran a Venezuela.

Debe haber sido menos tiempo porque en 1930 está exiliado en el Perú, donde se dice que vivió tan solo ocho meses. Nadie es capaz de informar sobre esta primera estancia. Se dirá que la pasó en la cárcel. ¿La confundirán con una posterior? El caso es que la izquierda peruana no le gusta. A lo largo de sus siguientes años echará pestes de los dirigentes apristas.

Si no es así, de Lima fue a Chile. ¿Pasando por Ecuador? Para un hombre así, ¿qué son las fronteras? ¿Se agotan de tanto manosear los mapas de América Latina?

Nuevamente regresó en 1931 a su tierra de tránsito, México; pero vaya usted a saber por qué, quizá porque las autoridades mexicanas no lo querían, terminó en Estados Unidos viviendo con su madre y sus hermanas María Carmela y Cecilia en Nueva York en 1932.

Aponte dirá: «Esos malditos gringos, me han cambiado a mi vieja», porque le preguntó cuánto dinero traía. «Los revolucionarios no traemos dinero», contestó Aponte.

Otras crónicas sitúan a Carlos Aponte en 1932 en el golpe aprista contra la dictadura de Sánchez Cerro en Perú. Se decía que estaba en la ciudad de Trujillo cuando el 7 de julio de 1932 grupos de trabajadores cañeros tomaron por asalto el cuartel O'Donovan. Para aplastar a los insurrectos el gobierno envió fuerzas de Lima que atacaron la ciudad por aire y tierra. El combate fue sangriento, casa por casa. Turbas entraron a la cárcel y asesinaron a los oficiales, soldados y guardias, algunos de ellos salvajemente mutilados. La represión fue feroz.

De alguna manera Carlos Aponte pudo escapar con vida, aunque se dice que estuvo siete meses en la cárcel. Y como dirían que decía, «en su andar llegó al Ecuador» y allí recibió la noticia de la caída del régimen de Machado en Cuba. Sin demasiadas dudas, llamado por una nueva revolución que se había perdido y que habría de ir más allá, envió un mensaje a su amigo Gustavo Aldereguía: «Hermano, quiero volver a Cuba a echar las diez de últimas».

Y regresó a Cuba en noviembre del 33.

Se roba un coche del expresidente Carlos Manuel de Céspedes, sin permiso de circulación, lo llenaba de gasolina de vez en cuando a punta de pistola. Le rompió la cabeza de un culatazo al yanqui administrador de la cadena comercial de los Ten Cents de La Habana para que las compañeras ganaran la huelga. El poeta José Zacarías Tallet cuenta que se lo presentaron y fueron de paseo a la playa de Santa Fe y que todo estaba repleto de letreros que decían «Propiedad privada, se prohíbe el paso» y que Aponte se dedicó a destruirlos, uno a uno. Tallet le dijo al amigo que se lo había enviado: «Me has traído un loco».

De la Torriente lo conocerá y fascinado por el personaje a lo largo de los años escribirá tres artículos sobre él. En uno de ellos recogerá la siguiente frase de Aponte hablando de La Habana: «Hermano, esta es una tierra buena para pelear y morir en ella». Es como Pancho Villa, que predijo su asesinato cuando declaró que Parral «le gustaba hasta para morir». Lo que los historiadores no dicen es que Villa, como Aponte, deben haber dicho lo mismo de infinidad de otras ciudades y al no cumplirse el pronóstico, estas perdieron su discutible gloria.

A consecuencia del primero de los artículos («Frente a yanquis y traidores»), ese mismo 8 de abril se bate en duelo con el general venezolano Rafael Simón Urbina, que lo reta por lo que Aponte decía del general Arévalo en la primera entrevista. Tras un fuerte intercambio de insultos, se enfrentaron al atardecer frente al hotel Roosevelt. Los testigos dicen que fue algo espectacular, de película, porque «a Aponte le sobraban cojones». Le dio dos balazos y él recibió una herida en un pie, aunque fuentes hay que dicen que el tiro se lo dio él mismo para que lo llevaran a un hospital y no a la cárcel. («Si lo hubiera querido matar en el suelo, me quedaban dos balas. Pero no lo hice»). Los ayudantes de Urbina dispararon contra el automóvil en que abandonaba el Roosevelt. Si así era, así fue, y sería llevado a la clínica Fortín (o Fortún)-Souza en Pozos Dulces y Bruzón y luego trasladado al Castillo del Príncipe para someterlo a juicio.

Fue rescatado por un comando del llamado Frente Rojo (la organización armada del Partido Comunista) que dirigía Ramón Nicolau. A las 3:30 de la madrugada el grupo de choque ingresó a la clínica, amarraron al custodio y se llevaron al herido al sanatorio La Esperanza, el eterno refugio de perseguidos y clandestinos, que dirigía Gustavo Aldereguía desde la caída de Machado, donde Aponte se dio el lujo de escribir la historia en un artículo que publicó en *Ahora* el 20 de abril, «Mi lance con el general Urbina».

A partir de ese momento vivirá en Cuba en la clandestinidad. Tenía 33 años y los que lo conocieron registran que hablaba un lenguaje repleto y teñido de todos los españoles de América. Su voz era su historia.

No fue ajeno a asaltos y confiscaciones de dinero, entregando al Frente Rojo cada peso que conseguía. «Pasaba hambre. Sus pantalones se sostenían por medio de un cordel como cinturón porque no tenía dinero ni para comprar uno; parecía no inquietarle, la revolución, después de un ascenso notable de la lucha social en los últimos momentos del gobierno de Grau, se estaba desvaneciendo, pero nada de aquello le preocupaba, solo la preparación y el éxito de la revolución».

Dormía donde podía (a veces en casa de Guillermo Salgado), comía lo que podía. Participó en acciones que organizaron el Frente Rojo y comenzó a acercarse a TNT, la organización clandestina que había creado el joven Tony Guiteras ante el ascenso al poder de un triunvirato dirigido por un oscuro sargento, Fulgencio Batista, el embajador norteamericano y Carlos Mendieta. Para él no había sectarismo. La confiscación de armas, de dinero, el abastecimiento de pertrechos a Lino Álvarez y los campesinos sublevados en el Realengo 18. Además actuaba como entrenador militar de las fuerzas de choque del Partido Comunista.

Al inicio de mayo del 34 el ejército y la policía atacan el Instituto de La Habana y lo cercan durante toda la tarde. Miembros del Ala Izquierda estudiantil respondieron el fuego con armas cortas. Aponte se hizo presente y participó en la balacera.

De nuevo la palabra a Pablo de la Torriente para describir al personaje y protagonista:

> Carlos Aponte [...] no concibió sino la línea recta, ni creyó en otra cosa que en la justicia revolucionaria, ni en su imaginación entraron para nada razones científicas, o de familia, o de interés, que pudieran justificar las acciones culpables de los otros. Como para él la vida era la revolución, escribió el código de esta en el cañón de una pistola, y fue tumultuoso y terrible. Acaso alguna vez fue injusto. Acaso alguna vez fue implacable. Pero tuvo el vicio de la amistad, y para él sus amigos eran sus *hermanos*, siempre que no se apartaran de la revolución. Y tuvo, además, el vicio del desinterés. Como todo lo daba, propio no tuvo ni la pistola, y más de una vez disparó con el arma quitada al enemigo en la acción anterior.

En paralelo Tony Guiteras, exministro de Gobernación del pasado gobierno, había pasado a la clandestinidad. El 8 de agosto, mientras se descolgaba con una sábana de la casa donde estaba escondido perdió el apoyo y terminó herido y detenido, solo porque un grupo de soldados impidió que la policía lo rematara. Liberado tras un juicio donde lo acusaban de conspiración quedó recluido en su casa. Ahí lo conoció Aponte gracias a un contacto con un sindicalista comunista.

Ambos tenían referencias abundantes uno del otro. Aponte sabía que Guiteras era la némesis de Batista y el embajador Caffery, y conocía las historias y rumores que se contaban de su paso por el gobierno, y Guiteras sin duda había leído los reportajes de Pablo de la Torriente en *Ahora*, como «Frente a yanquis y traidores», donde el periodista cubano contaba la larga historia militante de Aponte en América Latina, en particular su paso por el sandinismo armado en Nicaragua.

Cuando Aponte lo conoce en la casa de Jovellar, Guiteras está sentado en el suelo con los pies cruzados, de vez en cuando movía espásticamente la pierna derecha como un eco de una vieja enfermedad y del accidente. El cubano «vestía un traje usado, tenía las suelas rotas», comentó luego el venezolano. A Tony debe haberle caído muy bien el personaje, de mediana estatura, delgado y fuerte, moreno, que

Pablo de la Torriente describía como «hombre a la vez jovial y sombrío, a la vez aterrador y amable». Por su parte Guiteras, ese jovencito exministro revolucionario, debe haber conquistado a Aponte, porque el venezolano habría de decir más tarde: «Este es otro Sandino y con este gallo, compay, me voy a cualquier parte».

En marzo del 35 se produce un conato de huelga general que fracasa bajo una tremenda represión. Guiteras, dirigiendo una organización sui géneris nutrida de socialistas, anarquistas, nacionalistas revolucionarios y extrotskistas, la Joven Cuba, prepara un plan insurreccional: llevar la base de operaciones a México donde se organizaría un campo de entrenamiento militar, se promovería un encuentro con organizaciones de izquierda de América Latina y se prepararía una expedición que desembarcaría en Oriente en paralelo con un asalto a los cuarteles de la zona y una huelga general, convergiendo en la Sierra Maestra.

De alguna manera se filtró la información sobre la salida de Cuba. ¿Hasta dónde? ¿Rumores tan solo o el gobierno lo sabía? Tony calmó a sus compañeros con el argumento de que «muchas veces han intentado atraparme y no pasa nada».

A las 5:00 de la tarde del 7 de mayo de 1935 Guiteras deja La Habana, le ha precedido otro grupo donde se encuentra Carlos Aponte. La cita es en El Morrillo, un viejo fuerte colonial en las playas de Matanzas. El lugar tiene la virtud del aislamiento y se encuentra en medio de una manigua, pero tampoco es fácil salir de allí si el barco no llega.

Serían las 6:00 de la mañana del 8 de mayo cuando Xiomara O'Hallorans, una de las compañeras que viajarán a México, observa desde una de las ventanas que un camión se acerca. Pronto se darán cuenta de que hay varios camiones y que traen hombres uniformados con los colores amarillentos del ejército cubano. Posteriormente varias fuentes coinciden en decir que en la operación participaron dos mil soldados y marinos, pero la cifra debe estar muy exagerada. Se trata del Tercio Táctico 5 del 4º regimiento.

Tony salta de una hamaca en la que estaba reposando en la azotea del fuerte y ordena concentrarse en la planta baja. Ahí será Aponte el que tome la iniciativa. El Morrillo es una trampa, deciden salir por la puerta lateral hacia un pequeño cerro que está a la izquierda.

Las tropas del ejército avanzan en zafarrancho de combate. Las primeras ráfagas disparadas por los soldados dispersan al grupo en dos fragmentos.

Aponte, Paulino Pérez y Rafael Crespo recuperan a Guiteras, que se ha quedado retrasado, y avanzan hacia las márgenes del río Canímar para buscar la carretera, en un recodo del río se encuentran con un anciano pescador que acepta guiarlos. El otro grupo responde el fuego, tres soldados están heridos.

Hay versiones contradictorias sobre la duración de los enfrentamientos, mientras que unas dicen que duró algunos minutos otras hablan de tres horas de tiroteo. Parece difícil creerlo si se contempla la reconstrucción que Óscar Valdés hace en la película *Muerte y vida en El Morrillo*. Los alrededores ofrecen nulas posibilidades de protección bajo cerco.

El grupo de Guiteras ha avanzado unos cuantos metros con el guía cuando son descubiertos por los soldados. Usan sus pistolas. «Compay, antes de rendirnos, nos morimos», dicen que le dijo Aponte a Guiteras. «Nos morimos», dicen que replicó Tony. Instantes después un balazo atravesó la cabeza de Carlos Aponte, quien cayó de rodillas y un tiro alcanzó a Guiteras en el corazón.

Carlos Aponte tenía 34 años.

Se tomaron muchas fotografías con los cadáveres en una plancha. El rostro de Guiteras está sucio, cubierto de manchas y sangre, despeinado, patéticamente angelical, con los ojos muy abiertos. Parece mucho, muchísimo más joven que de costumbre. Es más difícil reconocer a Aponte, al que incongruentemente se le ha abierto la camisa pero se le ha dejado la corbata. En una de las tomas los testigos no tienen rostros, el fotógrafo los ha eliminado, dejando solo sus torsos sin caras tras la mesa donde reposan los dos cadáveres.

Los militares intentaron enterrar a Antonio Guiteras y Carlos Aponte en una fosa común y los compañeros, entre llantos e insultos, obligaron a que fueran sepultados en el cementerio de Matanzas. Uno de los miembros de la Joven Cuba fue a una funeraria y compró dos cajas por veinticuatro pesos. «Eso costaron las dos, doce pesos cada una. No teníamos dinero».

Pero a veces el destino es notablemente justo con el personal y Tony Guiteras y Carlos Aponte se merecían volver a la clandestinidad. De tal manera que en 1937 José María García el Viejo entró en el cementerio de Matanzas de noche y robó los restos. Durante treinta años permanecieron enterrados en una pequeña caja en el sótano de una casa de Marianao. No saldrían sino hasta 1969 para ser depositados en un monumento luctuoso en El Morrillo, extraordinariamente sencillo cuando lo visité. Tan solo las dos fotos mirando a los visitantes.

## Nota sobre las fuentes

La mayor parte de la información, a la que se añadieron algunos descubrimientos, ha sido canibalizada de mi libro *Un hombre guapo*, la biografía de Tony Guiteras. Tienen especial interés la antología de escritos sobre Aponte de Pablo de la Torriente, que incluye cartas y artículos de Carlos y *A paso vivo. Carlos Aponte en Cuba* de José Antonio Quintana.

# 10

# John en México

El 16 diciembre de 1913 un joven que viste un traje de pana amarillo brillante y un tanto desgastado en los codos llega a El Paso, Texas, en la frontera entre Estados Unidos y México, al borde del río conocido como Grande por unos y Bravo por otros. Es un periodista de 26 años llamado John Reed, nacido en Portland, exestudiante de Harvard que dispone para su futura aventura de una pequeña cuenta de gastos, además de cargar una farmacia en su maleta: catorce diferentes clases de píldoras y vendajes. Viene a cubrir la Revolución en México para el *Metropolitan Magazine* y el *World* de Nueva York, una revista y un periódico socialistas. Lo acompaña la relativa fama de ser un hombre de la bohemia de izquierda del Greenwich Village neoyorquino y de haber escrito una serie de maravillosos reportajes en el interior de los Estados Unidos, en particular uno que describía en todos sus dramáticos enfrentamientos la huelga de los textileros de Paterson, Nueva Jersey.

Se inicia así una historia que producirá una de las mejores narraciones de la Revolución mexicana y una historia personal que convertirá a John, Jack, en Juanito, el periodista gringo enamorado de los peones mexicanos y por extensión de los pobres de la tierra, y que forzará su destino.

México está en revolución desde hace tres años. En 1910 se produjo un levantamiento dirigido por Francisco Madero contra la dictadura de Porfirio Díaz que culminó un año más tarde con la batalla de Ciudad Juárez y la caída del dictador, luego Madero se vio enfrentado por la rebelión de Pascual Orozco y la resistencia de los zapatistas que sentían traicionado su programa social, pero la contrarrevolución se produciría en marzo del 13 cuando un levantamiento de los viejos militares porfiristas estallaría en la Ciudad de México, rematando con el asesinato del presidente y la subida al poder del general Victoriano Huerta. Nuevos alzamientos de milicias populares se sumaron a los zapatistas en el norte, sobre todo en Sonora, Coahuila (este acaudillado por el gobernador maderista Venustiano Carranza) y Chihuahua. Aquí un coronel de irregulares maderistas, un exbandolero, peón de hacienda, arriero y minero, llamado Pancho Villa, que estaba exiliado en El Paso, cruza la frontera y en una campaña relámpago unifica brigadas y partidas, guerrillas y alzamientos campesinos, toma Torreón, libera Ciudad Juárez en una brillante operación conocida como «el ataque del tren fantasma» y termina ocupando la capital de Chihuahua y formando un gobierno regional, que atrae profundamente la atención de la prensa norteamericana.

Con este galimatías en la cabeza, en el que lo único que queda claro es que un montón de campesinos están enfrentados a una dictadura militar, Reed renta un coche, se traslada a Presidio, aún en el lado norteamericano de la frontera, «una docena de casas de adobe y una tienda de dos pisos de ladrillo, diseminadas en la maleza de un desolado médano en la ribera del río». Se mueve entre una fauna de recién exiliados oligarcas y afines a la dictadura, negociantes gringos, contrabandistas, escribe un cuento titulado «Endimión» y un relato periodístico, de esos que llaman «una nota de color» que titula «En la frontera». Llega hasta Ojinaga, ya del lado mexicano, donde contempla los restos de las fuerzas del general federal Mercado y retorna a El Paso, donde vuelve a redactar una pequeña nota. Ha pasado una semana dando vueltas por la frontera, supuestamente ambientándose. Finalmente cruza a Ciudad Juárez el 21 de diciembre.

En Juárez atestiguará la revista de la brigada de Aguirre Benavides: «dos mil jinetes y unos quinientos de infantería» formados en una gran plaza, bulliciosos, casi uniformados, mejor al menos que los federales que ha visto en Ojinaga:

> Al toque de corneta montaron en sus pequeños caballos y se mantuvieron en posición de firmes lo más rígido que podían. Formaban de a cuatro, y a la señal de una clarinada aflojaron riendas, azotaron las ancas, se inclinaron adelante y gritaron en las orejas de los caballos irrumpiendo en una carga ruidosa como el trueno [...] Así es como el general pasó revista a sus tropas.

Reed había visto de más. La brigada no tendría más de mil jinetes y estaban adquiriendo experiencia en desconcertar periodistas. Dos días después, al ser filmados por Homer Scott, se pusieron a disparar al aire. Los vecinos se asustaron y el operador de la cámara salió huyendo.

La prensa de El Paso hablaba del «socialismo villista» porque Pancho había nacionalizado los molinos de trigo e inmediatamente distribuido la harina, que pasó de nueve dólares el saco a 1.50. Era un curioso socialismo en el que Villa controlaba el juego en Chihuahua y canalizaba las ganancias hacia la División del Norte, y en que reabría la cervecería de Chihuahua pero no lograba que la cerveza fuera bebible y tenía que volver a cerrarla. El diario *The Sun* se escandalizaba al enumerar que se había nacionalizado a las doce familias de la oligarquía de Chihuahua: el sistema de tranvías, las tiendas, la planta de energía eléctrica, la cervecería, una fábrica de ropa, el ferrocarril; todo estaba administrado por la División del Norte. Llegaban en la noche los billetes y las monedas. Villa echaba todo en una caja fuerte y sacaba lo que iba necesitando, no había más contabilidad. *The Sun* calificaba la situación como «socialismo bajo un déspota», aunque reconocía la justicia de muchos de los actos.

¿Villa socialista? La verdad es que la gran acción expropiadora era la toma del control de centenares de miles de hectáreas de las haciendas ganaderas con todo y los millones de cabezas de ganado. Villa ordenó inmediatamente que la carne de res se les vendiera a los pobres de Chihuahua al diez por ciento del precio original. Nunca en la historia de México la plebe había comido tanta carne.

El 24 de diciembre John Reed llegó a Chihuahua. Ese mismo día una columna villista avanzó hacia Ojinaga, la única plaza que les quedaba a los federales en el estado. Villa se quedó en la ciudad. Celebrar la Navidad casi le cuesta la vida. Al estar haciendo pruebas con pólvora sin humo, un cañón revienta y casi vuela a Villa y a su Estado Mayor; quedan varios mirones heridos. Se entregan regalos de Navidad a los soldados, se reparten quince pesos a todos los pobres de Chihuahua y se entregan varias de las mansiones de los barones agrarios, expropiadas, a los generales villistas; a la población se le condona el cincuenta por ciento de las contribuciones siempre que las paguen a tiempo. Le debía resultar divertido a Pancho esto de ser gobernador, dijera lo que dijera la prensa gringa: alimentada por los oligarcas mexicanos y los deportados españoles, contaban horror y medio de lo que estaba sucediendo en Chihuahua. Pareciera de esas versiones que se trataban de una ciudad sin ley donde solo imperaban el abuso y el despojo.

Reed no pareció compartir esa impresión. La ciudad estaba militarizada, pero reinaba el orden y los chihuahuenses parecían estar felices. La palanca de Villa es el nuevo ejército revolucionario. Reed contará:

> Más tardó en tomar posesión del gobierno de Chihuahua que en poner a trabajar a sus tropas en la planta eléctrica, en los tranvías, en teléfonos [...] la planta del agua y el molino de harina de los Terrazas. Puso soldados como delegados administradores de las grandes haciendas que había confiscado. Manejaba el matadero con soldados [...] A mil de ellos los comisionó como policía civil [...] prohibiendo bajo pena de muerte los robos o la venta de licor al ejército [...] trató de manejar la cervecería con soldados, pero fracasó porque no pudo encontrar un experto en malta.

Villa explicaría: «Lo único que debe hacerse con los soldados en tiempo de paz es ponerlos a trabajar. Un soldado ocioso siempre está pensando en la guerra».

El 26 entrevistará a Villa por primera vez y lo reportará en el *Metropolitan Magazine*. Llega antes que el general-gobernador a su despacho y se sienta con su secretario Silvestre Terrazas y el general Aguirre Benavides, que están trabajando. Suena el clarín advirtiendo de la llegada de Pancho Villa, que contempla al periodista y lo deja un rato sentado en la misma sala donde despacha con Silvestre. Luego comienzan a hablar. Reed habla un español bastante pobre («mi español fragmentado») y «en 1913 Villa no hablaba ni entendía inglés» (o eso decía), Terrazas y Aguirre Benavides actúan como traductores. Reed cuenta:

> Es el ser humano más natural que he conocido [...] No habla mucho y es tan tranquilo que parece tímido [Reed aún no conocía bien a Villa, que sin duda lo estaba midiendo] [...] Sus ojos nunca están quietos y parecen llenos de energía y brutalidad [...] Tiene una manera torpe de caminar, ha andado mucho tiempo a caballo [...] Es un hombre temible y nadie se atreve a poner en duda sus órdenes [...] Es interesante verlo leer, o más bien, oírlo, porque tiene que hacer una especie de deletreo gutural, un zumbido con las palabras en voz alta.

A Villa parece gustarle el personaje porque Reed registra: «[...] hoy tuve una larga conversación con Villa y me prometió que yo iría a donde él fuese, día y noche», y le suministran un salvoconducto muy amplio que no solo le permite moverse por el territorio sino usar trenes y telégrafo.

Sostendrán los días siguientes, en el palacio, en la calle y en la Quinta Prieto, donde vive el general, largas conversaciones. Villa: «El socialismo, ¿es una cosa posible? Yo solo lo veo en los libros, y no leo mucho». El voto femenino: «¿Qué quiere usted decir con votar? ¿Significa elegir un gobierno y hacer leyes?». Se queda un rato pensando cuando Reed le dice que ya lo hacen en Estados Unidos y responde: «Bueno, si lo hacen allá, no veo por qué no deban hacerlo aquí». Reed comenta: «La idea pareció divertirlo enormemente. Le daba vueltas y más vueltas en su mente. Me miraba y se alejaba nuevamente». Le pregunta a su mujer que está poniendo la mesa para el almuerzo: «Oiga, venga acá. Escuche. Anoche sorprendí a tres traidores cruzando el río para volar la vía del ferrocarril. ¿Qué haré con ellos? ¿Los fusilaré o no?». «Oh, yo no sé nada de eso». «Lo dejo completamente a tu juicio». «Esos hombres trataban de cortar nuestras comunicaciones entre Juárez y Chihuahua. Eran traidores federales. ¿Qué haré, los debo fusilar o no?». «Oh, bueno, fusílalos». Durante los siguientes días consultó a las camareras y los cocineros sobre quién debería ser el futuro presidente de México.

Las notas de Reed recogen historias inéditas de ese personaje que parece producir anécdotas insólitas todos los días: «Una mañana me encontraba sentado en el palacio de gobierno esperando para hablar con él. De repente la puerta se abrió y entró un oficial. Era un hombre inmenso, coronel de Villa, un tipo de notorio mal carácter. Se tambaleaba al caminar. Era evidente su estado de ebriedad». Debía tratarse de Rodolfo Fierro. Villa lo fueteó en el rostro, el otro hizo ademán de tirar de la pistola, pero lo pensó mejor y al día siguiente vino a disculparse.

Chihuahua tiene cuarenta mil habitantes. Pancho crea cincuenta escuelas en treinta días. John Reed dice que oyó decir a Villa con frecuencia que cuando había pasado por una esquina había visto un grupo de niños jugando; era de mañana, estaban jugando porque no iban a la escuela. Eso era suficiente para fundar una. Francisco Uranga cuenta que Pancho mandó a llamar a unos maestros que conocía, les rogó que se presentaran en la estación del ferrocarril y lo fueran a ver en la noche a la terminal, les dijo que era la profesión que más admiraba y les dio alimentos que traía en el tren: azúcar, maíz, frijoles.

John Reed toma nota de que Villa tiene dos mujeres. La que lo acompañó durante los años de proscrito (Luz Corral), que vive en El

Paso, y «una joven delgada, como una gata, que es la señora de su casa en Chihuahua (Juanita Torres). Villa no hace un misterio de ello». Un día el periodista estadounidense le preguntó sobre su fama de violador. Villa «tiró de su bigote y se me quedó mirando fijamente largo rato con una expresión inescrutable». «Dígame: ¿ha conocido usted alguna vez a un esposo, padre o hermano de una mujer que haya violado? ¿O siquiera un testigo?».

El 1 de enero John Reed viaja hacia el sur, se va a Jiménez donde escribe «Soldados de fortuna», gringos, en busca de emociones y de alguna paga. Se sumará a la columna del compadre de Villa, el general Tomás Urbina, otro exbandolero sumado a la Revolución, que maneja una de las brigadas más combativas de la División del Norte. Estará con él en Magistral, en Santa María del Oro y en Las Nieves. Hacia el 9 de enero entrevista a Urbina y le toma fotos «de pie, con y sin espada [...] montado sobre tres diferentes caballos», convive con los hombres del general, que marcha acompañado de una inmensa damajuana de sotol, hace amigos y es atrapado en las escaramuzas en La Cadena. Regresa a Chihuahua el 1 de febrero y, como la División del Norte, que ya ha tomado Ojinaga, no avanza hacia el sur, vuelve a cruzar al lado norteamericano para repasar sus notas en El Paso («Vivir en El Paso cuesta una fortuna, pero yo necesito una buena habitación y montones de cigarrillos»). Sugiere a su editor la posibilidad de viajar al sur y entrevistar a Emiliano Zapata, pero finalmente vuelve a Ciudad Juárez y a Chihuahua donde el 26 de febrero participa en el entierro del exgobernador maderista Abraham González, asesinado por los huertistas. Eso y la medalla que le entrega a Villa la División del Norte constituirán uno de los mejores capítulos de un futuro libro:

> Vestía un viejo uniforme caqui, al que le faltaban varios botones. No se había rasurado recientemente, no llevaba sombrero, ni siquiera se había peinado. Caminaba con las piernas un tanto arqueadas, un tanto jorobado, con las manos metidas en los bolsillos del pantalón. Conforme entró por el corredor pasando entre las rígidas filas de soldados, parecía un poco cohibido...

Se está preparando la próxima campaña hacia el sur, los villistas compran balas de Máuser 30-40 porque había un caos con las municiones de calibres diferentes; se estaban reparando los cañones capturados a lo largo de la campaña; se compró ácido, detonadores y pólvora, mientras tratan de vender ganado en Estados Unidos; compran municiones y sillas de montar, pistolas usadas.

John Reed, incapaz de soportar la espera, viaja cruzando de Arizona a Sonora y en Nogales, entre el 2 y el 4 de marzo, se entrevista con el llamado Primer Jefe de la Revolución, Venustiano Carranza. Topa con la nueva burocracia, le piden las preguntas por escrito para aceptar la entrevista; su retrato de Carranza es bastante cáustico: «parecía un hombre ligeramente senil, cansado e irritado», queda convencido de que al Primer Jefe le importaban un bledo los peones. Escucha en ese ambiente comentarios como: «Como hombre de combate, Villa lo ha hecho muy bien, en verdad, pero no debe intentar mezclarse en los asuntos de gobierno; porque, desde luego, usted sabe, Villa es solamente un peón ignorante». John escribe: «Carranza, una estampa».

Reed retornó con gusto a Chihuahua en los primeros días de marzo. El día 14 asiste a la revista de la brigada sanitaria, que incluía un hospital rodante que dirigía el doctor Andrés Villarreal, un médico que había estudiado en la Johns Hopkins. El tren tenía una gran sala de operaciones y podía atender hasta mil cuatrocientos heridos. Todo parecía estar listo.

Reed transmitiría sus primeras impresiones: «Los hombres de Villa han conseguido rápidamente uniformes, instrucción, paga y se han disciplinado. Él va a pelear con cañones, oficiales, telégrafos. El ejército del norte se está volviendo respetable, profesional, no va a distinguirse ni ser auténticamente mexicano». Villa lo hubiera linchado si lo lee. ¿Ha cambiado esa División del Norte tras la victoria de Ojinaga hace dos meses o John Reed peca de un ataque de folclorismo? Lo de la máquina de escribir no es nuevo, desde la insurrección maderista las partidas sumaban a un secretario que solía llevar a la grupa de su caballo la máquina; lo de los telégrafos ha sido parte de la guerrilla villista desde su origen; lo de los oficiales nace con la Revolución en 1910: la única forma de hacer eficaces las partidas fue crear una potente cadena de mando; lo de los uniformes es obligatorio para no andarte dando de tiros en la noche con tus compañeros; las botas son fundamentales para dejar el huarache y proteger los pies y, finalmente, lo de la paga es esencial para un ejército que deja a sus familias atrás y hay que mantenerlas. Las pagas son poco diferenciadas: un soldado gana diariamente un peso con cincuenta centavos; un sargento segundo, dos pesos; un capitán, cinco; un mayor, ocho y los coroneles diez pesos diarios, poco más que los aviadores. La artillería que posee se la ha arrebatado en su totalidad a los huertistas en diversos combates y es difícil pensar que se pueda tomar Torreón sin ella. Queda pues lo de la instrucción, es cierto, en estos meses en los cuarteles se ha enseñado a usar un Máuser a los que no sabían tirar y se ha insistido mucho en que reconocieran los clarines de órdenes, pero no mucho más. Es un ejército muy disciplinado, terrible ante la deserción o la debilidad en combate, pero como el propio Reed dice: «Cuando el ejército de Villa entra en combate no se preocupa de saludar a los oficiales».

Durante la preparación John Reed registra:

> Un mexicano fornido y corpulento de gran bigote, vestido con un sucio traje marrón, abierto el cuello de la camisa, empujaba a patadas a las mulas [...] Yo había salido en ese momento de la espléndida antesala del palacio del gobernador, donde había estado durante muchas horas, sombrero en mano con muchos funcionarios, capitalistas, promotores y generales, esperando inútilmente a [...] Francisco Villa. Miré al hombrón meter las mulas en el vagón de ganado. Un inmenso sombrero le descansaba en la nuca; de su boca, perfectamente abierta, salía un chorro de maldiciones. Estaba lleno de polvo. El sudor le corría por la cara. Cada vez que intentaba guiar a una mula por la plancha esta se resistía.
>
> —¡Chingada! ¡Vamos, hija de la chingada! —bramaba el hombrón y pateaba con fuerza a la mula en la barriga. El animal resopló y al final subió la plancha.
>
> »Amigo —le gritó a un soldado que pasaba—, dame un poco de agua».
>
> El hombre sacó una cantimplora que el otro empinó.
>
> —¡Hey, no necesitas bebértela toda! —le gritó el soldado a Pancho Villa.

Un día después, el 16 de marzo, la División del Norte salió hacia el sur. Un espectáculo extraño. Los trenes estaban despedazados, quemados en muchas esquinas, repletos de agujeros de bala. Una foto de Otis Aultman muestra los techos de varios vagones en los que no cabe una persona más. En los trenes villistas los caballos eran los únicos que iban cómodamente en el interior de los carros de ferrocarril, los demás en el techo; incluso había jóvenes que colgaban sus hamacas entre las ruedas y que viajaban jugándose la vida, lamiendo casi las vías y el polvo. En el techo había cocinas, anafres y mujeres que cocinaban tortillas en latas de aceite. Otra foto de autor anónimo muestra el techo de un tren donde está montada una pequeña tienda de campaña y hay tendederos de ropa, sillas de montar y una docena de pelados dando vueltas. En una de esas fotos aparece John Reed sentado en el techo de un tren artillado.

Y la interminable fila de locomotoras comenzó a salir de Chihuahua.

John Reed narró:

> Cuando Villa salió de Chihuahua para Torreón, clausuró el servicio de telégrafos al norte, cortó el de trenes a Ciudad Juárez y prohibió bajo pena de muerte que nadie llevara o transmitiera a los Estados Unidos informes de su salida. Su objetivo era sorprender a los federales y su plan funcionó. Nadie, ni aun en su Estado Mayor, sabía cuándo saldría Villa de Chihuahua [...] todos creíamos que tardaría dos semanas más en partir.

Además de la tropa y el tren sanitario, van veintinueve cañones con mil setecientas granadas. A las 6:30 de la tarde arranca el tren del Estado Mayor con Villa, acompaña a Pancho como su médico de cabecera el doctor Rauchsbaum, que ha venido insistiendo en que si quiere controlar los arrebatos de furia deje de comer carne. Villa se lo tomó en serio, aunque para él una dieta sin vaca era un sacrificio terrible. Estaba inaguantable y sus oficiales tomaron al médico, lo subieron a un tren y lo mandaron para la frontera. Afortunadamente, en vista de que el carácter no mejoraba, dejó de lado el consejo.

A las 3:00 de la madrugada del 17 de marzo llegan a Santa Rosalía de Camargo, justo a tiempo para la boda del general Rosalío Hernández, de la que Villa será padrino. Pancho, gran bailador, se pasa la noche dándole a la polka. Reed registra exagerando un poco: «Bailó continuamente sin parar toda la noche del lunes, todo el día martes y la noche, llegando al frente el miércoles en la mañana con los ojos enrojecidos y un aire de extrema languidez». La otra prensa estadounidense frivoliza: «Villa es experto en tango argentino y en el maxixe».

La batalla por las ciudades laguneras Lerdo, Gómez Palacio y Torreón, a metros una de otra, será terrible, probablemente la más sangrienta de la historia de la División del Norte. Tras una serie de combates, el 22 de marzo una carga precipitada de caballería los pone en las afueras de Gómez Palacio sufriendo muchas bajas, en la noche John Reed se acerca a la primera línea y descubre sorprendido que todos los combatientes están ensombrerados y con el ala alzada en el frente para distinguirse de sus enemigos. Al día siguiente la División del Norte avanza y enfrenta un contraataque de la caballería federal. Poco pudieron los sables de los federales contra las pistolas de los Dorados, posiblemente conducidos por el propio Villa. Caen los suburbios de Lerdo. Un día más, nuevos combates nocturnos. Reed ve pasar a Villa con un puro en la mano y se sorprende porque es sabido que Villa no fuma, sin darse cuenta de que lo usa para encender las mechas de las bombas de mano.

En la segunda línea y escuchando lo que dicen los heridos, Reed da la noticia en falso de la caída de Torreón. Pero los federales resisten. La División del Norte enfrenta una defensa artillera que no sabe cómo romper. El 25 de marzo los villistas, dirigidos por el general Felipe Ángeles, el único militar de carrera que estuvo al lado de Madero antes de ser asesinado, necesitan acercar sus piezas. Se produce un terrible enfrentamiento en el cerro de la Pila. El 26 cae Gómez Palacio, los federales se repliegan a Torreón. Reed registra el reparto de comida de los villistas entre los pobladores hambrientos. El 27 fecha una de sus crónicas que no puede transmitir a través de las líneas telegráficas cortadas, que titula «El país entero en ruinas», y decide volver a la frontera. ¿Por qué lo hace? ¿Está harto de su papel pasivo en la carnicería que se está produciendo en Torreón? ¿Los tres meses que lleva en México lo han agotado? Tomará un tren que transporta al norte a los heridos graves, viajando en el techo de un furgón. No verá el triunfo villista en Torreón, pero escribirá sobre él desde El Paso, a donde llega el 30 de marzo.

La aventura mexicana ha terminado. Se establece en Nueva York, donde febrilmente, a toda velocidad, durmiendo pocas horas al día, escribe *México insurgente,* que se publicará en julio de 1914 (en México, donde el antivillismo fue política oficial, han de pasar cuarenta años hasta que se edite, hacia 1954), el libro resulta un éxito. Lo ha armado tomando pedazos de aquí y allá de sus reportajes y sus vivencias. La prensa lo equipara a Rudyard Kipling, se ha vuelto el gran cronista de guerra norteamericano. Pero hay más, mucho más. En sus notas biográficas escribe «ahora soy diferente» y narra que: «descubrí que las balas no son aterradoras, que el miedo a la muerte no es tan importante. Y que los mexicanos son maravillosamente simpáticos».

En los siguientes años escribirá otras crónicas sobre temas mexicanos, pero a distancia: «Las causas de la Revolución mexicana», «¿Qué sucede en México?», «La persecución de Villa», «Villa legendario».

Luego escribirá sobre la lucha de los mineros en Colorado, narrará la guerra europea desde las trincheras y finalmente seguirá minuciosamente la Revolución rusa, produciendo el gran reportaje «Diez días que conmovieron al mundo». Fundará el Partido Comunista norteamericano y morirá de tifus el 17 de octubre de 1920, cinco días antes de su cumpleaños número 33. Pero esa es otra historia, no menos apasionante que la experiencia mexicana.

**Nota sobre las fuentes**

Los trabajos de John Reed sobre la Revolución mexicana están recogidos en *México insurgente,* su autobiografía *Almost 30,* dos cuentos y dos viñetas en *Hija de la revolución,* un artículo inédito y los artículos periodísticos directos y menos elaborados para *Metropolitan Magazine, New York World, The Masses, New York Times, New York American,* que rescata Jorge Ruffinelli en su antología comentada *Villa y la Revolución mexicana.* Hay además multitud de trabajos biográficos sobre Reed que dedican amplios capítulos a su experiencia mexicana: Granville Hicks: *John Reed. La formación de un revolucionario;* Tamara Hovey: *Testigo de la revolución;* Richard O'Connor y Dale L. Walker: *El revolucionario frustrado;* Robert Rosentone: *John Reed, un revolucionario romántico;* Jim Tuck: *Pancho Villa and John Reed.* Tomen nota de dos excelentes películas: *Reds* de Warren Beatty y *Reed, México insurgente* de Paul Leduc.

# 11

# Las setenta y dos horas finales de Paco Ascaso en la insurrección de Barcelona

El poeta Philip Levine, que tenía ocho años cuando murió Paco Ascaso, escribió:

> En la última fotografía, tomada menos de una hora antes de su muerte, está de pie con un traje negro, fumando, un rifle cuelga del hombro y mira ladeado hacia la cámara. Es el 20 de julio de 1936 y antes de que la noche caiga, la oscuridad habrá caído sobre él. Mientras las calles hacen ecos de la victoria y la revolución, Francisco Ascaso levantará la pequeña cuchilla forjada de su espíritu y entrará por última vez en la república de la muerte.
>
> Del poema: «Francisco, I'll bring you red carnations».

## I. Ascaso-Durruti

La columna vertebral de las tragedias suele establecerse subjetivamente al paso del tiempo. Este no es el caso. Cuando has buscado a la revolución obsesivamente a lo largo de veinte años y mueres una hora antes de encontrarte con ella victoriosa, en las calles, barricadera y obrera, amada, armada y triunfante, tu historia pasa a ser recordada en el inmediato espacio de la tragedia. Y siempre serán los otros los que lo digan, los que te extrañen, los que digan que no es justo que Paco Ascaso no haya estado hasta el final, entonces y ahora.

Porque aquí hay dos hilos narrativos, uno que recorre la biografía de Ascaso y el otro que minuciosamente escudriña los días 18, 19 y 20 de julio de 1936 en Barcelona, los días del golpe militar y el contragolpe popular que diera inicio a la Guerra Civil Española.

Será injusta, una más, pero no dejará de ser la coherente historia de un personaje de tiempos terribles. Y eso será solo una parte, porque otra, no menos importante, es haber quedado casi completamente a la sombra. En el imaginario anarquista, en la percepción social de aquellos «hombres de acción», te irás disolviendo al lado de Buenaventura Durruti. Vivir históricamente a la sombra de Durruti y marcado por la visión de la dicotomía Ascaso-Durruti resulta, como diríamos en México, una chingadera. Hasta el muy ecuánime Gerald Brenan en *El laberinto español* caerá en la trampa: «Durruti era un hombre robusto de ojos negros y expresión ingenua y Ascaso un hombre pequeño, moreno y de apariencia insignificante». Alfredo Vallota le hará un eco paralelo pero variante: «Ascaso, pequeño, moreno, hábil con la pistola, fue siempre la reflexión, el cálculo, el planificador. Durruti era robusto, de ojos negros, rápido en la acción pero controlado, capaz de resolver las situaciones más extremas con pasmosa frialdad, con una recia personalidad, verbo parco, firme en la palabra empeñada y emocional en alto grado». Ida Mett explicaba: «Hablar de Ascaso es tanto como hablar de Durruti. En aquella época los dos nombres se pronunciaban unidos. Y, sin embargo, ¡qué diferencia entre ambos! No solo en su aspecto físico, sino también humano. Si Ascaso era típicamente español, Durruti no tenía aspecto de ibérico». Fuera de preguntarnos ¿cómo se es y se deja de ser «típicamente español»?, no queda duda, los nombres estaban unidos.

Todos los recuerdos y escritos de militantes libertarios de los años veinte, treinta y posteriores a la Guerra Civil, no tienen problema en volverte un santo laico y coinciden en definir tu carácter como frío, racional, calculador, y explican desde ello tu profunda afinidad con Durruti, que encontraba en ti las virtudes de una disposición reflexiva de las que él mismo carecía. Reiteran el lugar común según el cual Ascaso era el pensamiento y Buenaventura Durruti la acción (por ejemplo en *La Gran Enciclopedia Aragonesa*). Nada más lejos de la realidad. Y de postre no existe ni el respeto alfabético. Siempre Durruti y Ascaso, nunca Ascaso y Durruti. Eso para los efectos de esta historia es una labor de «recordar al otro». Y no se trata de hacer justicia, sino simplemente de contar una historia en la que va a aparecer un personaje no alto ni sólido, fornido, al que precisamente por su corpulencia le apodaban el Gorila, sino uno más pequeño, que vive en el corazón de la violencia y que simultáneamente lee y escribe. Será porque uno tiene debilidad por los intelectuales.

## II. Como una biografía telegráfica

Francisco Ascaso Abadía. Y todo empieza mal porque en multitud de relatos, algunos insólitos como por ejemplo «la Red Generalísimo Franco» y varias enciclopedias, te robaban el apellido materno para darte el de Budría, que corresponde a tu primo Joaquín. Ascaso Abadía, como tus hermanos Alejandro y Domingo.

Nacido el 1 de abril de 1901 en Almudévar, a dieciocho kilómetros de Huesca, un pueblo de un millar de habitantes, cuyo nombre de origen árabe significa «el redondo», quizá por la forma ovalada del castillo que lo domina. Familia de campesinos pobres, con diez hermanos, que en 1913 se traslada a Zaragoza, al Coso Bajo en el barrio de la Magdalena.

No tengo registro de los escasos estudios que puedes haber tenido, pero sí que desde los 15 años comienzas a intervenir en las luchas sociales de la ciudad, por ejemplo cuando eres detenido por incitar a la rebelión a los soldados del cuartel del Carmen que están siendo enviados a la carnicería de la absurda guerra colonial en Marruecos. Evidentemente ingresas en la Confederación Nacional del Trabajo (CNT), la gran central sindical libertaria que nace formalmente en el Congreso de la Comedia en 1919.

¿En qué momento aprendes el noble oficio de panadero? Comienzas a escribir en la prensa anarquista, la revista *Impulso*, fundada por Felipe Alaiz, que deja un recuerdo del joven Ascaso: «¿Cómo no recordar aquella inquietud, aquellos ojos que rehuían por humana comprensión cualquier oficiosidad y cualquier claudicación de los tontos? La inquietud no le abandonó nunca». Luego colabora en *Cultura y Acción* y más tarde en el semanario *Voluntad*. Son los años de durísimas huelgas protagonizadas por los trabajadores de luz y gas, los camareros y los tranviarios. Haces bueno lo que escribió José Martí sobre Aragón: «Por mantener lo que piensa, juega la gente la vida», porque *Voluntad* no es solo una revista, es el nombre de un grupo de acción directa.

El 4 de diciembre de 1920 es tiroteado el redactor jefe de *El Heraldo de Aragón*, Adolfo Gutiérrez, y queda herido de muerte. Gutiérrez había mantenido una campaña contra los sindicatos y denunciado a los participantes del motín del cuartel del Carmen. Ascaso es detenido junto a Clemente Mangado y el tonelero vizcaíno Cristóbal Albadaldetrecu, sin embargo, no pudieron implicarlo en el suceso, porque tiene una coartada bastante prosaica al alegar que estaba en un bar jugando al tute con varios testigos.

Pasará un buen tiempo en la cárcel y al salir trabajará como camarero, pero el 13 de mayo de 1921 se produjo un nuevo atentado social en Zaragoza cuando a las 7:30 de la noche en el barrio de la Magdalena es tiroteado Hilario Bernal, contratista de la Industrial Química y figura rectora de la patronal de Zaragoza. El autor, un joven vestido con un mono de mecánico, le descerraja tres tiros. A Hilario se le acusaba de reprimir a los trabajadores y despedir injustamente a los afiliados a la CNT. La policía maña otra vez detiene a Ascaso, aunque el patrón al único que reconoce es a Albadaldetrecu. Las pruebas judiciales no demuestran la participación de Paco, pero permanecerá meses en la cárcel de Predicadores entre 1920 y 1922 (tiene entre 19 y 21 años). ¿Qué hacer? Leer. Agustín Souchy dirá que «su erudición no la adquirió en la universidad sino en las frías celdas de las cárceles». Posiblemente durante esas estancias en la prisión enferma gravemente, en 1921, posiblemente de tuberculosis, enfermedad que lo perseguirá a lo largo de toda su vida.

¿Había participado Paco Ascaso en alguno de los dos atentados? ¿En los dos? Lo que es cierto es que formaba parte del grupo que cometió los ataques y que en el del periodista disparó su hermano Domingo Ascaso. Puesto en libertad de la cárcel de Predicadores, el 13 de noviembre de 1922, un mes más tarde es detenido por el comisario A. Fernández Luna, quien lo fotografía.

Permaneció en Zaragoza hasta primeros de febrero cuando el pastelero anarquista de 21 años Rafael Liberato Torres Escartín, hijo de un guardia civil, nativo de Huesca, ilustrado en la lectura libertaria del siglo XIX, un estricto vegetariano que no fumaba y no bebía alcohol, le presentará al que sería su *alter ego*, su otro yo, en los próximos años: Buenaventura Durruti, de oficio cerrajero, que viene perseguido con órdenes de captura por haber preparado un fallido atentado contra el rey Alfonso XIII, fabricando un túnel donde se colocarían explosivos durante una inauguración, en julio del 22. Es un leonés de 25 años, cinco mayor que él, que luce un rostro que pareciera de boxeador: ojos juntos, pelo indómito, escaso labio inferior, nariz ancha, que el poeta Raúl González Tuñón definiría como «mezcla de cordero y de leopardo», tan diferente de Ascaso, pequeño de tamaño, con un pelo escaso pegado a una cabeza de frente muy amplia, mirada penetrante, mezcla de inocencia y terquedad.

Durruti es hijo de familia numerosa de un ferroviario que «leía todo lo que encontraba hasta el amanecer a la luz de un candil». Mecánico desde los 14, operado de una hernia que se hizo jugando frontón, montador mecánico en los lavaderos de carbón de las minas asturianas donde tiene el primer encuentro con la Guardia Civil en una lucha por la destitución de un ingeniero. Trabaja como mecánico en los ferrocarriles del norte y tiene una fuerte intervención en la huelga general del 17, participando en actos de sabotaje. Desertó del ejército, cruzó a Francia y hacia 1919 se une a la CNT en Asturias. Ha estado en León, en Valladolid, en Galicia, donde es detenido para terminar fugándose de una cárcel militar de San Sebastián. Se exilió de nuevo en Francia en julio de 1919 y trabajó como mecánico en la fábrica Renault de París. En la primavera de 1920 volvió a cruzar los Pirineos, y se dirigió al País Vasco. En Euskadi forma el grupo Los Justicieros, con los que se encuentra ahora en Zaragoza.

Manuel Buencasa habría de contar que conociendo «las extraordinarias cualidades activistas del grupo, les sugirió la marcha a Barcelona», coincide con el llamado de Domingo Ascaso que también los invita porque allí las cosas se están calentando por la guerra que la CNT mantiene contra los pistoleros de los sindicatos libres y la policía del coronel Arlegui.

No hay registro de las conversaciones entre Ascaso, Durruti y el primer grupo que llega a Barcelona el 25 de agosto, fragua de la revolución, como quien llega a la tierra prometida. «Barcelona los atraía como un imán», dirá Abel Paz. Esa ciudad que se esconde del mar como si se avergonzara de lo que de abierta al mundo, putañera y festiva, sedante y tormentosa, comercial, exótica, marginal y revolucionaria tiene. En esos días los pistoleros del «Libre» están a punto de matar a Ángel Pestaña, el periodista proletario que tanta guerra ha dado al Estado en estos últimos años, y corre la sangre de militantes y activistas a manos de la policía.

En Barcelona, al fin y al cabo proletarios, proletarios armados, pero proletarios, Ascaso trabaja como camarero (en el café de La Martinica, en el café del Sindicato de la Alimentación, y como suplente en las fiestas del Sindicato de la Madera), Torres Escartín haciendo pasteles en el hotel Ritz, Durruti como cerrajero. En la casa del hermano de Paco, Domingo, otro activista «de armas tomar», en la calle San Jerónimo, comienzan a reunirse desde el inicio de octubre con militantes sueltos de los grupos de acción que además han sido activistas sindicales en los momentos más duros, desde la huelga de La Canadiense en el 19 y que han sobrevivido a la represión y las sangrías. Hacia el fin del mes, en el Sindicato de la Madera, se funda un grupo que recibirá el nombre de Los Solidarios.

De alguna manera representaban una mezcla que incluye una nueva generación de hombres de acción, casi todos tienen menos de treinta años; además, del grupo que viene de Zaragoza la mayoría están formados en las luchas del sindicalismo catalán y en los enfrentamientos armados contra los pistoleros de la patronal y el Libre.

Cuando se habla del grupo aparecen las figuras de Ascaso, Durruti, a las que se suma el camarero de 22 años Juan García Oliver y luego un listado de nombres, muchas veces con la ortografía dislocada, que no está de más repasarlo: el pequeño y moreno peón Antonio Rodríguez el Toto, y el navarro de 25 años Gregorio Suberviola, obrero de la construcción hijo de una familia de albañiles, llamado el Serio, al que Durruti conoce cuando ambos organizaban dentro de la CNT a los peones de las obras del Gran Kursaal en San Sebastián; Marcelino del Campo, también conocido como Tomás Arrante o por el extraño apodo de Torinto, albañil, nacido en Valladolid a finales del siglo XIX. Ahí estará el valenciano de 24 años Ricardo Sanz (tintorero y albañil), y el más joven de todos, el carpintero y ebanista Alfonso Miguel Martorell, de 20 años, encarcelado por poner petardos y haber matado a Pedro Torrens de la banda patronal del Barón de Köening, detenido por primera vez cuando tenía 16 años. Estará el herrero y fundidor catalán Eusebio Brau, personaje trágico que había intentado suicidarse en el 14 y accidentalmente hirió a su madre cuando tenía 15 años, detenido en 1921 por el asesinato del patrón Fontanilla, que lo había despedido injustamente y cuando la policía lo arrestó en su casa «tenía tres libros anarquistas y una navaja». Participarán el mecánico automotriz Miguel García Vivancos, murciano de 27 años, aprendiz en el arsenal de Cartagena; activista en la huelga del 17 en las barricadas, trabajará como descargador en el muelle y después como harinero y mecánico. El asturiano de 25 años Aurelio Fernández (a) el Jerez (también conocido como el Cojo, Charles Abella, Colás, Marín, González, que por máscaras no quede), activo desde 1917, antes de establecerse en Barcelona. El mayor de todos, de 30 o 31 años, es Gregorio Jover Cortés (a) Gori, el Chino, Pascual Gómez, Serrano; miembro en esos momentos de la Federación Local de la CNT en Barcelona, colchonero, especialista en la fabricación de *somiers* que Sanz describe como «un sentimental profundamente concienzudo y humano».

García Oliver cuenta: «Éramos muchos, acaso demasiados. Pero la mayor parte a prueba, por no haber participado algunos en luchas de tal naturaleza, por lo que era de suponer que no faltarían quienes nos dejasen en el camino, por cansancio, por prisión, por muerte». No le faltaba razón, por razones de clandestinidad y facilidad de operación los grupos de afinidad anarquistas nunca tenían más de cinco o seis miembros, y la primera lista de Los Solidarios arroja el número de diecisiete. Si algo tienen en común, además del uso abundante de seudónimos (obligado para burlar a la ley), es que han recorrido media España en decenas de huelgas y enfrentamientos armados.

Tres son los objetivos del naciente colectivo: hacer frente al pistolerismo de los Libres y de Arlegui, mantener las dañadas estructuras sindicales y construir una federación de grupos anarquistas a nivel nacional, por lo que participan en una reunión de grupos de la zona catalano-balear, en la que Ascaso se hará cargo de las relaciones. Traen en la cabeza hacer una revista que llamarán *Crisol,* de la que nuevamente Paco Ascaso será administrador, dirigida sobre todo a los soldados acuartelados en la Plaza de Barcelona, con el objetivo de buscar la deserción o la rebelión. Entre sus primeras acciones estaría preparar un atentado contra el general Martínez Anido.

Para los que tachan de primitiva y milenarista a esta clase obrera, habría que decir con Salvador Madariaga que «leían los libros que sus acusadores no leían». García Oliver leía a Baudelaire, Durruti a Bakunin y Kropotkin, Torres Escartín era adicto a Tolstói. Casi todos escribían y no mal.

Se cuenta (García Oliver) y váyase a saber si es una leyenda de las que acompañarían a Durruti toda la vida, que en aquellos primeros días en Barcelona, Buenaventura se encontraba en

> el bar La Tranquilidad cuando le interrumpió la presencia de un joven que se acercó a la mesa [...] Contaba con poco más de veinte años, el rostro lo tenía macilento y sin afeitar, el aspecto era desastrado, y las ropas sucias y raídas. En gesto elocuente tendió la mano implorando una limosna. La mirada de Durruti se endureció de pronto. Sin pronunciar palabra sacó un revólver del bolsillo de la chaqueta y puso el arma en la mano extendida del mendigo. «¡Toma!», exclamó con voz ronca. «¿Quieres dinero? Pues ahí tienes un revólver para ir a buscarlo a un banco, como hacen los hombres. ¡Róbalo, pero no te humilles pidiendo limosna!». Retrocedió, espantado, el joven, y retiró al punto la mano como si le quemase el arma, que cayó al suelo. Y dando media vuelta, sin articular palabra, huyó despavorido, tanto que se diría que había visto al mismísimo diablo.

Curiosamente, la misma anécdota se cuenta con una variación en la que es Paco Ascaso el que ofrece la pistola al mendigo. Hay un texto de Baudelaire, en el que el narrador se encuentra con un pordiosero miserable en una taberna y lo muele a palos para que el otro se rebele y pelee por su dignidad: «Solo es el igual de otro quien lo demuestra, y solo es digno de la libertad el que sabe conquistarla». Supongo que este texto está detrás de la anécdota. Fuera cierta o leyenda ácrata, el caso es que la historia permanecerá.

Durruti se volverá parte de un mito y aparecerá encabezando una y otra vez las listas históricas de Los Solidarios, pero es Paco Ascaso el que debería encabezarlas, si sirve para algo encabezar listas de futuros fantasmas, sobre todo si se dicen cosas de él como esta: «Ascaso era el hamletiano, el que dudaba, el cerebral, el que muchas veces tenía que reconducir el frenesí». Es curioso, Buenaventura es el de la trayectoria de hombre de acción, pero será Ascaso el que la organice.

En 1923 García Oliver, Ascaso y otros parten hacia Manresa, de donde han recibido información de que allí se esconde Laguía, dirigente del Sindicato Libre y principal sospechoso de organizar el asesinato de Salvador Seguí. En el bar La Giralda encuentran a cuatro miembros del Libre jugando a las cartas, y se arma un tiroteo entre ambas partes, Laguía resultó ileso pero sus acompañantes, también del Sindicato Libre, fueron heridos.

Hacia fines de abril o principios de mayo de 1923 Los Solidarios deciden pasar a un plan de «atentados mayores»: el exgobernador Severiano Martínez Anido, impulsor de la ley de fugas del inicio de los años veinte en Barcelona, el exgobernador Fernando González Regueral y el jefe del carlismo monárquico Jaime de Borbón.

Pensando que Martínez Anido se encuentra oculto en San Sebastián, Francisco Ascaso, Torres Escartín y Aurelio Fernández salen de Barcelona. Otros dos miembros del grupo buscarán a González Regueral en León y un tercer grupo, del que probablemente forma parte Durruti, viajará a París para ejecutar a Jaime de Borbón. Tienen dinero. ¿De dónde lo han sacado? Posiblemente Los Solidarios fueron los autores de dos atracos bancarios realizados en abril en Barcelona. Siguiendo a Martínez Anido, la bestia negra de los anarquistas, van a dar a La Coruña, donde Ascaso y Torres Escartín no solo no encuentran al general, sino que serán detenidos bajo la sospecha de ser traficantes de drogas por andar curioseando en los muelles tratando de comprar pistolas. La cosa no prospera y ya en libertad regresan hacia Barcelona.

El 17 de mayo muere en un atentado en León, a manos de Los Solidarios, el exgobernador civil de Bilbao, Fernando González Regueral. Al mismo tiempo, de regreso de Galicia, Ascaso y Torres Escartín deciden bajar del tren en Zaragoza, donde todavía vivía la madre de Paco. Conectados con los grupos locales, deciden improvisar una acción que será muy notoria, y el 4 de junio a las 3:30 de la tarde dos desconocidos atacan al cardenal Juan Soldevila haciendo veinte disparos en una fiesta de plomazos que lo dejan muerto y hieren a familiares y al chofer mientras estaba frente a una escuela de huérfanas que unas monjas regenteaban. Soldevila tenía muy mala fama en los medios progresistas, estaba muy vinculado al dinero y al poder y había aprobado la ley de fugas; según el novelista Pío Baroja «conferenciaba en Reus con los jefes de la patronal de Barcelona y les daba consejos para atacar a la organización sindicalista obrera».

Dos testigos recuerdan a un joven apuesto y bien vestido, cuya descripción se ajustaba a las fotografías y, es más, facilitan un nombre: Francisco Ascaso. Será detenido en una redada el 28 de junio, aunque Ascaso tenía una muy floja coartada que se desmorona, no será puesto en libertad y se mantendrá la acusación de asesinato. Buenaventura Durruti rumbo a una nueva operación en Asturias se detiene en Zaragoza para interesarse por la suerte de Francisco Ascaso y preparar su fuga de la capital aragonesa.

El 23 de septiembre se produce otro acto espectacular de Los Solidarios, el atraco a mano armada del Banco de España de Gijón, donde se hacen con 525 565 000 pesetas, aunque muere en el asalto Eusebio Brau. Se desata una tremenda persecución en la región entera y es detenido Torres Escartín. Durruti logra escapar.

Un mes y días más tarde, el 9 de noviembre, organizado por el histórico Manuel Buenacasa, logran introducir un balón con herramientas al patio de la prisión y nueve presos sociales se fugan de la cárcel de Predicadores en Zaragoza, entre ellos se encuentran Gregorio Suberviola y Paco Ascaso, quien esa misma noche se sube en un tren de ovejas con destino a Barcelona, donde se esconderá en casa de Ricardo Sanz, ahí se juntará con Durruti y huirán a Francia.

Una vez en París se dirigen al local de los anarcocomunistas franceses en la rue Petit, 14. Y a los pocos días se celebró una primera reunión a la cual asistieron Sebastián Faure, Orobón Fernández y V. Gozzoli. El plan era publicar una revista trilingüe (francés, castellano e italiano) creando una editorial internacional anarquista cuya primera obra sería *La Enciclopedia Anarquista*. Participan en una conspiración con grupos republicanos contra la dictadura de Miguel Primo de Rivera para invadir España por Vera de Bidasoa. Todo ello con el dinero del atraco al Banco de España.

A finales de 1924 la represión en Francia obliga a los desmembrados Solidarios a buscar nuevos horizontes. ¿Exotismo? ¿Aventura? De cualquier manera no es ajeno a un obrero español irse a «hacer la América». ¿De quién es la idea? ¿De ambos? El caso es que en diciembre de 1924, con falsos pasaportes, Buenaventura Durruti y Paco Ascaso salen de El Havre, a bordo de un carguero holandés rumbo a las Antillas. Llegan a Cuba, donde está por comenzar la brutal dictadura de Machado. En Santa Clara trabajan en las plantaciones de azúcar y pronto ayudan a organizar una huelga de los peones contra los bajos salarios, confrontándose a golpes con los esquiroles. Llega a tal grado el enfrentamiento que el dueño de la plantación es encontrado muerto en su cama con un letrero sobre el pecho que dice: «Esta es la justicia de Los Errantes». Un nuevo grupo se ha fundado. Mientras la policía iniciaba la búsqueda de los autores del ajusticiamiento, un capataz conocido por su despotismo contra los cañeros apareció muerto en el distrito de Holguín, a muchos kilómetros del punto inicial, con una nueva nota de Los Errantes.

Evadiendo el cerco policiaco llegan hasta La Habana, donde secuestraron a punta de pistola una pequeña lancha que los llevó hasta un pesquero en alta mar y allí, utilizando el mismo método, convencieron a los pescadores para que los transportaran hasta las costas mexicanas de la península de Yucatán donde son detenidos sin futuras consecuencias, acusados de contrabandistas. Hacia el fin de marzo de 1925, están en la Ciudad de México donde se encuentran con Gregorio Jover, Alejandro Ascaso y Antonio Rodríguez (el Toto). Tras reunirse con los grupos anarquistas y sindicalistas de la CGT mexicana, acuerdan intentar apoyarlos con dinero para fundar una escuela racionalista y mandarle dinero a Sebastián Faure para crear en París una librería de ciencias sociales. De tal manera que Los Errantes, haciendo buena la frase de Rodolfo González Pacheco («Desde que se comprobó que la propiedad privada es un robo, no hay más ladrones aquí que los propietarios»), a las 3:45 de la tarde asaltan las oficinas de una fábrica textil, La Carolina, donde se habían producido ese año varias huelgas y vacían cuatro cajas fuertes, llevándose cinco mil pesos y dejando a un empleado herido. Entre los absurdos que genera una situación de violencia, las declaraciones de los testigos insisten en decir que los atracadores eran españoles, pero no por su acento sino porque tenían cejas muy pobladas sobre la máscara.

Los Errantes regresaron en barco a La Habana, pero tan solo de paso rumbo a Valparaíso en Chile y de allí a la capital, Santiago, donde se entrevistaron con sindicalistas de la International Workers of the World que después los describirían así: «Fuerte acento español. Uno era grande, extrovertido, amistoso, apasionado, con una mirada abierta y fuerte carisma. El otro era pequeño, flaco, muy serio y nervioso pero transmitía coraje. Los cinco parecían caballeros bien vestidos».

Los Errantes no tardan mucho en pasar a la acción y en la tarde del domingo 12 de julio intentan asaltar a los empleados del Club Hípico que llevaban el dinero de las apuestas hacia la administración, en la calle 21 de Mayo. Las cosas no salen como se planearon porque los empleados se defendieron a balazos y el robo fue abortado. Solo pasan cuatro días y, como buenos anarquistas, sin respetar el día de la Virgen del Carmen, patrona nacional, el jueves 16 de julio llegan hasta la sucursal Matadero del Banco de Chile, cuatro o cinco asaltantes (los testigos no se pondrán de acuerdo) y según la crónica periodística:

> [...] uno de ellos usaba bufanda granate y una gorra negra. Al cruzar la calle en dirección al banco, el español se colocó un antifaz negro de cuero y los demás desenfundaron armas cortas desde sus bolsillos. El hombre del antifaz, apostado a un costado de las cajas y con una Colt de 0.38 mm en cada mano, apuntó directo en las sienes de los empleados.

Sus compañeros saltaron las rejas de bronce que resguardaban al cajero y fueron en busca de los billetes, luego los asaltantes corrieron hasta el vehículo de alquiler que habían abordado en el centro. En el trayecto dispararon varias veces al cielo para sembrar el pánico entre la muchedumbre que circulaba por San Diego y le dieron un tiro en la cabeza a un cajero que los persiguió.

El monto total del asalto osciló entre treinta mil y cincuenta mil pesos. Y, como si se tratara de desvalijar Chile lo antes posible, el sábado 18 asaltaron en la calle Seminario a un cajero de ferrocarriles con el fin de adueñarse de las llaves de caudales del terminal Alameda. Por desgracia para ellos, el cajero no llevaba las llaves consigo, lo que frustró el asalto. Durante todo ese tiempo los cinco se hospedaron en un hotel de poca monta en las cercanías de la avenida Matta.

La encargada los recordó años después como un grupo de «gente muy educada» y que hablaba todo el tiempo sobre temas sociales.

A principios de agosto, y con toda calma, se trasladaron a los Andes y desde allí en agosto de 1925 tomaron el tren Trasandino como pasajeros comunes y corrientes con destino a Mendoza en Argentina. Había que dejar un tiempo los asaltos y, aunque tenían dinero abundante, volvieron a sus habituales trabajos, Durruti como estibador, Ascaso fue cocinero y Jover fabricante de camas. El Toto se llevó a Francia cuarenta y siete mil pesos para impulsar proyectos editoriales y Alejandro regresó a Cuba. El *impasse* duró cinco meses.

El 18 de enero de 1926 Los Errantes asaltaron el Banco San Martín en Buenos Aires. Siete individuos enmascarados descendieron de un doble faetón en la calle Belgrano y entraron al banco a dos calles de una estación de policía; saltaron sobre los mostradores, vaciaron las registradoras echando el dinero en un saco y ni se preocuparon por la caja fuerte. Quién sabe a través de qué denuncias había fotografías suyas en las estaciones de ferrocarril, en calles y tranvías. Era tiempo de escapar. Cruzaron a Montevideo y allí compraron boletos de primera clase en el buque que los trasladaría a Cherburgo, haciendo escala en las islas Canarias. Acababa así su travesía de catorce meses por América Latina.

En Francia, a partir del día 2 de mayo, se instalan en una casa de huéspedes de París, en la calle Legendre del barrio de Clichy como uruguayos, Ascaso se llamaba Salvador Arévalo. Comienzan a estudiar la posibilidad de atentar contra Alfonso XIII que pronto visitaría la capital francesa, pero están infiltrados y el 25 de junio de 1926 son detenidos. Durante más de un año ocupan en la cárcel de la Conserjería la misma celda que ocupó María Antonieta antes de ser guillotinada.

El 7 de octubre Ascaso, Durruti y Jover son condenados a seis meses de prisión. En la cárcel empiezan una huelga de hambre. Hay una fuerte campaña internacional pidiendo su liberación. Los defiende Henry Torres, el norafricano cercano a los comunistas que se especializaba en procesos políticos.

Existe una foto del año 27 al salir de la cárcel, a diferencia del rostro un tanto áspero de Durruti y la elegancia de Jover, fumando en pipa, Ascaso parece el intelectual del grupo, labios muy finos, pelo escaso, gardeliano el peinado, cejas muy marcadas. En ese año, en la Librería Anarquista de París conocen a las que serían sus futuras compañeras. Hay una foto de los cinco paseando y otra que los registra sentados en día de campo a la orilla del río: están con Berthe

Suzanne Fabert, conocida militante anarcosindicalista, compañera de Ascaso, y Émilienne Morin, de Durruti. La tranquilidad se rompe cuando son expulsados de Francia y depositados en la frontera belga el 23 de julio de 1927. Ascaso regresa clandestinamente a Lyon, donde es encarcelado durante seis meses, pasa a Alemania en 1928, donde el actor austriaco Alexander Granach los va a ayudar económicamente. En enero de 1929, Francisco Ascaso (que usaba el seudónimo de Charles) y José Buenaventura Durruti, rechazados en toda Europa y para quienes la justicia española y argentina solicitaban la extradición, fueron admitidos como exiliados en Bélgica tras haber pedido un visado para la URSS, que les negaron. La policía belga impuso una condición asombrosa: que cambiasen su nombre. En enero de 1929 se reúnen en Bruselas con el político Sánchez Guerra en otra conspiración fallida para derrocar el gobierno de Primo de Rivera.

El 30 de septiembre de 1929 aparece en Bélgica un periódico, *La Voz Confederal,* donde sin duda participan conjuntamente con Liberto Callejas. En Bruselas, vuelven a la vida proletaria: Durruti trabaja en un taller metalúrgico y Ascaso es pintor y trabaja además en una fábrica de accesorios de automóvil. Un camarada de trabajo lo describe: «Ascaso era un compañero muy simpático, irónico y discreto, suave y enérgico a la vez; me pareció un poco enfermizo».

Las elecciones de abril de 1931 provocan la caída de la monarquía y el nacimiento de la República. Regresan rápidamente a Barcelona y el grupo de Los Solidarios se reconstruye en el grupo Nosotros, profundamente conectado a la Federación Anarquista Ibérica, reaparecen los viejos nombres: Durruti, Ascaso, García Oliver, Aurelio Fernández el Jerez, Ricardo Sanz, Jover. Ya el 1 de mayo de 1931 Ascaso y Durruti son los encargados de recibir a las delegaciones extranjeras que llegan a Barcelona para acompañar las conmemoraciones emblemáticas. Encabezarán la manifestación que acabará en la Plaza de Cataluña después de una batalla campal contra la policía. En este mismo año de 1931 Ascaso participa en un mitin en el frontón Euskalduna de Bilbao y habla en actos en Almudévar y Huesca. El argentino Diego Abad de Santillán sumado al movimiento anarquista en Cataluña cuenta: «Ascaso no solo era valiente cuando había que serlo, sino un militante capaz de razonar», y piensa que debería ser director de alguno de los periódicos que están saliendo.

En enero de 1932, los mineros de Fígols, en la cuenca del Alto Llobregat, producen enfrentamientos armados, la CNT convoca y desconvoca (por la falta de condiciones) a una huelga general revolucionaria los días 20 al 23 de enero. La respuesta gubernamental es una gigantesca detención de militantes anarquistas en Barcelona, ciento ocho de ellos, incluido Paco Ascaso, serán deportados a Villa Cisneros en Guinea Ecuatorial a bordo del buque *Buenos Aires*.

Nuevamente enfermo, Ascaso escribe desde el barco prisión:

> Queridos amigos: parece que empiezan a quitarle el polvo a la brújula. Partimos. He aquí una palabra que dice muchas cosas. Partir —según el poeta— es morir un poco. Pero para nosotros, que no somos poetas, la partida fue siempre un símbolo de vida. En marcha constante, en caminar perenne como eternos judíos sin patria; fuera de una sociedad en que no encontramos ambiente para vivir; pertenecientes a una clase explotada, sin plaza en el mundo todavía, la marcha fue siempre indicio de vitalidad. ¿Qué importa que partamos si sabemos que continuamos aquí, en el alma y en el espíritu de nuestros hermanos? Además, no es a nosotros a quienes se quiere desterrar, sino a nuestras ideas; y nosotros podremos marcharnos, pero las ideas quedan. Y serán ellas quienes nos harán volver, y son ellas las que nos dan fuerzas para partir. ¡Pobre burguesía que necesita recurrir a estos procedimientos para poder vivir! No es extraño. Está en lucha con nosotros y es natural que se defienda. Que martirice, que destierre, que asesine. Nadie muere sin lanzar zarpazos. Las bestias y los hombres se parecen en eso. Es lamentable que esos zarpazos causen víctimas, sobre todo cuando son hermanos los que caen. Pero es una ley ineluctable y tenemos que aceptarla. Que su agonía sea leve. Las planchas de acero no bastan para contener nuestra alegría cuando pensamos en ello, porque sabemos que nuestros sufrimientos son el principio del fin. Algo se desmorona y muere. Su muerte es nuestra vida, nuestra liberación. Sufrir así no es sufrir. Es vivir, por el contrario, un sueño acariciado durante mucho tiempo; es asistir a la realización y desarrollo de una idea que alimentó nuestro espíritu y llenó el vacío de nuestras vidas. ¡Partir es, pues, vivir! ¡He aquí nuestro saludo cuando os decimos no adiós, sino hasta pronto!

Numerosas protestas y huelgas logran que los liberen a los siete meses, incluido Durruti que había asistido a una reunión en el bar La Tranquilidad que terminó en redada. No sobra decir que en ese bar el dueño, cenetista obviamente, regalaba vasos de agua de grifo y permitía que los parroquianos pudieran quedarse ahí sin consumir.

El 11 de enero de 1933 se producen los terribles sucesos de Casas Viejas, que ante una violenta acción campesina se produce una terrible represión armada, que incluye asesinatos y torturas. Ascaso escribe:

«Los espectros de los campesinos caídos en Casas Viejas rondarán eternamente alrededor de todos los políticos», y acude pocos días después a la localidad con los periodistas Ramón J. Sender y Eduardo de Guzmán, que dejarán libros testimoniales notables. Ascaso en *Solidaridad Obrera* escribirá dirigiéndose a los guardias de asalto:

> ¿Pertenecéis a otra raza que no sea la humana? ¿Y por eso no hallaba eco en vos el dolor de los otros? ¿Habéis podido contemplar cómo los hombres se doblaban despacio en agónico estertor, quedando extendidos en tierra, echando borbotones de sangre por la boca, y tenido el sadismo de pedir, de ordenar: «¡Más! ¡Todavía más!», sin que vuestro corazón sintiera el frío del acero que traspasaba el corazón de los otros? Porque lo mandaban... Porque así lo mandaban. ¡Ni aunque lo manden, capitán! ¡¡Ni aunque lo manden!!

Todavía en 1933 participa en mítines de propaganda en la Regional Andaluza, siendo encarcelado de abril a octubre en el penal de Santa María (Cádiz) por incitación a la rebeldía. Mitinea en noviembre en Barcelona ante decenas de miles de personas, llamando a boicotear las elecciones y a la República represora.

En 1934 es nombrado secretario de la CNT catalana y redactor de *Solidaridad Obrera;* organiza junto con el centro aragonés en Cataluña la caravana de acogida a los hijos de los obreros de la huelga general de treinta y cinco días de Zaragoza. Al producirse la Revolución de Octubre en Asturias y la versión nacionalista en Cataluña, la CNT se abstiene de llamar a la huelga general insurreccional. El triunfo en Asturias de una alianza de todos los movimientos obreros de izquierda y su futura represión provoca un alud de críticas al comité regional de Cataluña y su aislamiento, lo cual no implicará que tras el fin del movimiento de octubre Paco Ascaso sea nuevamente detenido y llevado a un barco, el *Infanta Isabel,* que usan en el puerto de Barcelona como prisión. Según Abad de Santillán, que lo acompañaba, en los camarotes de tercera se estaba mejor que en la cárcel.

Las críticas al comité regional por su actitud ante los hechos de octubre lo obligaron a renunciar. Será substituido por Marianet. Después del fracaso del movimiento, los patronos de Barcelona represaliaron a todos los obreros de significación revolucionaria, despidiéndolos de las fábricas, de los talleres y de las obras donde trabajaban. Durruti terminó trabajando como peón, Ascaso y García Oliver se sostenían con trabajos eventuales de camareros en bares y tabernas.

En 1935 es encarcelado en distintos penales como preso gubernativo y convalece de la enfermedad pulmonar que arrastra desde años atrás.

En las elecciones de 1936 que llevaron al triunfo al Frente Popular le confiesa al periodista Eduardo Guzmán que votó a la izquierda por «solidaridad con los revolucionarios» y para sacar a los presos de las cárceles, aunque «sintió reparos». Fue incorporado a la redacción de *Solidaridad Obrera* con salario de obrero. En 1936 mitinea en Sant Boi y Sallent, acude como delegado del Sindicato Textil de Barcelona al IV Congreso de la CNT, entre el 1 y el 10 de mayo de 1936 en Zaragoza. Allí va a ser una de las voces más claras, defendiendo la creación de milicias confederales que enfrentaran la inminente sublevación. Lo tenía claro, los militares y las fuerzas de ultraderecha se iban a levantar en armas contra la República.

Durante el primer semestre de 1936 el grupo Nosotros se enfrentó al resto de grupos de la FAI, en Cataluña, en agrios debates sobre dos concepciones fundamentales, en un momento en el que se conocían con certeza los preparativos militares para un cruento golpe de Estado. Esos dos conceptos eran la «toma del poder» o el «ejército revolucionario». Y nunca quedó muy claro el centro de la polémica. Lo que sí, es que había que parar el golpe militar.

Una nota final para esta apretada biografía: Paco Ascaso al igual que García Oliver y Gregorio Jover criticaban el tabaquismo, pero los tres eran fumadores (cigarrillo en mano paseando por París con Berthe), con todo y la tuberculosis.

## III. El primero en morir

Cuenta Abad de Santillán: «Estábamos agotados por el cansancio de aquel verano. Decidimos tomar unos días de descanso en los Pirineos; irían Francisco Ascaso, Manuel Vilar y algún otro. Necesitábamos todos unos días de reposo y esa era la ocasión para hablar en confianza».

García Oliver contará una anécdota, que probablemente sea una elaboración literaria posterior:

> La cuestión fue planteada por Ascaso:
>
> —Puesto que nos hemos decidido por la revolución, ¿quién de nosotros será el primero en morir?
>
> Contesté, no con pretensiones de vidente, sino para frenar en lo posible el extraño nerviosismo que observaba en él:

—Tú serás el primero, Paco.

—Hombre, gracias, Juan. ¿Por qué?

—Tu pregunta ha puesto de manifiesto tu estado de ánimo desde que dejaste la Secretaría del Comité Regional de la CNT, de la que saliste apenado por la interpretación que algunos compañeros dieron a tu conducta durante el movimiento de octubre.

—¿Crees que no es injusta esa actitud?

—Sí que lo es. Pero no basta para que te comportes como si estuvieras esperando la oportunidad de ir a la muerte para callarles la boca a algunos.

—Sé que me dices esto por afecto y compañerismo. Esperemos que no sea yo el primero en morir. ¿Quién será el segundo?

—Solamente estoy haciendo un cálculo basado en riesgos innecesarios capaces de conducir a la muerte...

—Adelante, Juan.

—Creo que serás tú, Durruti; no por los motivos que empujan a Ascaso, sino por otros totalmente distintos. Tu gran enemigo, Durruti, está dentro de ti. Morirás víctima de tu demagogia, en el buen sentido de la palabra. Tú siempre dirás y harás lo que quieran que digas y hagas las multitudes. Es algo superior a ti mismo [...] Quiero satisfacer vuestra curiosidad: mi muerte será gris y posiblemente llegue con demasiado retraso.

Como el autor de este texto no cree en las premoniciones, y menos ácratas, dejémoslo así.

Una serie de atentados enrarecen el ambiente. El 2 de julio es asesinado a tiros por unos pistoleros el gerente inglés de la fábrica La Escocesa, y en la misma tarde el coronel Críspulo Moracho, un militar progresista con mando en la guarnición de Barcelona, sufre un atentado. Al disponerse a subir a su coche es atacado por unos desconocidos que le arrojan dos bombas de mano, saliendo milagrosamente ileso. Las bombas procedían de los depósitos del ejército y Moracho días atrás había sufrido otros dos atentados. El 12 de julio el capitán de la Guardia de Asalto, muy cercano a los socialistas, José Castillo, es asesinado en Madrid. En represalia un día más tarde detienen y ejecutan al dirigente de la derecha monárquico-fascista José Calvo Sotelo. Los acontecimientos no son aislados, hay decenas de extrañas acciones y síntomas en el aire. Los militantes del Nosotros regresan a Barcelona.

No son los únicos en percibir las tensiones en el ambiente. Desde la republicana Generalitat de Cataluña, un equipo de fieles del presidente Companys, el secretario de Gobernación José María España, el comandante Vicente Guarner, jefe de los servicios de orden público y Frederic Escofet, comisario general, han estado recibiendo información de parte de la Unión Militar Republicana Antifascista (UMRA), muy minoritaria, sobre el futuro alzamiento militar en el que estaría involucrada casi la totalidad de la guarnición de Barcelona y cuya junta militar llevaba varios meses preparando el golpe.

Kaminski diría meses más tarde: «La conjura de los militares era, desde hacía tiempo, un secreto a voces». Los leales por más que han intentado realizar registros y detenciones en casas de oficiales de la Unión Militar Española (UME) y han ubicado al general Manuel González Carrasco como jefe de la futura conspiración (finalmente no actuó en Barcelona y se hizo responsable del alzamiento en Valencia), han sido frenados por el general de la IV región militar, Francisco Llano de la Encomienda, que en su profunda ceguera insiste en que tiene controlada a la guarnición, que los futuros golpistas no son tales, que le han dado garantías de fidelidad republicana.

Companys ha intentado al menos limpiar su propia casa y procede a depurar sus mandos, en particular los guardias de asalto de los que hay más de dos mil en Barcelona (Martínez Bande dirá que dos mil ochocientos, la cifra parece muy exagerada) repartidos en tres grupos, más tres escuadrones y nueve compañías urbanas y están motorizados. Un registro en la casa del capitán de Asalto Pedro Valdés descubre documentos comprometedores, lo detienen, así como a dos tenientes y un suboficial que van a dar a prisiones militares. La Guardia de Asalto está dirigida provisionalmente por republicanos de confianza, el comandante Alberto Arrando, un singular personaje de 50 años que padecía alopecia total, llevaba peluquín y se pintaba las cejas para que el rostro tuviera expresión, y los capitanes Enrique Gómez García y Germán Madroñero. Cuentan también con trescientos Mozos de Escuadra y cuatrocientos carabineros cuyos oficiales eran republicanos.

No están seguros de la fidelidad de la Guardia Civil, con mando y mandos medios muy conservadores e incluso fascistas. No se trataba de fuerzas menores, eran dos Tercios (el 19º y el 3º), unos tres mil hombres divididos en catorce compañías, cuatro escuadrones y una fuerza de caballería bajo el mando del general José Aranguren («un hombre de edad, un anciano» según Abad de Santillán) y los coroneles Francisco Brotons (el 3er Tercio) y Antonio Escobar Huertas (el 19º ), un hombre de profundas convicciones religiosas, hijo de militar, que tenía a su vez una hija monja adoratriz, un hijo falangista y dos hermanos también coroneles de la Guardia Civil.

Guarner tenía en su poder una lista de oficiales que estaban a favor del golpe y en los primeros días de julio se multiplicaron las reuniones con el general Aranguren y Brotons de la Guardia Civil, los cuales le aseguran su lealtad a la Generalidad y a la República, en términos no muy entusiastas. Brotons, en el cuartel de Ausias March, había tenido una reunión con oficiales donde les expuso la esencia del cuerpo basada en la disciplina. A rejegos y a disgustos pareció imponerse. Estaban «sumamente contrariados», diría Guarner más tarde. En cuanto a Escobar, este le respondió que si el movimiento militar tiene carácter nacional, tendrán que decidir sus superiores del Instituto. Enfurecido, Escofet le replicó: «La única actitud decorosa y decente consiste en proceder dentro del marco de la Constitución y de acuerdo con el juramento de todo oficial a la legalidad republicana». Ante la presión de Companys, Escobar se retractó y aseguró que se podría contar con él.

Los anarquistas no les tienen mucha simpatía a los hombres de la Generalidad, excepto quizá un cierto respeto a Companys, que al fin y al cabo fue hace años uno de los abogados de los sindicatos. Mantienen hacia Escofet y Guarner (su visión de la ciudad era bastante conservadora, decía que Barcelona era un «paraíso de bastantes delincuencias y nido de tumultos») una fuerte desconfianza, no en balde Escofet había sido jefe de los mozos de escuadra que habían golpeado y vejado a Durruti y a otros militantes en el 34. Aun así el 16 de julio Companys convocó una reunión con la CNT-FAI y se creó un comité de enlace del que formaban parte Abad de Santillán, García Oliver, Durruti, Ascaso y Asens. Abad de Santillán comentaría: «pensábamos que, dado nuestro estado de ánimo y dada nuestra actitud, no se nos rehusarían algunas armas y municiones».

La CNT, la FAI, cada uno de los sindicatos, los comités de barriada, los ateneos populares, los grupos de afinidad anarquistas, en clara previsión del golpe militar que se venía, habían desarrollado una inmensa campaña llamando a preparar el contragolpe. Sus informantes en los cuarteles les confirmaban lo inminente del hecho y habían decidido actuar en conjunto con otras fuerzas socialistas y republicanas.

La CNT cuenta en Barcelona con unos ciento veintiún mil afiliados, de los cuales no menos de veinte mil están organizados en los comités de defensa confederal, los grupos de acción de la FAI y los comités de barriada dispuestos a empuñar las armas.

En el comité de enlace entre los sindicatos y la Generalidad el tema fundamental era el de las armas.

> Largas y laboriosas fueron las negociaciones y, en todo momento, se nos respondió que se carecía de armas [...] no pedíamos veinte mil fusiles para los hombres que esperaban en nuestros sindicatos y en los puntos de concentración convenidos, sino un mínimo de ayuda para comenzar la lucha. Pedíamos solamente armas para mil hombres y nos comprometíamos a impedir con ellas que saliese de los cuarteles la guarnición de Barcelona, y a forzar su rendición. Nada.

La desconfianza era mutua. Se cuenta que

> [...] en las noches pasadas en vela en el Departamento de Gobernación eran continuas las llamadas de las diferentes comisarías comunicándonos la detención de camaradas a quienes se pretendía quitar la pistola e incluso procesar por portación ilícita de armas. Hemos intervenido en centenares de casos, aunque hemos llegado siempre a acuerdos amigables.

El 18 de julio algunos miembros de la FAI fueron detenidos por llevar pistolas a la vista y hubo que mover infinidad de presiones para liberarlos. Un día antes la FAI distribuye un volante en las fábricas de Barcelona ante la inminencia del golpe militar en el que señala: «Vamos a evitar entrar en conflicto con las fuerzas antifascistas», pero esa misma noche miembros del Sindicato del Transporte dirigidos por Juan Yagüe asaltaron las pequeñas armerías de barcos de ultramar que se encontraban en el puerto de Barcelona. Simultáneamente fueron requisados cerca de ciento cincuenta fusiles y algunas pistolas del *Manuel Arnús* (Arnauz), el *Argentina*, el *Marqués de Comillas* y el *Uruguay* y llevadas al local del sindicato. La Generalidad destacó dos camionetas con guardias de asalto para recuperar las armas y rodearon el Sindicato del Transporte. Para no provocar una carnicería que hubiese malogrado la unidad de acción que era indispensable, intervinieron Durruti y García Oliver, jugándose la vida entre los guardias y los obreros que «con una pasión conmovedora» se negaban a soltar lo arduamente ganado, y negociaron la devolución (aunque solo de una parte) de los fusiles con el compromiso por parte de las autoridades de que serían devueltos a los trabajadores en el caso de estallar la sublevación militar.

Los comités de defensa no fueron nunca una organización de la FAI, ni tuvieron nunca un carácter independiente y autónomo; fueron la organización armada de la CNT, sometida siempre a las decisiones e iniciativas del Comité Regional (o Nacional) de la central sindical. Juan García Oliver, exagerando, dirá: «cuando los militares empezaron la preparación de su golpe de Estado, en el comité de defensa confederal de Barcelona les llevábamos una ventaja de casi un año y medio planeando. Discutiendo, organizando proponiendo, almacenando unas pocas armas aquí y allá, coordinando», quizá, pero más cerca de la realidad está Francisco Carrasquer: «Estábamos preparados desde hacía una semana».

## IV. 18 de julio

Y aquí es donde debería iniciarse esta historia. Por ejemplo, con una frase afortunada de Juan García Oliver, de esas que producía de vez en vez, cuando el protagonismo no lo carcomía: «¿Son siempre tan tristes las revoluciones?». O una sentencia del propio Paco Ascaso:

> Si la revolución fuese cosa de cantar, bien vivir y beber un vaso de cerveza, ya haría tiempo que otros militantes la habrían hecho. Pero la revolución, amigos míos, no es eso. Es una larga marcha hacia lo desconocido, en la que suelen caer los mejores sin haber alcanzado la meta. Pero solo a este precio es la revolución posible. Y a quien le parezca este precio demasiado caro, que siga lamiendo los mismos pies que le pisotean, pero que no interrumpa nuestra marcha.

O la visión que en esos días tenía un observador del propio Paco: «Fina inteligencia y palabra fácil, Francisco Ascaso valía mucho, aunque encubriese su valor personal bajo la capa de una modestia y de una ausencia total de protagonismo».

Escofet escribió el 18 de julio de 1936 un largo y detallado informe, dirigido al presidente del Consejo de Ministros de la República Española, con los datos referentes a la conspiración de Barcelona y los nombres de casi todos los oficiales que se sublevarían al día siguiente. El informe sale en el tren que va a Madrid, pero nunca llegará a destino.

Los anarcosindicalistas siguen presionando al gobierno catalán para que se arme a las milicias obreras, frente a la Consejería de Gobernación empezaron a concentrarse obreros mayoritariamente de la

CNT, pero también militantes del Partido Obrero de la Unificación Marxista (POUM, marxistas independientes), socialistas y comunistas; pedían armas. Agustín Guillamón reflexionará años más tarde: «No había armas para el pueblo, porque el gobierno de la Generalidad temía más una revolución obrera que el alzamiento militar contra la República». Juan García Oliver desde el balcón llama a los militantes cenetistas a que se pongan en contacto con los comités de defensa de sus barrios. Ricardo Sanz dirá más tarde reflexionando sobre el ambiente: «El pueblo en masa en la calle esperaba y deseaba la sublevación». Creo que confunde pueblo con una muy sólida militancia, «que quería de una puta vez liarse a tiros con la derechona» y según se verá, no son pocos. Si las reservas de que podrán disponer el ejército o las fuerzas de orden público que respondían a la Generalidad son limitadas, las de los cenetistas son enormes.

Los comités de defensa han estudiado los cuarteles, las redes de distribución eléctricas y el alcantarillado. En el sindicato de trabajadores de la industria química, desde hace semanas se están preparando bombas de mano. La CNT lanza la consigna de que en cada fábrica, barco, taller de Barcelona alguien se haga responsable de hacer sonar en su momento las sirenas.

A lo largo de todo el día militantes obreros hablan clandestinamente con algunos suboficiales y soldados. Ricardo Sanz recuerda que en «algunos pequeños cuartelillos de la Guardia Civil, enviaron comisiones de guardias a entrevistarse con las juntas de los sindicatos de las barriadas, para manifestar que ellos estaban con el pueblo y con la República y que no obedecerían órdenes, fuese el que fuese quien las diera, si tendían a ir contra la República».

«La colaboración de la CNT con la Aviación ya se había concretado días antes. Varios miembros del grupo Nosotros habían realizado vuelos de reconocimiento sobre Barcelona, en aviones pilotados por los oficiales Ponce de León y Meana, con el conocimiento de Díaz Sandino, jefe de Aviación del Prat».

A lo largo del día los militares conjurados reciben un telegrama, indicándoles el día y la hora para el alzamiento: «Mañana recibirán cinco resmas de papel», lo que quería decir que el día 19, a las 5:00 de la mañana, había que sacar las tropas a la calle.

A las 5:00 de la tarde del día 17 el golpe militar se ha iniciado a escala nacional. Se había levantado adelantadamente la guarnición de Melilla; a lo largo de la tarde y a la mañana del 18 se producen alzamientos en Tetuán y Ceuta. Los insurrectos atacan sindicatos, detienen a alcaldes socialistas y los fusilan, capturan a militares leales. Para la tarde del 18 el ejército español de África en Marruecos se ha sublevado y ya al llegar la tarde hay noticias vagas del alzamiento en Andalucía, pero la información no llegará claramente a Barcelona. Aún no se muestra con transparencia la dimensión nacional de la insurrección.

El jefe de la IV zona militar es el general Francisco Llano de la Encomienda, nacido en Ceuta en 1879, hombre de ideas moderadas, veterano de las campañas de Marruecos, pero republicano convencido, antifascista declarado y, al parecer, masón. Le han presentado pruebas no discutibles del complot, pero se niega a practicar arrestos entre sus oficiales. Companys recela de su futuro comportamiento. Escofet le pide dos veces a Llano de la Encomienda que detenga a setenta oficiales que están totalmente comprometidos con el golpe. El general, que cree en la palabra de esos hombres, se niega. El general Fernández Burriel, que supuestamente encabezará el movimiento, le había jurado a Llano que bajo su palabra de honor no estaba implicado. Si alguna unidad rompe la disciplina, se ha comprometido a someterla con sus propios medios. «Era leal pero idiota», dirá de él Escofet.

La normalidad es un baile de fantasía donde nada es lo que parece, la apariencia de tranquilidad solo es un velo, una ilusión. Luis Romero reseñará: «Las primeras horas después de la tarde y el anochecer del sábado 18 de julio fueron en Barcelona aparentemente normales. La gente asistía a los espectáculos, a los bailes, ocupaba las terrazas de bares y cafés, paseaba por calles y avenidas, bebía en las tabernas, apostaba en frontones y carreras de galgos».

En el Sindicato de la Construcción, en la calle Mercaders a primeras horas de la noche, se han congregado cientos de personas. Muñoz cuenta: «El inolvidable Ascaso con su sonrisa habitual y recalcando las palabras, síntoma de agitación en su alma: "Hay que engrasar los cerrojos, amigos, que esta vez va de a de veras"». Uno a uno los asistentes se acercaban a los líderes anarquistas solicitando armas. En las primeras horas de la noche los comités de defensa reciben la consigna de desarmar a los serenos y vigilantes de la ciudad. «Así pasaron algunas pistolas y revólveres, con escasísima munición, a nuestro poder». Se asaltan algunas armerías, el botín es muy pobre, unas cuantas escopetas de caza.

Desde el Sindicato de la Construcción se movilizan algunos obreros para requisar vehículos de transporte, camiones y automóviles. Una hora más tarde circulaban ya por las Ramblas y a toda velocidad coches particulares incautados, con las iniciales «CNT-FAI» escritas con yeso en las partes más visibles. En algunas esquinas son recibidos con aplausos.

Hacia las 2:00 de la madrugada en el Palacio de Gobernación se produce una reunión: García Oliver, Abad de Santillán, Ascaso, Durruti, están los jefes de la Guardia Civil, Escobar y Brotons y el general Aranguren. Según Abad, Ascaso no podía contenerse. «Aún estamos viendo el gesto de rabia y de desesperación de Francisco Ascaso en la noche del 18 de julio, cuando se hablaba de que los militares desistirían de salir a la calle». «Esos cobardes tienen miedo y parece que no se atreven», dicen que dijo. Durruti estaba calmado, pero a Paco Ascaso «la espera pareciera hacérsele insoportable». La Generalidad sigue negándose a distribuir armas a las milicias obreras.

Salas cuenta que en el despacho en Gobernación, en una discusión permanente, estaban los mandos de la Guardia Civil, que allí habían establecido, o los habían forzado a establecer, su puesto de mando. El general Aranguren en la mañana de ese mismo día había celebrado una reunión con los altos oficiales del cuerpo y acordado por votación apoyar al poder constituido. Pero a través de confidentes el gobierno sabía que la mayoría de los mandos intermedios eran favorables al golpe. Escobar decía que no quería combatir contra el ejército. La Guardia Civil permanecía acuartelada: la tensión entre oficiales, suboficiales y números era causa y reflejo de la que dominaba a los jefes.

Los guardias de seguridad y asalto, las únicas fuerzas claramente fieles a la República, a pie o a caballo, patrullaban, custodiaban edificios o dormían en las salas incautadas de algunos cines con el rifle entre las piernas, o daban unas cabezadas en las comisarías o lugares de concentración.

A diversos cuarteles iban llegando, burlando el cerco de sombras que poco a poco crearon los sindicalistas, jóvenes falangistas, requetés o monárquicos de Renovación Española; algunos, menos jóvenes, podían ser veteranos de los blancos Sindicatos Libres. La consigna para que les flanquearan el paso era: «Fernando Furriel Ferriol». Se les dotaba de fusil y municiones y se les encuadraba dirigidos por oficiales, que abundaban entre los que usualmente no tenían mando de tropa o estaban en retiro.

Grupos de trabajadores armados casi todos tan solo con pistolas comenzaron a rodear los cuarteles y acudieron a los locales sindicales o a los ateneos libertarios. En la calle Pujadas número 276, casi en la esquina con Espronceda, en el barrio de Pueblo Nuevo, en el piso donde vive Gregorio Jover, tras la reunión en Gobernación (quizá hacia las 3:00 de la mañana) se ha reunido el grupo Nosotros, que en la práctica se ha asumido como el comité de defensa confederal.

Guillamón nos da los nombres y curiosamente las direcciones de los asistentes: Juan García Oliver, vivía muy cerca, en el número 72 de la calle Espronceda, casi esquina a Llull; Buenaventura Durruti, vivía a un kilómetro escaso, en la barriada del Clot; Antonio Ortiz, nacido en el barrio de La Plata de Pueblo Nuevo, en el chaflán de las calles Independencia/Wad Ras; Francisco Ascaso, vivía también muy cerca en la calle San Juan de Malta; Ricardo Sanz, también vecino de Pueblo Nuevo. Estaban también Aurelio Fernández y José Pérez Ibáñez, el Valencia. Disponen de algunas armas, almacenadas en una alcoba: una ametralladora Hotchkiss, que ha sido sacada pieza a pieza de Atarazana a la que llaman la Asturiana, dos fusiles ametralladores checos, y un número elevado de rifles Winchester; muchas pistolas y munición. Distribuidos por la ciudad hay más rifles (que fueron abandonados por los catalanistas en el 34). Desde ahí se veía la valla del campo de futbol del Júpiter en la calle Lope de Vega, punto de encuentro de la enorme militancia cenetista del barrio. El comité de defensa de Pueblo Nuevo había requisado dos camiones de una cercana fábrica textil, que fueron aparcados junto al campo.

La CNT ha decidido que en Barcelona no hay que convocar la huelga general porque el paro se va a dar naturalmente. El comité de defensa mantiene sus instrucciones: había que dejar salir las tropas a la calle y, ya alejadas de sus cuarteles, atacarlas por el frente y la espalda, sin prisas, intermitentemente. Aislar a las tropas sublevadas, cortándoles las comunicaciones. Dar órdenes a los grupos dentro de la base aérea del Prat de bombardear desde el primer momento el cuartel de San Andrés. García Oliver dirá después: «agilidad de movimientos, evitar la parálisis del quietismo, como el atrincheramiento en una barricada, en un balcón, tras una ventana, porque en cualquiera de dichas posiciones se es vencido y muerto».

Poco antes de que las tropas comenzaran a salir el general Llano de la Encomienda ordena al general Ángel Sampedro, apolítico y moderado, pero disciplinado, que visite los cuarteles, que observe el ambiente y que en caso necesario los pusiera en orden. Sampedro lo logró medianamente en el Regimiento núm. 14 Alcántara, donde la oficialidad se hallaba dividida, pero en Pedralbes encontró al Regimiento de Badajoz (núm. 13) sublevado. Cuando se inició una violenta discusión con los mandos, el capitán Mercader, para dejar claras las cosas, disparó un tiro cerca de la cabeza del general. Los oficiales en armas arrestaron a Sampedro y lo encerraron junto al coronel del regimiento, Fermín Espallargas, que se había enfrentado a los golpistas.

En lo que todos los participantes recuerdan como una cálida noche de verano, Companys sale a dar un paseo por las Ramblas acompañado de Ventura Gassol, el poeta que era su consejero de Cultura («Es en momentos difíciles que uno conoce a sus amigos»). Romero dirá en una de sus crónicas: «De cuando en cuando se oía algún disparo pero los barceloneses estaban acostumbrados a los estampidos».

## V. Los militares que se van a levantar en armas

¿Por qué podemos ser tan precisos a la hora de registrar a los golpistas y tan vagos cuando reseñaremos a las fuerzas republicanas y sindicalistas que los van a enfrentar? Porque mientras de un lado hay oficiales con nombre, registros, estadillos, toda la burocracia, del otro hay un pequeño aparato que depende de la Generalidad y un movimiento social enorme encuadrado en la CNT cuyas referencias tan solo son algunos militares destacados, el nombre de un ateneo, sindicato, o comité de barriada. Las masas mientras emergen tienen una calidad de anonimato notable.

La guarnición de Barcelona se componía de dos regimientos de infantería, el núm. 13 (Badajoz) en el cuartel en Pedralbes, donde casi todos sus oficiales estaban a favor del alzamiento, entre ellos el coronel López Amor, uno de los dirigentes del movimiento y de la Unión Militar Española (UME); contaba con seiscientos hombres con dieciséis ametralladoras y cuatro morteros. El núm. 14 (Alcántara), cuartel en la calle Sicilia; su jefe era el coronel Críspulo Moracho (contra el que los fascistas habían atentado), pero estaba ausente por vacaciones y le substituía el teniente coronel Francisco Roldán. Junto a los golpistas había oficiales de la Unión Militar Republicana Española (UMRE) y se pensaba que se podía neutralizar el golpe. Contaba con quinientos soldados.

La totalidad de la caballería estaba al mando del general Fernández Buriel, que por ser el golpista de mayor antigüedad asumiría el mando temporalmente (originalmente se había pensado en el Carnicero de Barcelona, Martínez Anido, pero el director de la conspiración, el general Emilio Mola, había escogido a última hora al general Manuel Goded). Contaba con dos regimientos, el núm. 3 (Santiago) en el cuartel de Girona de la calle Lepanto, al mando del coronel Francisco

Lacasa. Toda la oficialidad estaba en el complot. Unos cuatrocientos hombres con seis ametralladoras. Y el núm. 4 (Montesa), al mando del coronel Pedro Escalera. Cuartel de la calle Tarragona. Casi todos los oficiales estaban por el alzamiento. Cuatrocientos hombres y seis ametralladoras.

La artillería está al mando del general Justo Legórburu, comprometido con el alzamiento y constaba de tres unidades, el Regimiento de Montaña núm. 1 en el cuartel de Icaria. Con dieciséis piezas, algunas ametralladoras, trescientos hombres. Excepto el coronel Francisco Serra (que no colaboró, pero no intentó detener la sublevación) todos los oficiales están en el complot. El Regimiento Ligero núm. 7, al mando del coronel Josep Llinás (o Llanas), del cuartel de San Andrés, veinticuatro (o dieciséis) piezas de ciento cinco vickers. Los oficiales votaron si se sumaban o no, los golpistas ganan por un voto. Cuentan con trescientos cincuenta soldados y algunas ametralladoras. Y el Parque de Artillería núm. 4, al mando del teniente coronel golpista José Orza Fernández; cuartel contiguo al 7 Ligero. Custodiaba treinta mil fusiles y varios millones de cartuchos. Sumaban doscientos hombres y al menos dos baterías de cañones.

Además los alzados contaban con el coronel Antonio Navarro y toda la oficialidad del Batallón de Zapadores Minadores núm. 4, cuartel de la calle de las Cortes (entre la Plaza de España y el Prat), que cuenta con de trescientos a cuatrocientos soldados. Más dudoso sería el comportamiento del Parque núm. 4, cuartel del Parque de la Ciudadela, al mando del comandante republicano Sanz Neira que tiene unos doscientos cincuenta hombres. Los alzados podrían apoyarse en los oficinistas, las guardias, los oficiales y las guarniciones del edificio de la Capitanía General en el Paseo de Colón, así como los de Dependencias Militares, un edificio sólido en la esquina de las Ramblas, donde estaban otras oficinas, numerosos oficiales con misiones burocráticas y administrativas y los juzgados militares, unos pocos soldados, escribientes y los que cubrían la guardia, bajo el mando del coronel Silverio Cañadas, donde la mayoría estaba a favor de la sublevación, y el antiguo Parque de Artillería (Atarazanas, Drassanes), ambos cerca de la Puerta de la Paz. Finalmente, con la pequeña guarnición del Castillo de Montjuic y un grupo de observación de artillería.

Menos claro lo tenían los conspiradores con la aviación, dirigida por el teniente coronel republicano Felipe Díaz Sandino, dirigente de la UMRA de 45 años, y donde tenía fuerte influencia la CNT: el Grupo de Caza núm. 13 en el Prat, aunque estaban inactivas dos de las tres escuadrillas de cazas Newport 52. Además estaba la aviación naval que tenía unos diez hidroaviones Savoia en uno de los muelles del puerto, que estaba comprometida con el alzamiento.

Estas fuerzas están mermadas respecto a su número habitual porque muchos soldados estaban ausentes por las vacaciones de verano. Sin embargo, crecían por la participación de al menos medio millar de militantes de los partidos de ultraderecha que se habían concentrado en los cuarteles desde la noche del 18 y una gran cantidad de oficiales, algunos retirados y otros de complemento, que serían valiosos para darles consistencia militar e ideológica a unos soldados que no sabían claramente a dónde los dirigirían.

Fernández Burriel comandaría el alzamiento hasta la llegada del general Manuel Goded, comandante general de las Baleares, que una vez alzadas las islas viajaría desde Mallorca. Goded tiene 53 años, es uno de los pocos generales catalanes de la camada de los africanistas, irritable, irascible, buen organizador, reaccionario de pro, ha estado en todas las conspiraciones antirrepublicanas; el 17 de febrero del 36 trató de levantar el Cuartel de la Montaña, la blandura del gobierno de Azaña en lugar de fusilarlo lo manda al exilio en Baleares, con mando, claro. Una foto de aquellos años muestra a un hombre que parece más joven de lo que es, grandes entradas, ojos juntos, un bigotillo, de los que luego se llamarían fascistas. Serrano Suñer lo retrata: «Era orgulloso, ambicioso, de pequeña estatura y ojos pequeños e intrigantes, y al mismo tiempo inquieto y decidido».

Es posible que, como registra Agustín Guillamón, los alzados no podrían poner más de seis mil hombres en la calle, con abundantes ametralladoras y cañones, que si lograban la adhesión de la Guardia Civil podrían derrotar la endeble alianza entre la Generalidad y los sindicalistas.

El plan militar que hicieron los cuadros de la UME y revisado por Mola, el director de la conspiración, era una rápida operación saliendo de los cuarteles que estaban la mayoría en la periferia de la ciudad, tomar el centro de Barcelona, en particular su centro natural, la Plaza de Cataluña y los que percibían como los ejes del poder: Generalidad, jefatura de policía, Consejería de Gobierno. Además ocupar los centros de comunicación: la Telefónica y las estaciones de radio. No tenían ninguna propuesta para desarticular los otros centros del poder: los locales sindicales.

¿Qué atacarían? ¿La ciudad gubernamental? Pero el alzamiento está pensado en un frente, cuando hay dos, y el otro no es menos importante. ¿La ciudad proletaria? ¿Los locales sindicales? ¿Los puntos de concentración de los militantes? El plan golpista no lo tiene muy claro, es bastante limitado. Su inteligencia es pobre. Los sublevados se concentrarían en ocupar los edificios, los nudos de comunicación y el aislamiento de los barrios obreros periféricos, pero se olvidan de lo que pasaría si se producía una reacción violenta de estos, que convertiría la posición de las tropas dentro de la ciudad en una trampa mortal, tal como fue.

## VI. Los militares salen a la calle

Faltando minutos para las 4:00 de la madrugada del domingo 19 de julio de 1936, las tropas del regimiento Badajoz salieron del cuartel del Bruc en Pedralbes y comenzaron a organizarse en dos columnas. Los obreros que vigilaban en la oscuridad dieron la señal de alarma pero no dispararon, siguiendo la consigna de dejar alejarse de los cuarteles a los alzados. Hacia las cinco la primera columna, comandada por el capitán Enrique López Belda y reforzada con treinta civiles, se dirigió por la Diagonal hacia el centro de la ciudad posiblemente destinada a la Capitanía General, supuestamente requerida por Llano, pero con opuestas intenciones.

Hacia el amanecer sale una segunda columna mayor en tamaño que tenía como objetivo la Plaza de Cataluña, para, en unión de otras fuerzas, tomar la Comisaría de Orden Público y la Generalidad. Era mandada por el comandante López Amor, dirigente de la UME, y estaba compuesta por dos compañías de fusiles, otra de ametralladoras, dos cañones de acompañamiento y una sección de morteros, un par de carros y una sección de paisanos uniformados, falangistas en su mayoría. André Malraux, que posteriormente lo narraría en una novela, cuenta: «Avanzaban en medio de la calzada, precedidos en las aceras por patrullas de protección, barrio rico, hermosas puertas profundas. Los focos eléctricos no estaban todavía apagados». Primeros tiroteos de grupos aislados. Siguen avanzando.

Todos los testigos registran el repentino y unánime sonido de centenares de sirenas en la noche barcelonesa. Lola Iturbe contaría: «Al poco rato ya se oyeron las sirenas de alarma de las fábricas». Probablemente fueron las sirenas de las fábricas textiles de Pueblo Nuevo las que comenzaron a ulular llamando al combate, extendiéndose a otros barrios y a los barcos en el puerto. «Era la señal acordada para el inicio de la lucha». André Malraux escribirá en *La esperanza:* «La sirena de una fábrica aulló en la madrugada. Como los días en los que solo se deciden los pequeños destinos [...] Una segunda sirena. Diez. Veinte. Cien». Registra el desconcierto del grupo que ha hecho los primeros disparos: «Ninguno de los compañeros ha oído más de cinco sirenas a la vez». «Como las ciudades amenazadas de España se estremecían en otros tiempos bajo las campanas de todas sus iglesias, el proletariado de Barcelona respondía a las salvas con el arrebato anhelante de las sirenas de las fábricas».

Hacia las 4:30 de la madrugada Escofet y Guarner recibieron aviso telefónico de que el alzamiento se había iniciado. El presidente Companys, conducido por el capitán José Guarner, con pequeña escolta y callejoneando, fue conducido a la Comisaría, que estaba fuertemente defendida por las fuerzas de asalto.

Poco antes del alba salen del cuartel de artillería de montaña, en los muelles de la avenida Icaria, dos piezas de artillería en camiones, mandadas por el capitán Sancho Contreras, que llegaron con éxito a su destino en la Plaza de España.

A las 5:00 de la mañana el resto de las tropas del cuartel de artillería de montaña, tres baterías, varias ametralladoras y fusiles, con un grupo de voluntarios fascistas que salieron en vanguardia y al mando del comandante José Fernández Unzúe, avanzaba por la vía Icaria, bajando por la calle Claris para tratar de llegar a Capitanía, ocupando la zona portuaria, las estaciones ferroviarias y buscando llegar a los edificios del gobierno de Cataluña.

Hacia las 4:15 (las cinco según otras fuentes) sale el regimiento de caballería de Montesa núm. 4, de la calle Tarragona, con el coronel Escalera al mando. Se presentaron bastantes voluntarios, un grupo de ellos uniformados porque eran oficiales de complemento. Entre los paisanos predominaban los monárquicos, tradicionalistas y alfonsinos, y les sentó mal la arenga del coronel Escalera quien, de acuerdo con las instrucciones de Mola, dijo que iban a salir en defensa de la República. Algunos mostraron su falta de ánimo. Cuando se dio cuenta el general Burriel se lanzó gritando un «¡Viva España!». Salieron a la calle tres escuadrones a pie y fueron recibidos a tiros por guardias de asalto y cenetistas. El primer escuadrón, tras rehuir un tiroteo de unos veinte minutos de los guardias de asalto se dirigió a la Plaza de España.

Desde el cuartel de Gerona (sede de la caballería de Santiago, que se había pronunciado casi unánimemente en favor de la sublevación), salieron hacia las 5:00 de la mañana tres escuadrones de unos cincuenta hombres cada uno, a pie, con ametralladoras cargadas en autos. Su objetivo era dominar el Cinco de Oros en el cruce del Paseo de Gracia con Diagonal, para luego bajar a plaza Urquinaona y Arco del Triunfo.

Al cuartel del 7º Ligero y la Maestranza de Artillería, en San Andrés del Palomar en la periferia de la ciudad, llegaron muchos voluntarios, casi todos monárquicos, que recibieron disgustados los *vivas* a la República con que se arengó a las tropas formadas (de acuerdo a la estrategia de Mola, de crear confusión). Los voluntarios de ultraderecha organizaron la defensa conjunta de los dos edificios, fundamental, porque ahí estaba el armamento de toda la región. Del 7º Ligero de Artillería salieron a primera hora media batería sin piezas (unos cincuenta hombres) en dos (cuatro según otras fuentes) camiones mandados por el capitán Dasi y tres tenientes rumbo a la Plaza de Cataluña.

Aparte de las tropas mencionadas, salió del 7º Ligero una batería (cuatro cañones) tirada por caballos y reforzada por una sección de ametralladoras. El mando estaba a cargo del capitán Montesinos, acompañado por el capitán Reilein (quien lo hizo a disgusto porque era un hombre de izquierda), que tenía por misión apoyar a la infantería del regimiento Badajoz en la Plaza de Cataluña. Llegó a la calle Bruc, desde la calle Diputación, a las 7:00 de la mañana, tras un largo recorrido de seis kilómetros, sin apenas incidentes.

El cuartel de Intendencia y su jefe, el comandante Sanz Neira, permaneció fiel a la República. Lo mismo la base aérea del Prat con la escuadra núm. 3. Es más, algunos pilotos de izquierda se pusieron en contacto con sindicalistas cenetistas de La Papelera Española y La Seda de Barcelona, quienes se habían alojado en un hotel al borde del campo como si estuvieran de vacaciones y a primeras horas de la mañana los obreros entraron a las instalaciones del aeródromo y recibieron un fusil con cinco balas. Díaz Sandino dio órdenes de bombardear los cuarteles tan pronto como se alzaran en armas. Solo dos comandantes, José Castro y Eugenio Frutos, se negaron a cumplir la orden y fueron detenidos en un barracón del campo.

En la zona portuaria y marítima, en la Barceloneta, en cuya periferia tenía su cuartel el Regimiento de Artillería de Montaña núm. 1, al amanecer estaban formadas en el patio tres baterías con sus mulos y fueron bombardeadas por un avión de la base del Prat, causando alguna baja y cierta desmoralización. A las 6:00 se organizó una columna, al mando del comandante Fernández Unzúe, que tenía por objetivo tomar primero el Palacio de Gobernación y acto seguido el Palacio de la Generalidad; salieron las tres baterías a la calle, sin esperar la llegada del apoyo de la infantería de los del Alcántara; los oficiales estaban convencidos de que el «populacho» correría al oír el trueno del primer cañonazo. Afuera los estaban esperando piquetes de las Juventudes Libertarias.

Del cuartel de ingenieros Lepanto, en las afueras de Barcelona (Hospitalet de Llobregat), había salido a las 4:30 una compañía de zapadores que marchó hasta la Plaza de España. El coronel Cañadas en Dependencias Militares se limitó a apoderarse del edificio y emplazar ametralladoras en el techo.

Desde las 6:00 de la mañana, la red de la resistencia antigolpista se ve apoyada por las estaciones de radio que están transmitiendo informes de la Generalidad y dando noticias de los movimientos de la tropa sublevada y su salida de los cuarteles.

Las palabras *simultáneo, simultáneamente;* las frases *al mismo tiempo, mientras esto sucedía,* suelen encubrir la necesidad de una precisión imposible de alcanzar. No es posible narrar los hechos con la simultaneidad con que se producían. Casi nadie tiene tiempo de tomar el reloj del bolsillo, mientras se está ocultando la cabeza detrás de la barricada y sacándola para disparar, para ver la hora en aquellas calles sin farolas.

Pero en aquella Barcelona, en la que en un determinado momento las sirenas ensordecen el ambiente, hay no menos de diez columnas militares avanzando hacia el centro de la ciudad y podemos medianamente establecer que al menos tres de ellas fueron recibidas a tiros.

## VII. Los primeros choques, 6:00 de la mañana a poco antes del mediodía

El narrador tiene que confesar que nunca se ha apropiado ni entendido el paisaje urbano de Barcelona, ni siquiera en los meses en que permaneció en ella; y a esto tiene que sumar un galimatías poderoso, las calles y las plazas han cambiado de nombre, las referencias son inexactas, donde hubo un hotel hoy hay un banco, las horas se confunden, los testigos son imprecisos, el antes y el después inexacto. No hay nada más raro que la realidad. Quizá lo único que está claro es que en esa hora incierta donde aún no acaba de amanecer el 19 de julio de 1936, como diría el periodista andaluz Manuel Chaves Nogales: «El que sabe parar domina».

Diego Abad de Santillán dirá pocos meses más tarde: «Parecía que hasta la respiración había quedado interrumpida. Solo nuestra gente se agitaba febrilmente entre las sombras». Muñoz informará:

> En el Sindicato de la Construcción el encargado avisó por teléfono de la salida de los soldados; el secretario Marianet respondió a la noticia: «¡A por ellos!». El sindicalista Francisco Carrasquer, que había pasado la noche en el Ateneo de las Corts, contará: «Nosotros salimos a la calle zumbando, pegando tiros y les hicimos correr». Pero no fue así y desde luego no fue tan fácil. En los alrededores del campo de futbol del Júpiter un enlace llegó a informar que las tropas habían empezado a salir de los cuarteles. Las calles Lope de Vega, Espronceda, Llull y Pujades, estaban repletas de militantes cenetistas mal armados. Una veintena de «los más curtidos, probados en mil luchas callejeras» (dirá Guillemón) subieron a los dos camiones. Antonio Ortiz y Ricardo Sanz montaron una ametralladora en la parte trasera de la plataforma del que abría la marcha [...] Bandera rojinegra desplegada, seguidos de un cortejo de hombres armados, cantando *Hijos del pueblo* y *A las barricadas,* animados por los vecinos asomados a los balcones, enfilaron hacia el centro de la ciudad. Jamás las estrofas de esas canciones habían tenido tanto sentido: «aunque nos espere el dolor y la muerte, contra el enemigo nos llama el deber».

Deben ser poco menos de las 6:00 de la mañana. Los cazadores de Santiago del regimiento de caballería, tres escuadrones dirigidos por el coronel Lacasa, fueron ligeramente hostilizados durante todo su recorrido por las calles Lepanto, Industria, Paseo de San Juan y Córcega y cuando desembocaban por el Paseo de Gracia con la Diagonal, con sus ametralladoras en coches particulares, avanzando confiados y les faltaba poco más de una manzana para alcanzar una plaza llamada popularmente Cinco de Oros, fueron recibidos por los obreros del barrio de Gracia desde una barricada con una descarga cerrada. En los alrededores el comandante Arrando les había preparado una emboscada con tres compañías de asalto, un escuadrón de caballería y una sección de ametralladoras y morteros, acompañados por una multitud de militantes obreros apostada en azoteas, balcones, subidos en árboles y escondidos en portales, armados con automáticas y bombas de mano.

Los sublevados, que avanzaban sin exploradores, recibieron un nutrido fuego que barrió la vanguardia sin darles ocasión de montar las ametralladoras y produciendo gran número de bajas entre la tropa y oficiales. Los escuadrones que venían detrás se desplegaron castigados por un fuego intenso. Detenidos en seco, el coronel Lacasa dio órdenes de retirada y con el teniente coronel Vázquez Delage y el comandante Rebolledo se refugiaron en el convento de los Carmelitas, en Diagonal esquina a Lauria. Allí apresuradamente fortificaron las instalaciones y recibieron apoyo de los curas que encontraron. Los sindicalistas que habían salido de todos lados, muchos de ellos desarmados, casi llegaban a tres mil y cercaron el convento. Durante las siguientes horas grupos dispersos de soldados que no habían logrado retirarse resistieron hasta ser eliminados totalmente.

Entre los soldados del Santiago hubo muchos desertores que abandonaban a sus jefes. ¿Qué hace la gente cuando descubre que está combatiendo en el lado equivocado? ¿Se escabulle en la esquina, se mete en un portal y desaparece, se quita el uniforme, se esfuma?

Era uno de los golpes más fuertes que los sublevados tuvieron que encajar al inicio de la mañana.

A menos de quinientos metros de la confluencia de Balmes con Diagonal, media hora después del inicio del enfrentamiento en el Cinco de Oros, cuatro camiones procedentes del Parque de Artillería de San Andrés, que transportaban unos cincuenta artilleros con destino a Plaza de Cataluña, fueron emboscados, detenidos y aniquilados por las descargas de fusilería de obreros y guardias de asalto. Armas y cañones fueron tomados por los trabajadores.

Al amanecer, en el cuartel de Atarazanas, los sargentos de artillería Valeriano Gordo y Martín Terrer y algunos cabos y soldados, abrieron la puerta que daba a la calle de Santa Madrona, por la que entraron varios militantes de la CNT en una acción previamente acordada. El grupo se apoderó de cuatro ametralladoras, unos doscientos fusiles y varias cajas de munición, deteniendo a tres oficiales, entre ellos el teniente Colubi, a los que sacaron por esa misma puerta.

Muy temprano, una columna del 2º de caballería de Montesa compuesta por un escuadrón y un pelotón de voluntarios, que mandaba el comandante Gibert de la Cuesta, fue hostilizada en la calle Valencia pero progresaron hasta su objetivo: dominar la Plaza de la Universidad y ocupar el edificio universitario en cuyas torres emplazaron ametralladoras. Pedían la documentación a los transeúntes, fingiéndose fieles a la República, para luego repentinamente romper la mascarada y comenzar a cachear y detener a los paisanos que allí se estaban concentrando, particularmente a los que traían pistolas; entre ellos al diputado y exdirigente histórico de la CNT, Ángel Pestaña, a Molina y a muchos otros afiliados a los sindicatos o a los partidos de izquierda. También hicieron prisioneros a varios guardias de asalto que transitaban en un transporte, aunque otros dos camiones lograron pasar intercambiando disparos con los soldados y sufriendo algunas bajas. En la Ronda de la Universidad tuvieron un tiroteo con un grupo armado del POUM donde moriría Germinal Vidal, secretario de la Juventud Comunista Ibérica. Al descubrirse la farsa, grupos sueltos de obreros y guardias de asalto comenzaron a tirotear a los soldados obligándolos a ponerse a la defensiva.

Muy cerca de allí otro grupo de la caballería de Montesa, con el comandante Manuel Mejías dirigiendo una sección de ametralladoras y voluntarios de ultraderecha, ocupó la Plaza de España y las Rondas de San Antonio, de San Pablo y el Paralelo, con la misión de enlazar con Atarazanas y la Capitanía. Allí había un cuartel de guardias de asalto al lado del hotel Olímpico, quienes, de momento, confraternizando, no se opusieron a los rebeldes y hasta parecía que quisieran colaborar con ellos, cacheando a los paisanos que merodeaban por la plaza. Los guardias de asalto y el escuadrón de caballería acordaron un curioso pacto de no agresión.

La segunda columna de Pedralbes (la de López Amor), la más nutrida, en la primera parte del trayecto no fue hostilizada, manteniendo un tiroteo por error con el escuadrón del regimiento de Montesa, que ya había ocupado la Plaza de la Universidad. Aclarada la confusión dejaron un retén en la plaza y fueron también tiroteados por sindicalistas y guardias de asalto. Siguieron avanzando y se apoderaron de la Plaza de Cataluña, la más céntrica de Barcelona. Entraron dando *vivas* a la República, rodeados por una multitud curiosa y en buena medida armada con pistolas, expectante, que desconocía si eran tropas adeptas o sublevadas. El teniente de asalto Llop, uno de los pocos mandos de los guardias que simpatizaban con la rebelión militar, favoreció la situación. De repente se produjo un primer tiroteo, aparecieron pañuelos blancos, cesó el fuego, y guardias y soldados se abrazaron y confraternizaron. Numerosos militantes obreros armados se replegaron hacia las Ramblas y Puerta del Ángel. El comandante López Amor dio la orden de pedir la documentación a los civiles, en su mayoría cenetistas, pero ante la imposibilidad de detenerlos a todos, decidió expulsarlos del lugar y situar ametralladoras en cuatro puntos opuestos de la plaza: en la azotea de la Maison Dorée, en el terrado del cine Cataluña, en el hotel Colón y en el Casino Militar, y las dos pequeñas piezas del 7.5 en el centro de la Plaza de Cataluña. Luego penetraron en la Telefónica, aunque sin controlar totalmente el edificio porque guardias de asalto les cerraron el paso y custodiaban todavía el tercer piso. Aprovechando esto, los trabajadores de Telefónica comenzaron a cortar la comunicación entre los cuarteles y Capitanía. Durante diez minutos no estaba nada claro, pero cuando López Amor ordenó que las dos piezas situadas en mitad de la plaza dispararan sobre la Telefónica, los guardias de asalto republicanos, que eran inmensa mayoría, abrieron fuego, secundados por los obreros, contra los militares. Abad de Santillán registra: «La lucha se volvió de minuto en minuto más terrible». En estos momentos de confusión un grupo de guardias de asalto capturó al coronel López Amor frente al Casino Militar en las inmediaciones de la calle Fontanella, y se lo llevaron detenido a Comisaría con tanta rapidez que los que lo presenciaron no se atrevieron a disparar para no herirlo.

Desde las últimas horas de la noche del 18 y el amanecer el general Llano de la Encomienda continuó dando órdenes y haciendo llamadas telefónicas en un esfuerzo inútil por intentar cortar la revuelta. Companys y Escofet dudaban injustamente de su fidelidad, pero la confusión era enorme. ¿Quién es quién en un universo donde abundan los cínicos y los traidores? En las primeras horas de la noche le había telefoneado desde Pamplona el general Emilio Mola, antiguo compañero de armas en Marruecos, para pedirle que se sumara al movimiento insurreccional. Llano se negó y Mola le advirtió que se atuviera a las consecuencias. En Capitanía reinaba el caos; parte del Estado Mayor, la compañía de guardia y casi toda la oficialidad estaban sublevados, Llano conserva tan solo su despacho apoyado por un pequeño número de jefes y oficiales. El capitán Lizcano de la Rosa, africanista, claro, tiene la misión de detenerlo, pero la jerarquía es la jerarquía. Y al inicio del día, de esas oficinas salían órdenes contradictorias.

Poco antes del amanecer, Abad de Santillán cuenta:

> Vimos aglomerarse en torno al Palacio de Gobernación a muchedumbres del pueblo que clamaban insistentemente por armas. Hubieron de ser calmadas a medias desde un balcón. Vimos allí los primeros gestos de fraternización entre los guardias de asalto y los trabajadores revolucionarios. El guardia que tenía arma larga y pistola se desprendía de la pistola para entregarla a un voluntario del pueblo.

Guillamón añadirá: «Al mismo tiempo el teniente de aviación Servando Meana, simpatizante de la CNT, que hacía de enlace de información entre la Aviación del Prat y el secretario de Gobierno José María España, entregó las armas depositadas en el Palacio de Gobernación a los anarcosindicalistas por su cuenta y riesgo». Poco después de iniciada la lucha, a los confederales en el cuartel de Asalto de la Barceloneta, y con garantía del carnet sindical, les fueron entregados algunos de los fusiles sobrantes.

En versiones posteriores se dirá que el gobierno de Companys armó a la CNT, lo que evidentemente no es cierto. En este primer momento, frente a millares de sindicalistas que pedían fusiles, el movimiento podía contar con lo antes mencionado, el centenar de fusiles tomados a los barcos, las escopetas requisadas en armerías y sus minúsculos depósitos clandestinos. Abad añade: «Con un centenar escaso de pistolas corrimos al Sindicato de la Construcción. En pocos segundos fueron repartidas a hombres nuestros que alargaban las manos ansiosas y que desaparecían veloces para lanzarse con ellas en la mano contra las tropas».

En la calle de Cruz Cubierta, a la altura de la alcaldía de Hostafrancs, el comité de defensa había levantado una barricada que cerraba la calle. Antes de llegar a la Plaza de la Universidad los soldados que habían llegado en camionetas desde el cuartel de los Docks dispararon un cañonazo a la entrada del barrio de Sans que fue a dar a otra barricada en la bocacalle de Riego, produciendo ocho muertos y once heridos. «Era un escenario dantesco, con brazos, piernas y trozos de carne humana colgando de árboles, farolas y cables del tranvía. La cabeza de una mujer decapitada fue lanzada a setenta metros del lugar».

La columna del capitán Dasi y el 7º Ligero fue emboscada a las 7:00 de la mañana en la confluencia de Balmes y Diagonal por guardias de la 7ª compañía de seguridad y cenetistas de los comités de defensa de San Andrés, Santa Coloma y San Adrián, que estaban vigilantes en azoteas y esquinas. Abrieron fuego por sorpresa y les causaron muchas bajas. Cayó herido el capitán Dasi y uno de sus tenientes. Durante dos horas resistieron, pero hacia las nueve la columna estaba desarticulada y los supervivientes hechos prisioneros; muchos de los sindicalistas, que habían combatido con pistolas o desarmados allí, se hicieron con rifles y cartucheras.

La tropa del regimiento de infantería Alcántara tardó en salir del cuartel por la disputa entre oficiales contrarios y partidarios del alzamiento. Pérez Salas comentará: «Todos los regimientos se amotinaron en Barcelona, tan solo uno lo hizo en broma». Después de las 9:00 de la mañana, por orden del general Fernández Burriel, solo dos compañías salieron a la calle; la segunda compañía tenía por objetivo la ocupación de los estudios de Radio Barcelona en la calle de Caspe núm. 12 y de Ràdio Associació de Catalunya. Acosada la tropa en la plaza Urquinaona, intentaron desesperadamente subir por la calle de Lauria hacia Caspe, pero tras una hora de combate estaba prácticamente deshecha; tras reunir los restos, apenas un grupo puede refugiarse en el hotel Ritz. Malraux registra que bajo los faldones de la camisa de uniforme se ven muchos pantalones de los voluntarios civiles. ¿Cuántos requetés, falangistas, monárquicos de Renovación Española estaban participando en el movimiento?

Frente a Atarazanas, ráfagas de ametralladora disparadas desde el cercano edificio de las Dependencias Militares permitieron que el teniente J. M. Colubi pudiera escaparse de sus captores y regresar a tomar el mando de la resistencia en el cuartel, que quedó cercado. Una compañía de ingenieros de Lepanto llegó, no sin dificultades, a la misma zona. Cuando pasaban ante Atarazanas, el teniente Colubi les pidió que le cedieran algunos hombres para la defensa de Atarazanas y el teniente Brusés les dejó dieciocho soldados mientras los demás entraron en Dependencias, donde también se había sumado una sección de falangistas que llevaban una ametralladora. Al controlar los dos edificios podían cruzar sus fuegos y temporalmente se volvían inexpugnables. A esto hay que añadir que habían ocupado la cercana fábrica de Electricidad.

En minutos, el contragolpe revolucionario ha creado una estética, la de los des/uniformados, obreros portando esas camisas veraniegas arremangadas, blancas; absurdo, porque hacen mejor blanco y se manchan llamativamente de sangre; las inútiles boinas, las alpargatas de esparto para los que con el salario proletario no les alcanza para zapatos, monos de mezclilla, los coquetos pañuelos al cuello, casi siempre rojos o rojinegros, la decisiva ausencia de corbatas (por ahí en alguna foto encuentras la corbata desanudada de un oficinista que salió a la calle sin saber en la que se estaba metiendo). Así como para el soldado quitarse un pedazo del uniforme era liberarse, para el obrero su uniforme era el de su clase. Pero quizá el elemento más notable era que muchos guardias de asalto se habían despojado de la guerrera reglamentaria, andaban con el correaje y los tirantes sobre la camiseta, se anudaban al cuello pañuelos rojinegros que pedían prestados.

Entre 6:00 y 7:00 de la mañana las fuerzas del 7º Ligero dirigidas por los capitanes Montesinos y Reilein fueron hostilizadas por disparos de pistola desde los portales, tiros desde una azotea. Girando por una de las vías que bajan hacia el mar se adentraron hacia el centro de la ciudad. Su misión consistía en llegar a la Plaza de Cataluña y, con la infantería de López Amor, atacar la Comisaría de Orden Público. En las calles de Lauria y Bruc, en los cruces con Diputación y Consejo de Ciento, fueron enfrentados y la marcha por Claris se hizo muy lenta. Al sonido de los disparos, se concentraron nuevos grupos de asalto y obreros armados y desarmados. Al intentar atravesar la Gran Vía, se produjo un nutrido fuego de fusil y ametralladoras, que hizo numerosas bajas entre la tropa y el ganado. Emplazados los cañones y las ametralladoras en el cuadro formado por las calles Diputación, Claris, Lauria y Gran Vía, dispararon contra la multitud que no cesaba de reagruparse y contraatacar, obligándolos a frenar totalmente su avance porque los caballos que tiraban de piezas y armones cayeron muertos o heridos. Pero los cañones estaban defendidos por una línea de ametralladoras. Tras dos horas de combate la mortandad causada por los cañonazos era espantosa. Los cenetistas lanzaron tres camiones a estrellarse con la línea de ametralladoras mientras los ocupantes lanzaban bombas de mano, «elementos populares» (diría Abad) se lanzaron sobre las piezas llegando al cuerpo a cuerpo. Murió el capitán Montesinos y Reilein resultó herido. A las 11:00 de la mañana el combate había cesado. Las piezas de artillería, las ametralladoras útiles y los fusiles han caído en poder de la militancia. Abad: «El efecto moral no podía tardar en manifestarse».

Las fotos de Agustí Centelles, un valenciano de 27 años que salió a la calle con una Leica, lo registran, en particular en la esquina de Diputación y Roger de Lauria, sobre las 8:45 horas de la mañana, donde muestra una barricada en la que tres guardias de asalto disparan contra los alzados; años más tarde uno de ellos será identificado como el asturiano Mariano Vitini que se vale del cuerpo de un caballo muerto para protegerse. Centelles creará uno de los iconos del contragolpe en Barcelona con esas fotos impresionantes de caballos muertos.

La primera compañía del Badajoz había sido llamada a Capitanía por Llano para protegerlo y allí se dirigió, pero para todo lo contrario. Al llegar a la Gran Vía, los hombres del capitán de 36 años Enrique López Belda siguieron descendiendo por la calle Urgell hasta el Paralelo, donde fueron recibidos a tiros; pronto arreció el tiroteo provocando bajas. Guardias de asalto del 16º grupo habían llegado en tres camiones. Frenarlos les costó a los de Asalto dos muertos y seis heridos, entre ellos el capitán Francisco Arrando, hermano del jefe de los guardias. Venciendo dificultades, la compañía de López Belda llegó al edificio de Capitanía.

En la Plaza de España los guardias de asalto allí instalados continuaban el pacto de no agresión, incluso habían fijado en la puerta de su cuartel el bando de declaración del estado de guerra. Una compañía de zapadores del cuartel de Lepanto pasó por la plaza dejando dos piezas de artillería, emplazadas junto a la fuente del centro. Es notable el desconcierto, el quién es quién, la desconfianza mutua entre uniformados, leales a la República o no, y obreros armados, que demuestra la falta de definición en muchos casos de la situación, y que contrasta con la reacción instantánea de guardias y sindicalistas en otros puntos. Los zapadores descendieron por el Paralelo y la calle de Vilà y Vilà, hasta el muelle de Baleares, donde se enfrentaron a una compañía de guardias de asalto procedentes de la Barceloneta, que fue derrotada al quedar entre dos fuegos, entre Atarazanas y ellos. Tras dejar un pequeño grupo en Atarazanas la mayoría se instaló en Dependencias Militares para defender el edificio. Los golpistas habían obtenido una primera victoria, y dominaban todo el Paseo de Colón desde Correos hasta la Aduana, así como todo el Paralelo, lo que les permitía enlazar con Plaza de España y el cuartel de la calle Tarragona. Eran las 8:00 de la mañana.

Para aislar a los soldados de Plaza de España de los de Atarazanas, los obreros del Sindicato de la Madera y el comité de defensa de Pueblo Seco levantaron rápidamente una gran barricada en la Brecha de San Pablo, entre El Molino y el bar Chicago. En las narraciones tradicionales se suele contar que los soldados dejaron los cuarteles y aparecieron poco después en sus caminos las barricadas, pero una barricada no se puede improvisar tan rápido, de tal manera que algunas empezaron a levantarse en las noches antes de la salida de la tropa, o al menos se empezaron a acumular materiales, y solo pudieron alzarse con la colaboración voluntaria de miles de vecinos, hombres y mujeres, niños y viejos.

El comité de Defensa Confederal se separó en dos grupos, uno de ellos dirigido por Durruti que, acompañado de cientos de militantes y dos ametralladoras, se quedó en el casco antiguo para intervenir en la parte baja de las Ramblas, y a través de las viejas calles desplazarse a donde hicieran más falta.

El tercer escuadrón de los de caballería Montesa, a las órdenes del capitán Santos Villalón, había salido del cuartel de la calle Tarragona para enlazar con Capitanía. Pero al llegar a la altura de la llamada Brecha de San Pablo, en las Rondas, no pudieron superar una monumental barricada de sacos terreros, «que dibujaba un doble rectángulo en mitad de la avenida», defendida por el comité de defensa de Pueblo Seco y militantes del Sindicato de la Madera, porque un intenso tiroteo les cerraba el paso. Luego los soldados instalaron tres ametralladoras, una frente al histórico y anarquista bar La Tranquilidad (Paralelo 69, junto al teatro Victoria), otra en la azotea del edificio colindante con El Molino y la tercera ante la barricada de la Brecha de San Pablo. Eran las 8:00 de la mañana. La militancia, desde el otro lado de la Brecha, desde las terrazas de los edificios cercanos y desde todas las bocacalles les dio con todo, pero la capacidad de fuego de los militares era muy superior y terminaron tomando la barricada cuando avanzaron escudándose tras mujeres y niños del barrio (por cierto que esa es una de las cosas que sugería el plan de Mola). Luego asaltaron el cercano Sindicato de la Madera de la CNT en la calle del Rosal. El combate había durado dos horas y los contragolpistas tuvieron que replegarse pero siguieron hostigando a los militares.

La columna de Artillería de Montaña dirigida por Fernández Unzúe en la que marchaba a la cabeza el capitán López Varela, secretario de la UME, consiguió avanzar sin dificultad hasta sobrepasar el puente de San Carlos, que cruzaba la avenida Icaria y las vías ferroviarias, cuando inesperadamente comenzaron a recibir disparos de un grupo formado por fuerzas de Asalto y obreros de Pueblo Nuevo, la Barceloneta, y de los sindicatos del Transporte y Metalúrgico. El comandante Enrique Gómez García, del cuartel de Asalto de la Barceloneta, había repartido armas a todos los que dejaran en prenda el carnet sindical o político. Rápidamente se sumó a la lucha un enjambre de militantes sindicales. Desde la plaza de toros de la Barceloneta, el puente, vagones y tapias del ferrocarril, en los balcones y azoteas más cercanas comenzaron a hacer fuego. Las tres baterías se encontraron atenazadas entre dos flancos, obstaculizando el avance unas a otras. López Varela consiguió emplazar las ametralladoras y los cuatro cañones de su batería y empezó a disparar, sin dejar de avanzar hacia la Barceloneta, pero los descargadores del muelle cerraron la avenida de Icaria con varias inmensas barricadas que, si las fotos no mienten, son una maravillosa mezcla de ladrillos, muebles viejos, caballos muertos y roperos desvencijados, sillas rotas, vigas, carros de carga quemados, sacos de algarrobas y sobre todo quinientas toneladas de bobinas de papel periódico descargadas en media hora del buque *Ciudad de Barcelona*. Las barricadas se levantaron sirviéndose de carretillas mecánicas y alcanzaban los dos metros de altura.

La batería de López Varela estaba bajo un fuego cruzado de diferentes puntos, inclusive disparos de mortero que se le hacían desde la azotea de Gobernación. Los artilleros consiguieron emplazar algunas piezas y hacer fuego, pero estaban atrapados en el cruce de la avenida Icaria con el Paseo Nacional. Los militares cañoneaban barricadas y multitud, produciendo en ambas terribles brechas; pero las barricadas se rehacían y la multitud volvía a intensificar su cerrado ataque.

Tras dos horas de luchar a la defensiva, a las 10:00 de la mañana las dos baterías de retaguardia recibieron la orden de retirada y se dirigieron de regreso al cuartel con numerosas pérdidas, «en una retirada caótica [dirá Guillamón], marcada por el terror y la desbandada del ganado que transportaba unas municiones que estallaban al ser alcanzadas por los disparos. Ya a la entrada del cuartel tuvieron catorce bajas, causadas por el ametrallamiento de dos aviones».

La batería de vanguardia estaba perdida, a medida que los soldados intentaban retirarse las bobinas de papel, convertidas en barricadas móviles, avanzaban empujadas por trabajadores sin armas, mientras otros lanzaban bombas de mano y disparaban sin tregua. Se produjo el asalto final sobre una treintena de hombres, parapetados tras sus piezas artilleras y los animales muertos, llegándose a la lucha cuerpo a cuerpo. López Varela cae herido al igual que muchos de sus hombres. Paisanos desarmados se lanzan sobre los golpistas para apoderarse de su armamento, lo que consiguen a costa de muchas vidas. Malraux, que es un genio produciendo bellas frases, aunque no siempre certeras, dirá: «El heroísmo que no es más que imitación del heroísmo no conduce a nada», pero explíqueles usted esto a los obreros desarmados que dieron el último empujón.

López Varela fue trasladado a Gobernación con el resto de oficiales prisioneros, mientras los soldados confraternizaban con el pueblo. Ricardo Sanz cuenta:

> Los soldados sublevados, los engañados por unos jefes sin honor ni conciencia, lloraban como niños. Todos manifestaban que habían hecho armas contra el pueblo, sin sentir la causa reaccionaria. Que sus jefes y oficiales estaban detrás de ellos con las armas en la mano, obligándoles

> a tirar... Una mayoría de ellos completamente embriagados. Se desnudaban todos los soldados y lanzaban sus guerreras sobre el suelo.

Se habían conseguido varios cañones, fusiles y ametralladoras; aún no eran las 10:30 de la mañana. Fue el primer éxito rotundo del contragolpe.

Mientras tanto (el maldito *mientras tanto*) otro personaje clave seguía su propia agenda. En las islas Baleares, a las 7:30 de la mañana, el general Manuel Goded, designado por Mola para dirigir el golpe en Cataluña, declaró el estado de guerra y sublevó a la guarnición militar. En poco tiempo logró hacerse con el control de las islas de Mallorca e Ibiza, sin mayor resistencia. La señal para que partiera hacia Barcelona era un llamado público señalando que la insurrección había empezado en la ciudad. Si ese llamado existió o no, no lo sabemos, en la medida en que los alzados no se apoderaron de las estaciones de radio, pero a las 8:45 de la mañana (más de cuatro horas después que salieron de los cuarteles) el general Burriel le informa telefónicamente a Goded desde el cuartel de la calle de Tarragona que ya están controlando la ciudad y que hasta los civiles se les han sumado. Un oficial que viene de la Plaza de España le ha informado que se han apoderado de las tres plazas del centro. Cuando Goded se entera de que Llano continúa en su despacho y que da órdenes por teléfono se sorprende y manda a Burriel a que se traslade a la División y lo arreste. En un coche blindado, Burriel recorre de punta a punta el Paralelo, cruza la Puerta de la Paz y se presenta en Capitanía. Discuten ambos generales acusándose mutuamente de traición. Tercia indignado el capitán Lizcano de la Rosa, y cuando Llano de la Encomienda con la mano derecha le arranca del pecho la insignia de la cruz laureada, y con la mano izquierda le da dos bofetadas, Lizcano le amenazó con la pistola e intentó matarlo, pero sus compañeros se interpusieron y aislaron definitivamente a Llano de la Encomienda. Mientras tanto Manuel Goded se dispone a tomar un avión.

Cerca de la Plaza de Cataluña los tiroteos fueron continuos a lo largo de la mañana. Sanz registra: «Por cada hombre que cae, hay docenas esperando su arma para continuar combatiendo». Malraux añade que cerca de la Plaza de Cataluña un grupo de obreros le explica a otro cómo disparar un fusil. Los sindicatos le dan infraestructura al contragolpe, en los locales hay vendas en el suelo, pan y fruta; se instalaron hospitales de sangre, se crean talleres con viejos herreros para limpiar y reparar las armas capturadas, los metalúrgicos van a sus fábricas para elaborar bombas de mano, en el Sindicato de la Construcción se almacenan explosivos sacados de las canteras de Moncada.

El narrador duda. ¿Ha logrado poner un cierto orden en esta caótica guerra? ¿Ha logrado transmitir los elementos clave? Hacia mediodía el ejército no ha logrado capturar sus objetivos centrales, la Generalidad sigue en poder del gobierno y han sido frenados en casi la mitad de los combates; incluso han sufrido un par de graves derrotas. Los alzados bien poca cosa pueden poner en su haber tras las primeras siete horas de enfrentamientos. El no haber podido tomar las estaciones de radio es clave. Y para los militares en armas hay una agravante, mientras que no han podido sumar fuerzas (la Guardia Civil sigue indecisa), el movimiento obrero armado crece a cada hora, cada vez que cae en sus manos una pistola o un rifle, los trabajadores, por centenares, se suman al contragolpe.

## VIII. Las batallas

Hemos perdido en la vorágine a Paco Ascaso. En una entrevista, muchos años después, Francisco Carrasquer cuenta que lo vio en la plaza de San Jaime subido «a una farola como un simio y arengó a la gente y la hizo detenerse en su avance». La memoria es tramposa. ¿Sería en estas horas o en otra ocasión?

A las 11:00 de la mañana el tercer escuadrón de Montesa había conseguido dominar todo el espacio de la Brecha, tras cinco horas de combate. Sin embargo, el intento realizado por las tropas situadas en Plaza de España de reforzar a sus compañeros había sido detenido a la altura del cine Avenida, donde Francisco Ascaso, García Oliver, Jover, Ortiz y el Valencia, con el armamento sacado de Atarazanas entablan, como diría Ricardo Sanz, «una verdadera batalla [...] Por todas las bocacalles que dan al Paralelo, de derecha a izquierda, desembocaron grandes contingentes de sindicalistas, soldados leales y guardias, inmovilizando completamente a las fuerzas de la facción, sorprendidas entre dos fuegos». Los vecinos levantaron barricadas en las bocacalles del Paralelo con Poeta Cabanyes y Tapioles. Una decena de guardias de asalto, a los que el oficial traidor había ordenado se pasaran a los alzados, se unieron a los sindicalistas. A estos refuerzos se suman los carabineros, que se mantienen fieles a la República y en cuyo cuartel de la calle de San Pablo se reparten a los sindicalistas muchos fusiles. La creciente presión de los comités de defensa de Sants, Hostafrancs, Collblanc y La Torrassa no solo consiguió detener este avance, sino que acto seguido rodearon y atacaron a las tropas acampadas en la Plaza de España, que se rindieron a las 3:00 de la tarde.

Una compañía bajó por la Ronda de San Antonio, en dirección a Capitanía, pero llegada a la altura del mercado de San Antonio fue hostilizada por los comités de defensa, que no podían permitir que reforzaran a las tropas que luchaban en la Brecha, teniendo que refugiarse en el monumental edificio Los Escolapios. Ricardo Sanz piensa que allí habían creado previamente un fuerte depósito de armas y «dentro del mismo, militares, falangistas y los propios sacerdotes, disparaban sin cesar. No hubo más remedio que sitiarlo por fuego. Una hora más tarde se rinden».

Los contragolpistas pasan a la ofensiva, abren las puertas de la prisión de mujeres de Santa Amalia, asaltan el hotel Falcón, desde donde habían sido tiroteados, se desplazaron desde las Ramblas por la calle de San Pablo y obligan a los militares a replegarse. Ortiz, con un pequeño grupo que llevaba las ametralladoras tomadas en Atarazanas, logró cruzar al otro lado de la Brecha, construyendo rápidamente una pequeña barricada que los ponía al abrigo de los disparos de las tres ametralladoras enemigas instaladas en la Brecha. Los anarquistas subieron al terrado y emplazaron sus ametralladoras en la azotea del bar Chicago, que protegieron con sus ráfagas el asalto en tromba y directamente sobre la Brecha, desde el café Pay-Pay, de la calle San Pablo, en el que habían entrado por la puerta trasera que daba a la calle de las Flores. El capitán que mandaba la tropa junto a la ametralladora, situada en mitad de la Brecha, fue abatido por los disparos de Francisco Ascaso, el más adelantado y mejor situado de los atacantes, que avanzaban corriendo a la descubierta. Un teniente intentó relevar en el mando al capitán caído para seguir resistiendo, pero fue abatido por un cabo de la propia tropa. Entre las 11:00 y las 12:00 del mediodía el tercer escuadrón había sido derrotado y la Brecha de San Pablo recuperada por los obreros. Mientras Francisco Ascaso saltaba de alegría, blandiendo el fusil por encima de su cabeza, García Oliver no dejaba de gritar: «¡Sí que se puede con el ejército!». Los combates en la Brecha han durado seis horas.

Algunos soldados se refugian en edificios próximos al Petit Moulin Rouge. Se agotan sus municiones. Los anarcosindicalistas darán el asalto final hacia las 2:00 de la tarde en colaboración con algunos guardias. Solo unos pocos oficiales lograrán escabullirse, los demás serán muertos, heridos o detenidos. Los obreros se apropian del armamento.

Durante el transcurso de la mañana los sublevados del 2° escuadrón de caballería, que ocupaban la Plaza de la Universidad, fueron obligados a replegarse al edificio universitario, acosados por un grupo de guardias de asalto a los que habían tiroteado y gente del POUM, que habían ocupado el Seminario desde el que disparaban sobre los jardines universitarios.

Y de nuevo «mientras esto sucedía», en este avanzar hacia adelante y atrás en un tiempo que resulta extremadamente errático, el general Goded salió del puerto de Palma de Mallorca hacia las 10:30 de la mañana a bordo de un hidroavión y acompañado de su hijo y una escolta aérea. En el edificio de Capitanía, los generales y altos oficiales «parecían representar una ópera bufa [dirá Guillemón]. Nadie obedecía ya al general Llano de la Encomienda pero aunque ya estaba allí el general sublevado Fernández Burriel nadie se atrevía tampoco a destituirle y tomar el mando. Todo eran reproches de guante blanco, chulerías cuarteleras e invocaciones al honor». Sobre las 12:30 el general Goded llegó al puerto de Barcelona. Antes de amerizar hizo que volaran a poca altura sobre la ciudad; por lo poco que se pudo distinguir se combatía en varios lugares y pudo observar que en los edificios oficiales ondeaba la bandera catalana. Ameriza en las instalaciones de la Aeronáutica Naval, marinos y una sección de Ingenieros, desplazada desde Capitanía, le rinden honores encabezados por el teniente coronel Jacobo Roldán, del regimiento Alcántara, quien le comunicó que los soldados de la guarnición estaban luchando bien, pero remató: «solo Dios sabe lo que ocurrirá cuando se enteren de que nos estamos alzando contra la República». Un capitán que le da el parte lleva la guerrera manchada de sangre de un compañero. Rápidamente Goded se dirigió al edificio de la Capitanía General. A lo lejos se oyen disparos y tableteo de ametralladoras. El coche blindado que lo ha ido a recoger y los camiones de la escolta son tiroteados. Pasando la 1:00, después de una serie de imprecaciones y mutuas amenazas de muerte, Goded destituyó y arrestó al general Llano de la Encomienda, luego telefoneó al general de la Guardia Civil Aranguren ordenándole que la fuerza a su mando, que hasta ahora se ha mantenido inactiva y que está concentrada desde el Parque de la Ciudadela y la estación de Francia hasta la Consejería de Gobernación, se ponga a sus órdenes. Aranguren no solo se niega sino que le insta a que se rinda él y todas las fuerzas sublevadas.

Ordenó Goded a la infantería del regimiento Alcántara que intentara de nuevo auxiliar a las tropas de artillería de los Docks. No podía comprender que estas hubieran salido sin protección de la infantería. Envía un enlace en coche desde Capitanía a la Aeronáutica Naval con orden por escrito de que los hidroaviones bombardeen la base del Prat (era una locura atacar con hidros una base de cazas). Oficiales que han permanecido leales, apoyados por cabos y marinería, no solo no aceptan las órdenes, sino que dominan la Aeronáutica y la ponen al servicio de la República; además, los pilotos de los hidros, que trajeron a Goded, han optado por huir y regresar al puerto de Mahón en Baleares.

Eran las 2:30 de la tarde y el golpe estaba, en el mejor de los casos, a la defensiva. Goded intentó entonces traer refuerzos desde Mallorca, Zaragoza, Mataró y Gerona. Con Mataró y Gerona no pudo hablar telefónicamente porque los trabajadores habían cortado las líneas, ni enviar a nadie, porque el coche blindado tenía los neumáticos agujereados a tiros. Cuando alguien intenta dirigirse a Mataró para que el regimiento de Artillería pesada se ponga en camino hacia Barcelona, apenas puede alejarse de Capitanía; están cercados. Zaragoza y Palma estaban demasiado lejos para que su ayuda fuese efectiva. Goded llama por teléfono al teniente coronel Jacobo Roldán, que manda accidentalmente el regimiento Alcántara y es amigo suyo, y le ordena que se ponga al frente de dos compañías y que se dirija al cuartel del 1º de Montaña, que no está demasiado distante, y que, protegiendo a las dos baterías de Fernández Unzúe, consigan los objetivos que esta mañana no alcanzaron. Sacará Roldán a la calle ambas baterías, pero el cuartel de Artillería se encuentra rodeado de paisanos y de guardias; no logrará enlazar con los artilleros ni forzar la situación. Tampoco la infantería del regimiento de Alcántara alcanzó sus objetivos, ya que fue fácilmente rechazada por una multitud en armas en su segundo intento de aproximarse al cuartel de los Docks que los hizo retroceder y los soldados que consiguieron entrar por sorpresa en el cuartel fueron insuficientes para levantar el asedio.

Fernández Unzúe se había replegado al cuartel de artillería bajo un «cerco de hierro y de fuego», diría Abad de Santillán, sitiado por una barricada de rollos de periódico colocada a cien metros de la puerta principal y defendida por el comité de defensa de Pueblo Nuevo, desde la que se lanzaron camiones a toda velocidad contra las puertas. La victoria permitió a los combatientes populares hacerse con cascos de acero, fusiles Máuser y correajes, ametralladoras.

Las escasas fuerzas que custodiaban el cuartel y parque de artillería de San Andrés, en su mayoría paisanos derechistas y monárquicos, veían cómo iba aumentando la masa que los acosaba. Hacia mediodía la aviación ametralló y bombardeó el cuartel y la Maestranza, con cuidado de no hacer estallar el arsenal, causando algunas bajas, tanto entre los soldados como entre los que lo acechaban. Los aviones repitieron los bombardeos tres o cuatro veces más, provocando varios muertos y heridos y una enorme desmoralización entre los defensores.

Se dice que el grupo Nosotros, constituido en comité de defensa confederal, dirigió en Barcelona la insurrección obrera contra el alzamiento militar desde uno de esos camiones estacionados en la Plaza del Teatro. Pero al margen de que militantes destacados de la FAI serían clave en los enfrentamientos, la resistencia no sería centralizada, tendría una dirección múltiple. Se piensa en la existencia de una articulación precisa del contragolpe cuando lo que hay es una acción variada, generada desde las fuerzas de asalto y el par de decenas de cabezas de los grupos de defensa confederal, a lo que se suman decenas, centenares quizá, de iniciativas independientes: un ateneo, un barrio, un grupo de afinidad, un sindicato, y miles de obreros —la mayoría cenetistas—, de los hombres del POUM, un escaso número de socialistas y comunistas, y algunos catalanistas y republicanos de distintos partidos que van por libre buscando dónde sumarse a los enfrentamientos, dónde hacerse de un arma.

El dominio de las Ramblas impedía el enlace de los sublevados entre Plaza de Cataluña y Atarazanas-Capitanía, al tiempo que permitía acudir rápidamente, a través de calles secundarias y estrechas del Barrio Chino y del de la Ribera, en auxilio de los combatientes en la Brecha de San Pablo o en la avenida Icaria. Era necesario impedir que las tropas que habían salido de sus cuarteles en la periferia pudieran consolidarse en el centro de la ciudad y enlazar con Capitanía o tomaran los centros neurálgicos de teléfonos, telégrafos, correo o las emisoras de radio. En eso estaba Durruti, sitiando con un grupo y la pieza de artillería manejada por el sargento Gordo, los edificios de Dependencias y la Maestranza de Atarazanas.

Los sobrevivientes del regimiento de Santiago, refugiados en el convento de los Carmelitas, donde con la activa ayuda de los frailes se hicieron aparentemente inexpugnables gracias a las ametralladoras instaladas en los bajos y en la azotea, fueron reforzados por el comandante de la Guardia Civil, Agustín Recas, miembro de la UME, quien fue enviado con un camión de guardias civiles a reducirlos y se sumó con algunos números. Sin embargo, tienen una fuerte cantidad de desertores. El coronel Lacasa situó alrededor del convento puestos avanzados en los cruces de las calles Córcega-Santa Tecla, Claris-Diagonal y Menéndez Pelayo-Lauria, que dadas las numerosas bajas se vio obligado a retirar a última hora de la tarde.

Mi plano de Barcelona resulta insuficiente, está lleno de manchas y notas, registra cruces de calles que no cruzan, callejones que no existen o quizá nunca existieron. Señala inexistentes conventos y desaparecidos bares, nunca podré obtener la buscada precisión, me conformo con intentar rescatar la esencia de la batalla por Barcelona.

El regimiento de infantería reforzado mantenía tomada la Plaza de Cataluña (hotel Colón, los bajos de Telefónica, Casino Militar), parte de las Ramblas. El centro de la plaza era tierra de nadie. Las calles de Pelayo, Vergara y Ronda Universidad, tomadas por militantes obreros, habían aislado a los militares, desde la Comisaría General Escofet, Guarner y Arrando lanzan a la primera línea a las aguerridas fuerzas del 16° grupo de Asalto, que había combatido en la Barceloneta: el comandante Gómez García con doscientos guardias siguiendo los túneles del metro van a dar a la estación Cataluña, saliendo por las bocas del suburbano. Sin que los militares se den cuenta, comienzan a recibir nuevos disparos, pero los guardias que se asoman por las bocas del metro tampoco pueden seguir avanzando porque la plaza está batida por el fuego.

Quedaba el enigma de la posición que adoptaría la Guardia Civil, que había permanecido durante las primeras ocho horas de las confrontaciones acuartelada y sin intervenir. Andrés Edo hablará de «extremas tensiones» entre los mandos de la Guardia Civil. El general Aranguren se había establecido en el Palacio de Gobernación con los coroneles Brotons del 3$^{er}$ Tercio y Antonio Escobar del 19°. Hacia las 2:00 de la tarde Guarner convocó a Escobar delante de balcones del Palacio de Gobernación y le dio órdenes de atacar la Plaza de Cataluña. Unos ochocientos hombres desfilaron desplegados, con ritmo lento, con el coronel Escobar a la cabeza. Los acompaña una compañía de fusileros de intendencia con su comandante Antonio Sanz Neira. Ascienden por la Vía Layetana en dos largas hileras, con las armas dispuestas, y en cabeza y por el centro de la calzada, el coronel con su bastón de mando. Al pasar frente a la comisaría el presidente Companys se asoma al balcón y vitorea a la República y a Cataluña. Escobar, que ha ordenado un alto, da media vuelta y se coloca de cara al balcón; lleva la mano al tricornio y dice en voz alta: «A sus órdenes, señor presidente».

La irrupción de los guardias civiles desconcierta a las tropas de caballería que llevan diez horas en la Plaza de la Universidad completamente rodeados y habiendo sufrido una deserción masiva. No hacen fuego, dudan que vengan a combatir contra ellos. Malraux cuenta: «[Escobar] subió cojeando los peldaños de la plazoleta y avanzó derecho hacia el hotel. No llevaba armas, hasta la tercera parte de la plaza nadie tiró, después desde tres lados, las ametralladoras de nuevo hicieron fuego [...] levantó su bastón de jefe de la Guardia Civil y de tres calles los hombres con tricornio se lanzaron». El comandante Gibert de la Cuesta da la novedad al coronel, pero este lo enfrenta y hace que los guardias lo detengan. Todo sucede en instantes, la operación es rápida e inesperada: todos los de caballería son hechos prisioneros y salen a la calle parapetados tras los prisioneros civiles que iban a ser fusilados y fueron liberados. Esto debe estar sucediendo entre las 2:30 y las 3:00 de la tarde.

Casi simultáneamente se rinde también el hotel Ritz, otro de los baluartes improvisados de la rebelión donde los restos del Alcántara fueron doblegados por tres cañonazos de Manuel Lecha y el posterior asalto.

En torno a la Plaza de Cataluña los militares han sido arrojados del Casino Militar y la Maison Dorée. Quedaban los bajos de Telefónica y el hotel Colón en sus manos. Tras los primeros cañonazos de Manuel Lecha que desde la plaza de Santa Ana dispara, con tiro indirecto, sobre el hotel Colón y la presencia de los tricornios de la Guardia Civil, que deben haber destruido la moral de los sitiados, Sanz cuenta que en Telefónica se izó una bandera blanca y «se acercan allí unos emisarios (entre ellos un capitán de guardias de asalto y este, al llegar a la puerta del local, se introduce rápidamente, pasándose al enemigo y disparando su arma contra los emisarios que le acompañaban, lo que imitan los ocupantes del edificio, causando una verdadera mortandad entre los que, confiados en la rendición, se habían acercado».

Una multitud llena las esquinas, bocas de metro y calles próximas. Buenaventura Durruti junto a los guardias de asalto (quién se lo iba a decir unos meses atrás) y Enrique Obregón, del secretariado de la FAI en Barcelona (que murió en el ataque), lanzan un masivo asalto desde las Ramblas a pecho descubierto y retoman Telefónica enlazando con los sitiados guardias del tercer piso.

La columna de guardias civiles ingresa a la plaza entre una multitud «entre desconfiada y recelosa. ¿Sería verdad que los civiles iban a enfrentarse con los militares?». Los guardias civiles avanzan hacia el hotel Colón. Luis Romero cuenta: «ponen rodilla en tierra, disparan, avanzan algunos pasos y vuelven a disparar; alguno de ellos al levantarse se sacude el polvo del pantalón». Entonces la furia popular lo desbordó todo: guardias de civiles y obreros, entre ellos y al frente, Josep Rovira del POUM, entran en el hotel Colón y hacen prisioneros a los oficiales. Los soldados en su casi totalidad serán puestos en libertad de inmediato. A las 4:00 de la tarde ha acabado el combate, la plaza está cubierta de muertos y heridos.

## IX. La caída de Capitanía

Una multitud heterogénea, formada por militantes obreros que lucían fusiles, cascos y cartucheras tomadas al enemigo y guardias de asalto con la casaca desabrochada, o en camiseta, arrastraron los cañones tomados en Diputación-Claris, bajando por la vía Layetana, al mando del obrero portuario y antiguo artillero Manuel Lecha.

Las peticiones de reforzarlo que Goded había enviado a Palma de Mallorca y la de que se apoderaran del aeródromo del Prat habían fracasado. A media tarde del día 19, Goded telefoneó al general Aranguren para intentar llegar a un acuerdo que este no aceptó. Abad de Santillán cuenta que «Aranguren respondió sin una sola palabra subida de tono, respetuosamente. Le dio media hora» para que se rindiera. No fue el único intento de mediación, desde el interior de Capitanía buscan al consejero José María España e incluso se atreven fanfarronamente a pedir la rendición del gobierno. España se limita a confirmar la media hora de plazo y a prometer que a Goded lo capturarán vivo.

Exactamente a los treinta minutos, a las 5:30 de la tarde, comenzó el cañoneo sobre la Capitanía. Las piezas de Lecha, emplazadas en la plaza Antonio López, abrieron fuego directo y el capitán Medrano disparó una batería en indirecto desde el otro lado del puerto, junto a los baños de San Sebastián. En el interior, el capitán Lizcano y el brigada Álvarez con ametralladoras mantienen a los atacantes a distancia y otros oficiales, suboficiales y soldados habían aspillerado las ventanas con legajos de papel y se defienden. El capitán López Belda caerá herido.

La batería de Lecha disparó treinta y ocho cañonazos sobre los despachos de Capitanía en tiro directo. Corrió el rumor de que Lecha estaba muerto, ¡nanay! Para los sitiados, el uso de la artillería y los paisanos armados con cascos y fusiles del ejército acabaron con su moral.

Aparece una bandera blanca y cesa el fuego por ambas partes. Desde Gobernación se comunica al general Goded que irá a hacerse cargo un oficial leal del ejército, el comandante Sanz Neira. Al acercarse este, habiéndose suspendido el fuego, las ametralladoras emplazadas en Capitanía volvieron a tronar furiosamente. No hubo más remedio que reiniciar la lucha y disponerse al asalto. Estaban a punto de caer las puertas de acceso cuando nuevamente apareció la bandera blanca. Se abre la puerta desde el interior o los sitiadores la hunden. Se dice que Goded trata de suicidarse.

El comandante de artillería Enrique Pérez Farrás tuvo que hacer verdaderos milagros a riesgo de su propia vida para evitar que Goded fuera linchado. Serían detenidos los militares sitiados, algunos de los cuales, vestidos de civil, fueron ultimados por la muchedumbre que pedía cuentas de los guardias y sindicalistas muertos frente a Capitanía. Eran las 6:00 de la tarde.

## X. 19 de julio, los combates del atardecer y la noche

¿Y así fue? ¿Tal como lo cuentan las fuentes anarcosindicalistas, las fuentes del gobierno catalán, el ejército alzado?, ¿o habría que rastrear y ordenar la información para buscar una combinación de cosas? La insurrección urbana de los últimos quince años del siglo XX ha acumulado grandes experiencias, no solo basadas en la Revolución rusa: el levantamiento proletario de Hamburgo, la Comuna de Cantón del 27, el alzamiento de los obreros austriacos, el octubre del 34 asturiano; para los obreros barceloneses la experiencia es más rica aún, si tienen más de 40 años han vivido el enfrentamiento contra las policías patronales, los sindicatos blancos y los asesinos del general Martínez Anido. No solo los ex Solidarios del grupo Nosotros y los comités de acción de la FAI, muchos jóvenes trabajadores también han estado envueltos en lo que Juan García Oliver llamó la «gimnasia revolucionaria» de los cinco años que lleva viva la República, han apelado frecuentemente a la dialéctica de las pistolas. Pero las claves de lo que va a suceder en las últimas horas no están en ese par de millares de militantes a la búsqueda de una revolución, sino en varias decenas de miles de trabajadores y sus familias que le dan una potencia inmensa a la resistencia contra los militares en armas, como dice Abad de Santillán: «Nuestra gente, que aparecía por todas partes y no daba la cara en masa en ninguna». Y esa gente escuchaba en altoparlantes repartidos por varios puntos de la ciudad, como registra Malraux, que los aviones bombardean los cuarteles. Y escuchaba el «sí se puede» de Paco Ascaso.

En realidad desde las 6:00 de la tarde, con la toma definitiva de la Plaza de Cataluña, la capitulación del cuartel de Gerona de la caballería de Santiago y la rendición de Goded en Capitanía, la sublevación estaba derrotada. Solo quedaba rematar los últimos reductos. Por la tarde un avión arrojó octavillas, informando que los soldados estaban licenciados y los oficiales sublevados destituidos. Varios cuarteles, sin apenas tropa, porque las fuerzas fundamentales habían salido a las 5:00 de la mañana, sin mandos y totalmente desmoralizados, pasto de las crecientes deserciones, se rindieron o fueron asaltados en el transcurso de la tarde-noche. Así sucedió en el cuartel del Bruc, en Pedralbes, custodiado por un pequeño retén de fascistas. Los pocos oficiales que quedaban decidieron la entrega del cuartel a la Guardia Civil, aunque este poco después fue asaltado por los obreros cenetistas sin hallar resistencia, los que rápidamente lo bautizaron *Cuartel Bakunin*.

A las 7:00 el general Goded llegó a la Generalidad y fue conducido a la presencia del presidente Companys, que le insistió en que emitiese por los micrófonos de radio, allí instalados, un llamamiento para que convocara a la rendición de los alzados y cesara el fuego. Goded le respondió: «Yo no me he rendido. Me han abandonado. Si usted lo cree conveniente, señor presidente, puedo decir que he caído prisionero». Lo más que obtiene de él es la siguiente declaración: «La suerte me ha sido adversa y yo he quedado prisionero. Por lo tanto, si queréis evitar el derramamiento de sangre, los soldados que me acompañabais quedáis libres de todo compromiso». Eran las 7:00 de la noche. El mensaje fue grabado y emitido por las emisoras de radio cada media hora, con notables efectos propagandísticos en toda España.

El mensaje de Goded, al no dar una explícita orden de rendición, hizo que el comité de defensa confederal, reunido bajo un camión en la Plaza del Teatro decidiera (en boca de García Oliver) «no aceptar la capciosa rendición de Goded y proseguir la lucha hasta el total aniquilamiento de los sublevados o su total rendición a las fuerzas combatientes».

La infantería del regimiento de Alcántara fue fácilmente repelida en dos intentos de salida por sus sitiadores y, aunque recibieron refuerzos, hacia las 8:00 de la noche se rindieron a unos oficiales de la

Guardia de Asalto que los tomaron prisioneros. Por la noche el cuartel fue tomado por los comités de defensa de la Barceloneta y Pueblo Nuevo, sin hallar resistencia.

La cárcel de Barcelona, donde había muchos cenetistas detenidos, fue abierta. El director de la Prisión Modelo quitó las cadenas del portón anticipándose al motín en curso y al previsible asalto de la cárcel. Muchos presos salieron de ella directamente al cerco de los últimos reductos del alzamiento.

Ascaso, Durruti y muchos otros compañeros, sobre todo del Sindicato del Transporte, apretaron el cerco al cuartel de Atarazanas, uno de los centros más tenaces de la resistencia. Al anochecer los defensores civiles y militares del cuartel de San Andrés comienzan a emprender la fuga. Al coronel Lacasa, refugiado en la iglesia de los Carmelitas, lo rodean cerca de tres mil militantes y guardias. A la madrugada estrecharon aún más el cerco y el ataque cobró inusitada dureza. Manuel Lecha, después de la toma de Capitanía, se desplazó al anochecer con sus dos piezas para actuar en la mañana contra la iglesia.

El general Llano de la Encomienda fue llevado a la Generalidad, estaba levemente herido. Fue informalmente detenido mientras se averiguaba su conducto en las últimas veinticuatro horas. Mola negará por radio la veracidad de que en Barcelona la sublevación ha sido sofocada, y tardará en saber que su hermano Ramón, que dos días antes acudió a Pamplona a advertirle del fracaso al que se exponían, iba a suicidarse la noche del 19 al 20 en Dependencias Militares.

Barcelona ha vivido ensimismada este domingo 19 de julio, apenas nada se sabe de lo ocurrido en el resto de España.

## XI. La muerte y la victoria, 20 de julio

Amanece. Lunes 20 de julio. Solo resisten seis reductos rebeldes, asediados por verdaderas multitudes. Luis Romero, desde una perspectiva nada libertaria, cuenta: «Barcelona presentaba un aspecto *siniestro;* el cielo estaba oscurecido por el humo de numerosos incendios distribuidos por el conjunto de la ciudad y se oían disparos por doquier». Quedan francotiradores sueltos, resistiendo a lo desesperado disparan desde azoteas.

> Por las calles circulaban a gran velocidad multitud de coches con las siglas de CNT-FAI pintadas en grandes caracteres blancos; iban con colchones sobre el techo y las ventanillas erizadas de fusiles. No había pan ni

> la ciudad había sido abastecida. Las campanas de las ambulancias eran otra de las músicas de fondo. Caballos y mulos, muertos en los distintos combates, se corrompían al sol; a algunos se les roció con gasolina y se les prendió fuego, pero el hedor era todavía más insoportable.

A las 10:00 de la mañana los comités de defensa confederales de San Andrés, Horta, Santa Coloma, San Adrián y Pueblo Nuevo, ya sin resistencia porque a lo largo de la noche los defensores se habían fugado, asaltaron el cuartel de San Andrés apoderándose de todo el arsenal del ejército de Cataluña: ochenta mil fusiles Máuser (treinta mil según otras fuentes), ametralladoras, cañones, bombas y varias toneladas de munición (balas y obuses). Abad de Santillán da la curiosa noticia de que los asaltantes tropezaron a la entrada «con abundantes botellas de vinos finos con los cuales se había procurado infundir valor a los soldados engañados». Los guardias de asalto, enviados por Escofet para impedirlo, rehuyeron el enfrentamiento armado con los obreros, sus compañeros de lucha de los últimos dos días. Era ya demasiado tarde para imponer el orden burgués; el contragolpe se había vuelto revolución. Los cenetistas impiden el acceso del coronel Luis Escobar y los guardias civiles.

Caen los cuarteles de Lepanto y Numancia sin apenas resistencia.

Ya desde el amanecer una enorme multitud asediaba el convento de los Carmelitas, donde se habían refugiado los hombres del coronel Lacasa. Los asediados, que tenían varios heridos, ya habían anunciado que se rendirían la noche anterior, pero seguían disparando ante cualquier aproximación de los sitiadores. La Generalidad envió al teniente de asalto Nicolás Felipe para parlamentar. Lacasa le contestó que no se rendirían y que continuarían luchando mientras les fuera posible resistir. Esta negativa enfureció a los sitiadores, que reanudaron el ataque con mayor intensidad. La activa complicidad de los frailes con los sublevados, a quienes habían dado refugio, auxilio médico y comida, se había convertido entre las masas que rodeaban el convento en la certeza, cierta o falsa, de que los religiosos también habían disparado las ametralladoras que tantas bajas habían causado. Hacia mediodía llegó el coronel Escobar al mando de una compañía de la Guardia Civil, que parlamentó con los facciosos ofreciendo respetar la vida de los que se rindieran. Guillamón cuenta:

> Se abrieron las puertas y desde el exterior pudo verse a los oficiales mezclados fraternalmente con los odiados frailes. Una masa furiosa,

> que desbordó a guardias de asalto y guardias civiles, invadió el convento matando a golpes, cuchilladas o disparos a bocajarro a religiosos y militares, para ensañarse luego con algunos cadáveres. El cuerpo del coronel Lacasa fue decapitado, el del capitán Domingo fue decapitado, mutilado y despedazado con una sierra y el del comandante Rebolledo capado. Anónimos milicianos disolvieron un desfile popular que festejaba la victoria con la cabeza empalada del coronel. Un taxi transportó al zoológico los troceados despojos del capitán Domingo para arrojarlos a las fieras.

Once jesuitas fueron ultimados. Abad de Santillán registra un espectáculo singular: «y se vio a uno de los religiosos arrojar a la muchedumbre que rodeaba el convento monedas de oro», sugiere que para aplacarla, y uno no puede dejar de pensar que era un cura rojo haciendo justicia social.

Tan solo se resistía en Dependencias Militares y Atarazanas, que cubrían con fuegos cruzados la parte baja de la Rambla y desde el Paralelo al Paseo de Colón. Las fuerzas sitiadas no eran muy grandes, unos ciento diez hombres en Dependencias y unos cuarenta en Atarazanas. Los menos ecuánimes hablaban de la «Bastilla barcelonesa».

Francisco Ascaso, en una de las escasas fotografías que se conservan, obra de Agustí Centelles, se muestra sonriendo tras una barricada situada en la Rambla de Santa Mónica. Junto a él, su hermano Joaquín, que se ríe, y otros dos milicianos, uno de ellos con uniforme y casco militar. El de la esquina se parapeta tras el cañón, pero Ascaso parece ajeno al peligro mientras apoya su pierna en una de las ruedas. Hoy sabemos que unos veinte minutos después de tomarse esta fotografía, caería muerto.

El comité de defensa de la CNT, con el grupo Nosotros en pleno, estaba dirigiendo el asalto. García Oliver cuenta:

> Cuando iniciamos la marcha para asaltar el cuartel de Atarazanas y las Dependencias Militares, situados frente a frente, casi a la entrada del puerto de Barcelona, con la columna del monumento a Colón por medio, unos marchábamos Rambla abajo guareciéndonos tras los enormes árboles de ambos lados; otros —entre ellos Ascaso y Durruti— preparaban unas formaciones en línea a lo ancho de la Rambla, alentados por un tipo extranjero, seguramente concurrente a la proyectada Olimpiada Obrera, que les indicaba cómo adelantar de aquella manera, a pecho descubierto, como si se tratase de reproducir a lo vivo escenas de

película, como las del *Acorazado Potemkin,* exponiéndose vanamente al tiro de los militares. Cuando me di cuenta, desde el árbol en que me encontraba con otros compañeros, de adónde iban a ser arrastrados Ascaso y Durruti, les grité que viniesen adonde yo estaba y les dije: «Así no avanzaréis ni diez metros. Esa no es manera de combatir, o lo es para suicidas».

Avanzamos de árbol en árbol unos, tras las bobinas de papel de periódico rodando otros, hasta que, ya completamente a descubierto, iniciamos una rápida marcha hacia una tapia en construcción que nos separaba de la Maestranza, entre el final de la Rambla y la calle Santa Madrona.

Ricardo Sanz y Aurelio Fernández montaron una ametralladora sobre una camioneta cubriéndola con colchones y los atacantes fueron avanzando con barricadas móviles con los rollos de papel y cubriéndose en los árboles. Una pieza del 7.5, al mando del sargento Gordo, no cesaba de disparar sobre el viejo caserón de Atarazanas. Al asedio se sumaron dos cañones y dos morteros emplazados en el muelle. La aviación bombardeaba y ametrallaba asiduamente. Sanz cuenta: «Mientras esto ocurría, cientos de trabajadores mujeres, niños, en fin, el pueblo de Barcelona en masa, reunido frente a la fortaleza, disparaba contra ella, mientras otros aportaban la munición, víveres y comida necesaria para prolongar el ataque, que sin descanso venía desarrollándose». Una bala roza en el pecho a Durruti. Sus amigos lo envían a un puesto improvisado de socorro donde la histórica anarquista Lola Iturbe lo venda provisionalmente.

Abel Paz cuenta:

Entre tanto un comando compuesto por Ascaso, García Oliver, Justo Bueno, Ortiz, Vivancos, Lucio Gómez y Barón inician una carrera con la muerte y zigzaguean desde la barricada hasta los puestos de libros. Estos puestos son las mejores posiciones de partida para empezar un ataque por la calle de Santa Madrona. Allí están bajo una lluvia de balas: ofrecen un buen blanco, tanto desde las torrecillas del cuartel como desde el puesto de la comandancia de la región militar.

Paco Ascaso y Correa, del Sindicato de la Construcción, cruzan la calle para, rodilla en tierra, medio cubiertos por una camioneta, disparar hacia el otro lado de la Rambla. García Oliver recuerda:

> Les hice gestos para que se aplastasen contra el suelo. No pude repetirlo. Ascaso, como si lo hubiesen fulminado, se abatió después de alzar ambos brazos, fusil en alto, sobre las losas de la acera en que estaba [...] Su cuerpo no tuvo ningún estremecimiento. Con la mano indiqué a Correa que lo arrastrase un poco, apartándolo del ángulo de tiro. Por la frente, una bala le había pasado toda la cabeza.

Ricardo Sanz tendrá una perspectiva similar:

> Mientras cargaba el fusil me doy cuenta de que una bala, disparada desde el edificio de la Aduana —que también estaba en poder de los sublevados— abatía a uno de mis mejores amigos. Quise cerciorarme de que lo que ocurre no es un sueño. Y corro rápidamente a su lado. Y allí, sobre el pavimento frío, encuentro el cuerpo aún palpitante de Francisco Ascaso [...] Ante la comprobación de que estaba muerto, caí sobre él, llorando como un niño, excitado por la rabia, mordiéndome los puños y tuve que ser separado por la fuerza de aquel cuerpo muerto ya; inconscientemente, en mi desesperación, no me daba cuenta de que me encontraba en un lugar peligrosísimo y que por verdadera casualidad, no corrí la misma suerte que mi malogrado amigo.

Lola Iturbe contará: «Ascaso perdió la vida aquella mañana memorable. No podía suceder de otra manera; luchaba como un iluminado, a pecho descubierto. Aún después de muerto, conservaba en su rostro la sonrisa del triunfo y la placidez del deber cumplido». Mojará en su sangre un ejemplar de *Tierra y Libertad* que conservará en su casa durante años.

Faltaba poco para la 1:00 de la tarde. Cuando retiran el cuerpo alguien hace una marca en el suelo del portal de Santa Madrona, cerca del lugar donde cayó muerto.

Casi enseguida se rinden por quedarse sin municiones los que se encontraban en Dependencias Militares. La muerte de Ascaso galvaniza a los militantes que se lanzan sobre el cuartel de Atarazanas. Sanz recordará: «El nombre de Ascaso zumbaba en todos los oídos. ¡Era tan querido de todo el pueblo! Ya no se pensaba en otra cosa que en vengarlo». Durruti llama a los cenetistas a tomarlo solos, sin dejar pasar a los guardias civiles. Surge una bandera blanca, los obreros se lanzan por una brecha. El capitán Colubi es muerto por los asaltantes, pero se respeta a los soldados capturados que son llevados con escolta al Sindicato del Transporte.

En Barcelona, el golpe militar ha fracasado, pero Paco Ascaso ha muerto.

## XII. Casi innecesarios epílogos

Esta historia admite y peligrosamente sugiere intercalar notas biográficas de otros personajes (Companys, García Oliver, Goded, al menos) y llamaría a buscar demasiados epílogos, pero hay que resistir la tentación. Dejémoslo en contar que las bajas de los combates del 18 al 20 de julio en Barcelona, según varias estimaciones, deben haber estado cerca de los cuatrocientos cincuenta muertos y dos mil heridos. Entre los muertos al menos doscientos eran militantes obreros (curiosamente una docena de ellos extranjeros que habían venido a los juegos olímpicos) y una cincuentena de guardias de seguridad. Entre los muertos de los alzados, una alta proporción se encontraba entre los oficiales y los voluntarios de las organizaciones fascistas.

En tu velorio estuvo el presidente Companys y Arrando junto a millares de cenetistas. Los generales y oficiales golpistas capturados serían fusilados un mes más tarde por traición a la patria, a pesar de que en los consejos de guerra produjeron declaraciones insólitas: que no hubo ninguna conspiración, que no tenían noticia de que iba a producirse un levantamiento, que respondieron al fuego de los civiles, que en los cuarteles se gritó al salir a la calle «Viva la República», que obedecían órdenes superiores, en muchos casos por escrito.

Para los que han leído estas notas, las opiniones de escritores de oficio muy discutible e ideología oscura no merecen una segunda mirada, quedan solo registradas dos entre cien. El coronel Pérez Salas dirá: «No existieron otras colaboraciones que la escasísima de algunos paisanos, armados con escopetas y pistolas que solo podían proporcionar ayuda moral» y Pío Moa añadirá al paso del tiempo: «Quien sofocó aquí la sublevación militar no fueron los milicianos armados, sino la Guardia Civil [...] Las milicias anarquistas actuaron, frecuentemente, como simple acompañamiento de las fuerzas de orden público».

Una de las columnas de milicianos que salieron hacia Aragón pocos días después llevaba tu nombre y en ella iba como jefe tu primo Joaquín. Durruti moriría el 20 de noviembre en Madrid. Pero esto es parte de otra gran historia. Queda un eterno debate que ejemplifican las palabras de Francisco Carrasquer: «¿Qué hubiera pasado si en vez de Durruti, fuese Francisco Ascaso el responsable de la columna anarquista que se dirigió al frente de Aragón en los primeros días de 1936 [...]? Durruti no tenía ni la inteligencia ni el dinamismo ni la personalidad de Francisco Ascaso. Y él lo sabía».

Durruti y Paco Ascaso fueron enterrados el 22 de noviembre del 36 en «una tumba menor» en Barcelona. En noviembre de 1937 se inauguró un mausoleo, que desapareció durante el franquismo, para reaparecer en nuestros días. Tras tu muerte, en Tarrasa la República creó la fábrica de armas Francisco Ascaso y una pistola recibió tu nombre. Uno de tus biógrafos, sin que venga mucho a cuento, recuerda que fuiste muerto a la misma edad de Mozart, 35 años. Explorando en la red en nuestros días descubro una cadena de Panaderías Ascaso y un alpinista español que lleva tu apellido o me entero de que fue detenido en Valencia un joven que pintaba un coche del ayuntamiento con las palabras «Durruti y Ascaso».

### Nota sobre las fuentes

No existe una buena biografía de Francisco Ascaso, permanentemente opacado por la figura de Durruti en el tiempo histórico, pero se puede apelar a la excelente biografía de Buenaventura Durruti escrita por Abel Paz: *Durruti, el pueblo en armas,* las autobiografías de Juan García Oliver: *El eco de los pasos* y Ricardo Sanz: *El sindicalismo y la política* y *Los que fuimos a Madrid* y Manuel Muñoz Diez: *Marianet, semblanza de un hombre.* Existe un folleto de Antonio Orts Ramos de 1937 publicado en Barcelona: *Las grandes figuras de la revolución. Francisco Ascaso* y el texto de Francisco Simancas: (¿1979?) *Hombres en la lucha: C. Mera, F. Ascaso, y B. Durruti* en Ediciones Libertarias. Además el *Ascaso* de Felipe Alaiz y *Francisco Ascaso y Los Solidarios: una acción continuada* de David Manuel Calvo Prat, en internet.

Otros materiales para la nota biográfica: el extraño periplo latinoamericano en «Cuando Durruti pasó por Chile» (anónimo en *Barricada libertaria,* internet) y Peter A. Muckley: «The Hidden Wanderings of Durruti» (internet) y en el capítulo que le dediqué en *Arcángeles:* «Durruti en La Carolina»; Hans Magnus Enzensberger: *El corto verano de la anarquía;* Juan Gómez Casas: *Historia de* FAI*;* Ilyá Ehrenburg: *España, República de trabajadores,* Diego Abad de Santillán: en sus *Memorias* y en *¿Por qué perdimos la guerra?;* Francisco Carrasquer: *Ascaso y Zaragoza. Dos pérdidas: la pérdida;* C. Forcadell: *Zaragoza 1917-1923, lucha de clases y terrorismo urbano* y «El asesinato del cardenal Soldevilla 1923», *Tiempo de Historia,* 1978; Kike García: «Zaragoza, diario de una ciudad libertaria», internet; «El fracasado complot contra los reyes», *La Prensa,* 10 de junio de 1923; Óscar Muñiz: *La pólvora y la sangre,* Ediciones Libertarias, 1993.

La reconstrucción del levantamiento militar y la insurrección obrera de respuesta está en el libro de Luis Romero: *Tres días de julio,* y en el estudio de Manuel Cruells: *La revolta del 1936 a Barcelona.* Una visión desde el punto de vista de los militares en Eduardo Palomar Baró: *A los 70 años del alzamiento. De las elecciones del 16 de febrero de 1936 al fracaso de la insurrección en Barcelona del 19 de julio de 1936;* y Jacint Merino Sánchez: *Los militares se sublevan en Barcelona. El general Manuel Goded Llopis y el 19 de julio de 1936.*

Una visión cenetista extremadamente precisa, que ha sido mi principal guía, se encuentra en los trabajos de Agustín Guillamón: «Guía urbana de la insurrección anarcosindicalista», *Solidaridad Obrera* 17/07/06, número especial; *Barricadas en Barcelona. La* CNT *de la victoria de julio de 1936 a la necesaria derrota de mayo de 1937,* Ediciones Espartaco; *Los comités de defensa de la* CNT *en Barcelona,* internet; y *El Júpiter,* también en internet. Además: Abel Paz: *Paradigma de una revolución* (19 de julio de 1936, en Barcelona), Flor del Viento, 2005; Luis Andrés Edo: «19 de julio la batalla de Barcelona» en *Solidaridad Obrera,* digital; Joan Llarch: *Los días rojinegros, memorias de un niño libertario 1936* y *La muerte de Durruti.* S. Cánovas Cervantes: «La CNT y la revolución de julio».

Sobre los tres días de julio: Luís Romero: «La sublevación en Barcelona (19 y 20 de julio de 1936)», *Tiempo de Historia,* números 80-81 de julio-agosto de 1981 (donde confunde a Paco con su primo Joaquín); Josep Ferret: «Sis mesos del 36. La preguerra al Prat», internet, y se puede complementar con las visiones de la insurrección en Barcelona de fuentes republicanas, nacionalistas y socialistas como las de Jesús Pérez Salas: *Guerra en España;* Vicente Guarner: *Cataluña en la guerra de España;* Frederic Escofet: *Al servei de Catalunya i de la República;* Manuel Benavides: *Guerra y revolución en Cataluña*; H. E. Kaminski: *Los de Barcelona.*

El coronel de la Guardia Civil en *La guerra del general Escobar* de José Luis Olaizola. André Malraux: *La esperanza;* y Adolfo Ruiz Manjón: *Algunos hombres buenos,* Espasa, 2016.

En la biblioteca municipal de Barcelona pude consultar *El Diluvio* de 22 de julio del 36; *Solidaridad Obrera* del 20 (con fecha del

21), 22, 23 y 24 de julio del 36; y *La Vanguardia* del jueves 23 de julio de 1936. La prensa de Barcelona cubrió posteriormente los procesos de los mandos de los militares sublevados con gran precisión.

Elementos sueltos en: Ronald Fraser: *Recuérdalo tú y recuérdalo a otros;* F. C. Hanighan (ed.): *Nothing but danger;* J. Villarroya Font: «Las víctimas del 19 de julio en Barcelona», *Historia y Vida,* febrero de 1979. La historia de Manuel Lecha en *Solidaridad Obrera* (27 de julio de 1936). Gerald Brenan: *El laberinto español;* Baltasar Porcel: *La revuelta permanente;* José Peirats: CNT *en la revolución española;* Teresa Suero: *Los generales de Franco;* Ángel Ossorio y Gallardo: *Vida y sacrificio de Companys;* Rai Ferrer: «Durruti»; Murray Bookchin: *The Spanish Anarchists: The Heroic Years 1868-1936,* Nueva York: Harper & Row, 1977; Lola Iturbe: «Textos desde el exilio», en internet; José Manuel Martínez Bande: «Los años críticos: República, conspiración, revolución y alzamiento»; entrevista de Francisco Antón a F. Carrasquer, internet; Pedro Oliver Olmo: «La suerte del general Goded. Cultura punitiva y cultura de guerra en la revolución española de 1936», internet; Jacint Merino Sánchez: «El fracàs de l'aixecament militar de juliol del 1936 a Catalunya: el General Manuel Goded Llopis: la fi d'un militar colpista», tesis; Pelai Pagès i Blanch: «Los anarquistas españoles Ascaso y Durruti en Bruselas», internet; Luis Antonio Palacio y Kike García: *La bala y la palabra,* edit. Lamalatesta, 2017; Agustín Souchy: «Francisco Ascaso, un revolucionario de estirpe bakuniana», *Solidaridad Obrera,* 21 de julio de 1938; Alejandro Lora: «El anarquismo español ante el debate sanitario en España: salud, enfermedad y medicina (1930-1939)», en internet.

Tengo que agradecer que dos o tres de estos libros me los prestaran mis amigos Ricardo Mestre (lamentablemente fallecido poco después de haberme animado a narrar esta historia, que me tomó veinticinco años escribir) y Luis Hernández Navarro (por cierto, nieto de Patricio Navarro y de Aurelio Fernández) y que Maite Mayol me tradujera del catalán algunos de los textos.

# 12

# El león alado

Su posición sobre un muro, en un gallardete, marcando un mojón de piedra que demarca un territorio, en la soberana punta de una enorme y magnífica columna, no infunde miedo pero sí celos, envidia y a nosotros orgullo y, en cualquier caso, respeto. Es el león alado, el símbolo de la república de Venecia, la república de los mejores comerciantes del mundo, de los maravillosos espías, de los barcos más veloces, de las conspiraciones más ingeniosas, de los más voraces negociantes.

Originalmente Venecia tenía su santo, era Teodoro de Amasea, un santo soldado famoso por haber combatido contra un dragón (o acaso un cocodrilo) y quemado vivo en la época del emperador Maximiano por declararse cristiano. Era el santo patrón de la ciudad, pero obviamente necesitaban uno más potente.

La ciudad se estaba reconstruyendo tras una invasión de los francos y firmaba tratados comerciales con Carlomagno y Constantinopla. En el año 828 dos mercaderes, cuyos nombres pasaron a la historia, Buono Tribuno da Malamocco y Rustico da Torcello, tuvieron el inmenso atrevimiento (muy probablemente inducidos por las autoridades venecianas) de robar las reliquias de San Marcos en su tumba en Alejandría, Egipto. Pusieron la osamenta en un canasto que cubrieron con carne de puerco y hierbas para que los inspectores del puerto, que eran musulmanes, se alejaran de él. Gritaban «khwazir» o «ghanzir» (marrano) a todo aquel que intentó registrar los bultos. La canasta fue envuelta en una vela y subida a las alturas del barco. Para que la historia sume encanto, cuando entraron en aguas profundas una gran tormenta se aproximó al velero y San Marcos se le aproximó al capitán para advertirle que arriara las velas o el viento lo arrojaría hacia los escollos y las rocas de la costa.

Lo hicieron y se salvaron. Tras cruzar el Mediterráneo y cursar el Adriático, los ladrones de tumbas llegaron a Venecia el 31 de enero de 829 y entregaron los restos al dogo Giustiniano Partecipazio, que los colocaría en el castillo. Inmediatamente se comenzó a construir un santuario que imitaría la basílica de los Doce Apóstoles en Constantinopla y trabajando a toda velocidad en casi cuatro años, en el 832 fue consagrada (William Lithgow rescata la historia en «Comments on Italy», tomada de *The Rare Adventures and Painful Peregrinations*, editada en 1614). Los huesos de Marcos fueron colocados en una cripta tras el altar.

Algunas versiones abundan en anécdotas sobre los ladrones de la osamenta y dicen que se trataba de contrabandistas y que ofrecieron abundantes coimas a sus cómplices en Egipto. Que fueron auxiliados por dos monjes griegos, el monje Staurazio y el sacerdote Teodoro (porque Marcos era venerado por católicos, ortodoxos y coptos) y el pretexto fue que el califa estaba robando el mármol de los templos cristianos para su nuevo palacio. Pero si querían impedir el robo del mármol ¿para qué se llevaron los restos? ¿En venganza?

¿Y por qué rescatar los restos de San Marcos con tantos riesgos?

Pero obviamente todo es más confuso, porque Marcos no se llamaba Marcos sino Giovanni y sus restos no tenían cabeza, porque se dice que fue decapitado antes de cremado. Aun así, años más tarde, en 1419, un vivales trató de venderles el cráneo a los venecianos.

San Marcos Evangelista, «la voz que clama en el desierto», autor de uno de los más populares evangelios, discípulo de Pedro y fundador y primer obispo de la Iglesia cristiana de Alejandría, fue arrastrado por las calles dos veces y muerto. Según una tradición, posiblemente apócrifa, porque no existen huellas del paso del tal Marcos por la bota italiana, arribó en el remoto pasado a lo que sería Venecia, donde un ángel se hizo presente y le dijo: «*Pax tibi Marco, evangelista meus. Hic requiescet corpus tuum*». (Que la paz sea contigo, Marco, mi evangelista. Aquí yacerá tu cuerpo). Con tan escasos argumentos, los venecianos se quedaron con los huesos traídos de Egipto y levantarían en torno a ellos una de las iglesias más bellas del mundo.

Bueno, ya tenían a Marcos, pero su aparición en el escudo de Venecia no es nada clara. La ciudad se cuenta a sí misma que ha crecido bajo el halo protector de san Marcos. Pero ¿de dónde los venecianos lo hicieron un león?

Para cristianizar el símbolo se apeló al profeta Daniel: «El primero era como un león y tenía alas de águila. Lo observé hasta que sus alas fueron arrancadas. Y fue levantado de la tierra y lo obligaron a levantarse en dos pies como un hombre, y se le dio un corazón de hombre». Más aún: el profeta Ezequiel habla de cuatro criaturas aladas que representan a cuatro de los evangelistas: Mateo es descrito como humano, Marcos como un león, Lucas como un toro y Juan como un águila.

Una oscura cita en el ya oscuro Apocalipsis del paranoico San Juan, redactado probablemente entre los siglos I y II en la isla de Patmos, menciona la presencia de un anciano con rostro de león cercano al trono divino.

Y dándole vueltas al Nuevo Testamento, Juan el Bautista dicen que dijo refiriéndose a Marcos: que cuando escuchó la voz de Dios, gritó en el desierto y sonaba como un león rugiendo.

¿Cuándo lo volvieron alado? Porque si bien hay una explicación confusa para dotar al pobre Marcos de una apócrifa estancia en Venecia, y otra para darle representación animal, no la hay tanto para darle alas.

Más allá de los pretextos, la simbología no es de origen cristiano. El león alado se remonta en la oscuridad de los tiempos nítidamente como una figura protectora, una deidad. En Akkad lo llaman *lamassu* (león o toro alado con rostro humano). Originalmente es un símbolo hitita o persa. En la Puerta de Jerjes en Persépolis aparece un león alado, que estaba colocado en la esquina de una de las entradas. Aparece en Asiria, llegará hasta la India. El veneciano Marco Polo, autor de *Las maravillas del mundo,* vio tres de ellos, majestuosos, sobre tres columnas en un puente sobre el río Hunhe en China.

Y con tan insuficientes elementos como esos Marcos sería un león y además con alas. Hacia el año 1000 la república controlaba el alto Adriático y en los siguientes cien años el bajo, hasta la costa albanesa. En 1203 los venecianos participan en el saqueo de Constantinopla con el pretexto de la cuarta cruzada, de pasada se roban los caballos de cobre (que no de bronce) para decorar la basílica.

No bastaba un santo, hacía falta un símbolo. Según historiadores serios, fue Jacopo da Varazze, cronista en el siglo XII, quien propuso el león alado como símbolo único de la república (aunque en ese siglo ya tenían uno, feo y tristón, en Roma en la basílica de San Clemente), pero muchos otros también serios historiadores retrasarían su aparición hasta el siglo XIV, consagrada por dos cuadros realizados al inicio del siglo XVI.

Giovanni Battista Cima da Conegliano, discípulo de Giovanni Bellini, pinta entre 1506 y 1508 un león con unas alas que parecen postizas, rodeado de personajes bíblicos. Poco después, en 1516, Vittore Carpaccio, famoso por el *Joven caballero en un paisaje,* lo pinta para el magistrado de los Camarlengos del Rialto y la obra terminaría en el Palacio Ducal. Un león flaco y feo, que no fiero, de potentes alas y halo sobre la cabeza, con un libro abierto al frente que repite la sentencia y que en el paisaje del fondo muestra la ciudad a la izquierda y las naves en la laguna. Era ya popular, estaría también en el patio de ingreso al archivo de Estado, un bello león en piedra sobrepuesta y sobre una de las columnas de la Plaza de San Marcos, donde antes de subirlo (lo que era una pieza asiática) tuvieron que añadirle las alas.

El león será representado mil veces, en las góndolas, un millar de ellas que circulaban en la laguna durante el Renacimiento, en la batalla de Lepanto, cuando en 1571 la flota veneciana, de ciento cuarenta y seis barcos —la aportación más importante en la alianza hispano-papal— fue clave para la derrota otomana.

En el ascenso de la república serenísima (maravilloso nombre, no imperio inmortal, no reino imperecedero, serenísima república) estará presente marcando presencia y territorio de la lejana Bérgamo a Lecce, de Verona a Treviso, de las costas de Dalmacia a Chipre, de Creta a Morea, Corfú, pero también en los barrios mercantiles venecianos en la ruta al mar Negro o al mar del Norte; y también en Londres, en Southampton, en Trebisonda y desde luego en Constantinopla.

Witupertus Eudt de Collenberg encuentra treinta variantes del león. Cuando es dorado, es también el símbolo de la república de los comerciantes, del gran dinero, pero alado, dorado y con espada, como si las fauces del león no fueran suficientes, es el símbolo del comercio armado.

Hasta Gustave Moreau, el más oscuro de los pintores de fin del siglo XIX, le rinde tributo en 1885 en un cuadro maravilloso titulado *Venezia,* donde una bellísima mujer ataviada a lo orientalizante reposa sobre un amable león mientras al fondo se distingue vagamente san Marcos. Sebastián Rutes me recuerda que fuimos juntos a visitar su museo y que Moreau vivía con su mamá, que era sorda, y le describía sus cuadros: «Persiguiendo su sueño de gracia, de grandeza y de silencio, apoyada en su león alado, la noble reina dormita apaciblemente recordando sus esplendores pasados y su gloria imperecedera».

La historia del león alado, tan majestuoso en la bandera, es tan falsa, tan repleta de agujeros rellenados con falacias, que resulta enormemente bella. Y además, acaso inmortal. ¿Qué mejor que un león alado para una república que depende de sus espías y de la velocidad que el viento imprima a las velas de sus barcos? ¿De la habilidad de sus comerciantes y de su destreza, no solo para la gloria, sino también para la rapiña, la usura, las abundantes traiciones, los engaños, los turbios negocios?

**Nota sobre las fuentes**

He ojeado decenas de libros y caminado por Venecia decenas de veces para cubrir estas escasas líneas, no tiene sentido apoyarse en una bibliografía extensa, pero sí al menos mencionar libros que me resultaron particularmente útiles: *Venice a new history* de Thomas F. Madden; *A history of Venice* de John Julius Norwich; *I servizi segreti di Venezia* de Paolo Preto; *Venice. Lion city* de Garry Willis; la *Storia di Venezia* de Frederic Lane; *Canal grande* y *La Repubblica del leone* de Alvise Zorzi; *Una república de patricios* de Carlos Diehl; *Venecia observada* de Mary McCarthy; *A history of Venice* de Alethea Wiel; y la monumental colección de leones registrada en *Il Leone di San Marco* de Laura Simeoni, Michele Rigo, Francesco Boni, Aldo Andreolo y Ferruccio Giromini. Y, casi se me olvida, el león será el símbolo en una estatuilla dorada del premio al ganador del festival de cine desde 1936 y que en 1966 ganó Gillo Pontecorvo por *La batalla de Argel.* Y mil eternas gracias a Paloma, que tuvo la paciencia de fotografiar cada león con el que tropezábamos.

## 13

# Rodolfo Walsh en treinta y seis viñetas

1) Una extraña nota entre los cuadernos que la dictadura secuestró poco antes o poco después de tu muerte, dice: «Me llaman Rodolfo Walsh, cuando chico ese nombre no terminaba de convencerme, pensaba que no me serviría por ejemplo para ser presidente de la república».

2) En la parte de atrás, clavada con chinchetas al librero donde el narrador trabaja en la Ciudad de México, está la foto de un hombre de 40 o 50 años, con una anunciada calva y lentes muy gruesos, que mira hacia el suelo; cuando hago una pausa para fumar, giro la cabeza y pregunto: «¿Voy bien, compadre?». Uno crea rutinas cuasi franciscanas para sobrevivir a la Ciudad de México y a lo que Brecht llamaba «los tiempos oscuros». Hablar contigo, Rodolfo Walsh, es conversar con uno de nuestros santos laicos. Normalmente no contestas, tienes tantas dudas como yo. Inventaste para nosotros el nuevo periodismo en Latinoamérica, la posibilidad de aproximarse al día a día de la información con armas que pediste prestadas a la narrativa literaria, pero sin apartarte ni un centímetro de la investigación profunda. Curiosamente ninguna de las visitas te reconoce; de vez en cuando me preguntan si es una foto rara de Woody Allen o se trata de un muy conocido periodista mexicano de televisión. La pregunta me da eternamente pretexto para contar esta historia.

3) Un erudito llama al pueblo en el que naciste «Espantajo de cáscaras de árbol», Rodolfo, traduces de la lengua indígena y le atribuyes al lugar el menos prosaico nombre original de «Corazón de palo», ambos parecen hacer justicia; se trata de Choele Choel, a casi mil kilómetros al suroeste de Buenos Aires, en la provincia de Río Negro.

Rodolfo le echa la culpa al nombre de su pueblo el que varias mujeres le digan que tiene el corazón de madera.

Rodolfo Walsh Gill, naces el 9 de enero del 27, lo que será significativo es tu origen irlandés y la compañía permanente de la pobreza, que al paso de los años se volverá la económica angustia de la clase media para llegar a fin de mes.

Hablarás poco de tu padre, que muere durante tu adolescencia; dirás que «hablaba con los caballos, pero uno de ellos lo mató».

Bajo la custodia de tu abuela, ingresas en un internado irlandés para huérfanos y pobres, con maestras y monjas que practicaban con sus alumnos la hambruna y el castigo corporal con reglas, varas y golpes. Al menos la experiencia te deja un profundo conocimiento del inglés y la solidaridad de y con los reprimidos. De todo se aprende, porque esos años extremadamente duros se volverán uno de los materiales más ricos de tu literatura.

4) Comentarás años más tarde varios de tus empleos: «El más espectacular: limpiador de ventanas. El más humillante: limpiador de copas. El más burgués: comerciante de antigüedades. El más secreto: criptógrafo en Cuba».

5) En 1944, cuenta tu hija Patricia, comienzas a trabajar en todos los oficios de la industria editorial, como corrector de galeras, de estilo, traductor y antologista para la editorial Hachette, y ya en 1951 ingresas en el oficio del periodismo en revistas populares.

6) Walsh: «Mi primer libro fueron tres novelas cortas [en un solo volumen: *Variaciones en rojo, La aventura de las pruebas de imprenta, Asesinato a distancia*] y en el género policial del que hoy abomino. Lo hice en un mes sin pensar en la literatura aunque sí en la diversión y el dinero».

Es el año 1953. Las tres novelas policiacas, que aunque a García Márquez le parecen «deslumbrantes», a este fanático lector de la serie negra le hacen pensar que son simplemente menores; más en la lógica del policiaco «enigma» de la colección del Séptimo Círculo que había dirigido Borges, que de sus propias traducciones de los grandes del género negro: Chandler y McCoy.

7) Traduces, prologas, editas, pero no creas. No te sientes a la altura. ¿A la altura de qué? ¿De la literatura que traduces y te gusta? ¿De la

que se debería estar escribiendo en América Latina? Escribirás: «Me callé tres años, no me consideraba a la altura de nadie».

8) Siguen los cuentos del comisario Laurenzi, una evolución del policiaco clásico, están escritos entre noviembre del 56 y septiembre del 61 y publicados en revistas. Entre 1951 y 1961 escribes además otros cuentos policiacos recopilados en *Cuento para tahúres*. No les tienes demasiado cariño, pero hay en ellos una búsqueda de la realidad. ¿La realidad es el barrio? ¿Es el lenguaje? ¿Es la marginalidad?

Escribirás: «La literatura es, entre otras cosas, un avance laborioso a través de la propia estupidez».

9) Y de repente:

Vives en La Plata, frecuentas un club de ajedrez. Alguien te sopla en el oído una enigmática frase: «uno de los fusilados está vivo». ¿De qué fusilados habla? Hace seis meses se había producido un levantamiento peronista protagonizado por el general Valle, que había sido ferozmente eliminado. En las acciones represivas fueron detenidas en una casa una docena de personas, varios ni siquiera eran militantes peronistas, pero a los represores les parecieron conspiradores y fueron llevados a los basureros de José León Suárez en las afueras de Buenos Aires, donde los fusilaron a las 11:30 de la noche.

Estamos en diciembre del 56, un día caluroso, y si algo no perdona es el instinto, comienzas una investigación que te lleva hasta Juan Carlos Livraga. «No sé qué es lo que consigue atraerme en esa historia difusa, lejana, erizada de improbabilidades». Tienes una gran entrevista, pero avanzas y en la investigación descubres que cinco detenidos fueron asesinados, algunos de ellos rematados tras el fusilamiento, pero que sorprendentemente siete sobrevivieron, algunos con graves lesiones. Pero además encuentras que el fusilamiento se hace amparado en una ley marcial que será promulgada casi dos horas después de los hechos. Se trata de un asesinato, un crimen de Estado.

«Me sentí indignado». Reconstruyes, trazas retratos de los muertos, del supuesto juicio, de las investigaciones; rastreas a los testigos sobrevivientes; profundidad, el detalle hasta la minucia. La historia tiene en la columna vertebral, como siempre, personas, no solo protagonistas. «Estás lejos de ser peronista», recuerda Eduardo Jozami, pero estás atrapado, como siempre, por las causas de los inocentes.

Tienes un gran reportaje entre las manos, pero «lo paseo por todo Buenos Aires y nadie me lo quiere publicar». Finalmente aparecen varios artículos en un diario y en la revista *Mayoría*.

Te ves forzado a la clandestinidad, algunos de tus informantes son detenidos y torturados. En 1957 sale el libro, *Operación Masacre*. En la reedición del 64, que es la que conocemos en América Latina, aprietas el texto, lo haces un poco menos literario; que los hechos hablen, pero no renuncias a usar los recursos, que no la esencia, de la ficción. Añades un prólogo donde das noticia de cómo se escribió.

El libro es un éxito, luego se recordará que precedió en dos años a *A sangre fría* de Truman Capote.

10) En el 58 encontrarás un nuevo tema que será publicado en la revista *Mayoría* donde cuentas la historia del asesinato del abogado Marcos Satanowsky y la complicidad de los servicios secretos policiales en la investigación, ocultando los intentos de controlar el diario *La Razón*. Una edición pirata (*Crimen Satanowsky*, Editorial Verdad) circula ese mismo año, pero no será hasta el 73 cuando la retomes y reescribas bajo la forma de un libro, *El caso Satanowsky*.

Has encontrado un camino, pero no lo recorres.

11) Al calor de la Revolución cubana vas a dar a La Habana, donde te integras al equipo de investigaciones especiales de la recién formada agencia Prensa Latina impulsada por el Che y dirigida por el periodista argentino Jorge Ricardo Masetti, que había sido uno de los primeros narradores de la guerrilla cubana en la sierra. Te acompañan García Márquez, García Lupo y de vez en cuando Roque Dalton, que se da una vuelta por la redacción.

12) ¿Estarán tomadas en Cuba? En la revista *Maíz* hay dos fotos ilustrando un artículo de Ricardo Piglia, que te muestran en cuclillas dentro del mar. ¿Tu reflejo en el agua? Traje de baño, lentes, la incipiente calva. Observas atentamente los pies en el océano, no pueden ser pescaditos. ¿Tu borrosa imagen?

13) García Márquez cuenta: «Aquella noche, como casi siempre en La Habana, llevaba un pantalón de paño muy oscuro y una camisa blanca, sin corbata, con las mangas enrolladas hasta los codos. Masetti me preguntó: "¿De qué tiene cara Rodolfo?". No tuve que pensar la respuesta porque era demasiado evidente. "De pastor protestante",

contesté. Masetti replicó radiante: "Exacto, pero de pastor protestante que vende biblias en Guatemala"».

El objetivo era armar una operación periodística, pero también desarrollar un trabajo de espionaje en aquel año 61 que, sin miedo al adjetivo, podríamos llamar *convulsionado,* para tratar de infiltrarse en la zona en la que, como hormigas saliendo de un alborotado hormiguero, se estaba montando con el apoyo del gobierno guatemalteco una invasión a la Cuba rebelde, organizada por la CIA y apoyándose en el exilio cubano, lo que se llamaría Bahía de Cochinos.

Finalmente tu viaje no se llevó a cabo, no por falta de ganas, porque te atraía la idea de pasar a la acción, ser otro durante un tiempo. En cambio, la entrada en los teletipos de Prensa Latina de un cable de la agencia Tropicable te envió a otra historia.

El ajedrez te había llevado hasta los asesinados en *Operación Masacre* y la mentalidad de ajedrecista te llevó a los crucigramas y la criptografía y el periodismo te llevó a tratar de descifrar aquel mensaje en clave.

Miguel Bonasso me contó la historia, que luego se volvió un artículo en las páginas negras de la revista *Siempre!* Tomaste la clave, te diste una vuelta por las librerías de usado de La Habana vieja y con la ayuda de un par de viejos manuales de criptografía te encerraste con el texto para llegar triunfante poco después con Masetti. Se trataba de un informe minucioso de un agente de la CIA con base en la embajada de Estados Unidos en Guatemala, sobre la preparación de los campos de entrenamiento de la hacienda de Retalhuleu, un antiguo cafetal en el norte del país, de la brigada invasora. Con esa información el gobierno cubano tuvo la primera información de lo que se preparaba.

14) El narrador, que peca de puritano, se sorprende. Te veía como un irlandés criollo, excatólico y severo; pero hay varias entradas de tus diarios y notas para futuras escrituras sobre las prostitutas. «No hay putas como las de La Habana, el último esplendor de un mundo que se cae».

15) A veces los que no escriben piensan que la literatura se cocina en el aislamiento y no es del todo verdad. Se cocina en el calor de la vida. Generalmente en darle vueltas y acumular las ideas para que se vuelvan palabras.

Gracias a la magia de YouTube te escucho leer *Esa mujer,* grabado en 1966. El mejor cuento de la literatura argentina según muchos, de la latinoamericana, según otros, entre los que me incluyo. Narra la historia a través de un diálogo entre un periodista y el coronel del ejército que secuestró el cadáver de Evita. Las banalidades, las acotaciones precisas, la oblicuidad de la busca de la confesión, la estructura teatral que no lo es. Brillante. Habías empezado a escribir el cuento en el 61 y lo terminaste en el 64.

16) En el camino de retorno desde Cuba hacia la Argentina, pasas por Madrid y llegas hasta la residencia en el exilio del general Juan Domingo Perón, en el barrio de Puerta de Hierro. No hay mayores registros de esa conversación, si la hubo. No eres peronista, nunca lo has sido, pero tienes una enorme afinidad con el pueblo peronista, en particular con la resistencia obrera.

Entre las notas variadas que irás dejando, que la futura dictadura secuestrará en los registros de la casa del Tigre y que serán rescatadas milagrosamente al paso de los años de la Escuela de Mecánica de la Armada (ESMA, el palacio de la muerte de la dictadura militar), quizá lo más importante sea el borrador (en seis tratamientos diferentes. ¿De dónde sale esa insatisfacción permanente con lo que escribes?) de un cuento que habría de llamarse *Ese hombre*. Los ecos de *Esa mujer* son obvios. Se trata de una conversación entre un personaje que llamas un «izquierdista abstracto» y Juan Domingo en su exilio madrileño, que nunca es mencionado por su nombre. Lo fascinante del cuento, que habías trabajado durante años, son las notas que escribiste para darle forma a su versión definitiva:

«Que el hombre no es ni puede ser lo que otros quisieran que fuera».

«Aunque las cosas que el hombre diga sean conciliables con el sistema, él en contacto con el pueblo deja de serlo».

«Que el hombre es un criollo viejo, ladino, cortés».

«Que entre el hombre y el pueblo hay un secreto que él no conoce, y quizá el hombre tampoco».

Es quizá el análisis más preciso de ese fenómeno tan incomprensible para muchos que es la Argentina del peronismo.

17) La infancia atormentada es un territorio habitual compartido con todos los escritores y lectores, es el único territorio común del que casi nadie puede escaparse. Desperdigados, entre el 64 y el 68 escribes cuatro cuentos llamados *Los irlandeses,* que en rigor deberían llamarse de los «niños irlandeses» («Irlandeses detrás de un gato»,

«Los oficios terrestres», «El 37» y «Un oscuro día de justicia», probablemente el mejor). Las vivencias del colegio-asilo retornan con una fuerza inmensa y una tremenda mezcla de rabia y dulzura. Se reparten en varios libros de cuentos, pero evidentemente se entrelazan para formar la columna vertebral de lo que sería una maravillosa novela.

18) Escribes, Rodolfo, en el 68: «Yo soy el primero a convencer de que la revolución es posible. Y esto es difícil en un momento de reflujo total, en que se me han acumulado catastróficamente el proyecto burgués (la novela) y el proyecto revolucionario (la política, el periódico, etc.)». Esa maldita manía que tienes de convertir la vida en confrontación de contrarios. ¿No que eras ducho para la dialéctica? ¿Era menos revolucionaria la novela que la política?

19) Por la vía del sindicalista Raimundo Ongaro, al que conoces en España, llegarás al movimiento obrero en tu retorno a la argentina del 69. Te vincularás con la corriente sindicalista más combativa, la Confederación General del Trabajo (CGT) de los argentinos, de raigambre peronista. Conduces su prensa. Colabora en el periódico uno de los más fascinantes pintores argentinos, Ricardo Carpani. En algún momento de su vida te retrata. Un rostro excesivamente duro, como siempre, su estética viene de la piedra. Con todo lo que me fascina Carpani, el cuadro no me gusta. En las fotos, pocas, que se conservan sueles parecer un hombre triste, no sonríes, das la sensación de que eres el invitado que se equivocó de fiesta, ¿quizá timidez?, pero no dureza.

20) Escribes, escribirás: «He pensado cosas muy contradictorias según mis estados de ánimo». ¿No es eso una fortuna? En la nueva generación de revolucionarios argentinos, más jóvenes que tú, hay demasiadas falsas certezas.

21) Y de nuevo, casi por sorpresa, una nueva serie de reportajes que dan nacimiento a un nuevo libro: Se titulará *¿Quién mató a Rosendo?* Has tardado doce años en volver al periodismo narrativo. Cuentas la historia de una balacera en el barrio de Avellaneda en la que muere un dirigente sindical vinculado al oficialismo peronista propatronal y dos sindicalistas de la resistencia. Los reportajes, al igual que en otras ocasiones, se vuelven libro.

Escribes:

> Vos estás en realidad compitiendo con esos tipitos a ver quién hace mejor el dibujito cuando en realidad te importa un carajo [...] hasta que te das cuenta que tienes un arma, la máquina de escribir. Según como la manejás es un abanico o es una pistola y podés utilizar la máquina de escribir para producir resultados tangibles y no me refiero a los resultados espectaculares como en el caso de *¿Quién mató a Rosendo?*, porque es una cosa muy rara que nadie se la puede proponer como meta, ni yo me lo propuse.

22) Escribes: «Tengo que decir que soy marxista, un mal marxista porque leo muy poco». ¿De verdad? Quieres decir que lees poco análisis social o economía marxista. Porque sigues leyendo literatura al brutal ritmo de siempre.

Con esa obsesión de ponerle orden a la vida que parece no querer ordenarse, en 1970 anotas: «Hay que trabajar para ganarse la vida. Hay que trabajar en política. Hay que trabajar en literatura».

El narrador de estas viñetas se desespera ante la lentitud con la que vas armando tu obra literaria, ante el exceso de autocrítica que te paraliza, ante la revisión obsesiva de los textos. ¿Nadie te ha dicho que tienes dos enormes talentos?

23) Los hombres que no dudan son peligrosos para los demás. Los que dudan en exceso corren el riesgo de paralizarse. Pero esos a los que sus dudas obligan a actuar son peligrosos para sí mismos.

24) Tu modelo no es el Che, inasible, distante, mítico. La imagen que viene del pasado y te empuja es la de Jorge Ricardo Masetti, el compañero, el periodista, transmutado en combatiente. Cuando en el 69 escribes el prólogo a la reedición de *Los que luchan y los que mueren,* el gran reportaje sobre la Revolución cubana, escribes: «Más allá de la oportunidad del foco que llevó a la muerte a Massetti en el 64 preparando una guerrilla en Salta que podría ser el destino del Che [...] La honestidad de M., la coherencia consigo mismo, la fidelidad al precedente cubano, está fuera de la discusión».

25) Escribirás: «La realidad no solo es apasionante, es casi incontable».

26) Te acercas a la guerrilla de las Fuerzas Armadas Peronistas en el año 70; ya estabas colaborando con ellas a través del sindicalismo combatiente. Al ingresar formas parte del equipo de inteligencia, detectas

frecuencias radiales policiacas y las descifras, sigues colaborando en la prensa. La organización te mantiene en la retaguardia, eres muy conocido, no hay que exponerte, por más que quieres participar en las acciones armadas. En esos años se estrena la película *Operación Masacre*.

27) La leve apertura del gobierno de Cámpora (del 25 de mayo al 13 julio del 73) te permitirá volver a una apasionante experiencia periodística en el diario *Noticias*. Desde abril te has incorporado a otra organización armada, Montoneros, donde formas parte de la estructura de prensa y luego de los departamentos de inteligencia.

28) Seguirá el gobierno de Isabelita, con López Rega, la triple A, la clandestinidad, el inicio de la masacre.

Me encuentro con Osvaldo Bayer, el sobreviviente magnífico, historiador libertario, obsesivo documentalista.

«¿Tienes una carpeta sobre Rodolfo Walsh?», le pregunto. No duda. La saca de un estante del que se caen simultáneamente algunos libros. Dice: «Nos vimos por última vez en la 9 de Julio y Corrientes:

—Tenés que irte.

—Mirá quién habla».

«Estábamos hablando como si fuera la última vez. Era el mejor de todos de nuestra generación, qué velocidad para comprender los hechos».

29) En esos años escribes: «Hay que pensar frente al espejo para saber quién está pensando».

30) En el 75 tienes un choque con Firmenich y la dirección de Montoneros. Estás convencido de que pecan de optimistas. Dices: «esta batalla está perdida», propones el repliegue.

31) Escribes: «La historia parece propiedad privada cuyos dueños son los dueños de todas las otras cosas».

32) El 24 de marzo del 76 llega la dictadura militar. Creas la Agencia de Noticias Clandestina (ANCLA), que trata de romper la desinformación oficial arrojando información en buzones de diarios, bajo las puertas de las redacciones, haciendo que sus notas lleguen a los periodistas extranjeros. «Derrote al terror, haga circular la información».

33) En el 76 las noticias continuas de detenciones, asesinatos, desaparecidos, torturados, te rodean. Dos casos te afectarán particularmente: en junio la muerte de tu amigo, el periodista y novelista Paco Urondo, y en septiembre la de tu hija, también combatiente.

Escribes: «Querida Vicki. La noticia de tu muerte me llegó hoy a las 3:00 de la tarde. Estábamos en reunión... cuando empezaron a transmitir el comunicado. Escuché tu nombre, mal pronunciado, y tardé un segundo en asimilarlo. Maquinalmente empecé a santiguarme como cuando era chico. No terminé ese gesto. El mundo estuvo parado ese segundo. Después les dije a Mariana y a Pablo: "Era mi hija". Suspendí la reunión.

»Estoy aturdido. Muchas veces lo temía. Pensaba que era excesiva suerte, no ser golpeado cuando tantos otros son golpeados. Sí, tuve miedo por vos, como vos tuviste miedo por mí, aunque no lo decíamos. Ahora el miedo es aflicción. Sé muy bien por qué cosas has vivido, combatido. Estoy orgulloso de esas cosas. Me quisiste, te quise. El día que te mataron cumpliste 26 años. Los últimos fueron muy duros para vos. Me gustaría verte sonreír una vez más. No podré despedirme, vos sabés por qué. Nosotros morimos perseguidos, en la oscuridad».

34) Cuando sales de la casa en que estás viviendo en la clandestinidad te despides de tu compañera, Lilia Ferreyra, que en una larga entrevista cuenta: «La última imagen de él que tengo: iba disfrazado de jubilado, un sombrero de paja; se da vuelta y levanta la mano: "No te olvides de sembrar las lechugas". Es lo último que le dije, se rio y desapareció para siempre».

Es el 25 de marzo del 77. Hace poco has escrito la *Carta abierta de un escritor a la Junta Militar* donde denuncias con gran precisión el terrorismo de Estado: la has firmado con tu nombre. La carta te va a convertir en el hombre más buscado por policías y militares.

Traes una Walther PPK en la cintura, calibre 0.22. Dejarás unas cartas en un buzón y vas por Entre Ríos hacia la avenida San Juan. Los movimientos en torno tuyo te hacen adivinar que la cita ha sido soplada a los asesinos del grupo de tareas de la ESMA. Intentas correr, te cercan, sacas la pequeña pistola y abres fuego, una ráfaga de ametralladora te corta en dos.

Tu cuerpo será arrojado, como un bulto, en una mesa de una de las oficinas de la Escuela Superior de Mecánica de la Armada.

35) Osvaldo Bayer escribirá: «Vos, sin títulos, sin premios. Es que marcaste a fuego, sin proponértelo, al resto de los intelectuales argentinos. Los hubo quienes se sentaron a la diestra del dictador a la mesa servida del triunfo de la picana y hubo otros que no oyeron ni vieron ni hablaron cuando los balazos te fueron llevando la vida. Habrás sonreído cuando leíste la nómina de intelectuales que ahora adhieren a tu recuerdo. Los que te negaron al tercer canto del gallo hoy se apresuran a aplaudirte. ¿Y qué dirán aquellos científicos de las letras, faraones y mandarines de cátedras e institutos que te calificaron esteta de la muerte? Hoy se apresuran a poner tus libros en las vitrinas oficiales [...] Te arrojaron vivo al mar, te enterraron como NN, te quemaron en una pira. Y aquí estás, en medio de Buenos Aires. Tan rápido la historia puso las cosas en su lugar».

36) Qué mejor homenaje para un escritor popular que tu nombre hoy lo lleve una estación de metro. Recorro bajo la lluvia la ciudad. Llueve en Buenos Aires, llueve de manera torrencial y tengo la suerte de que la lluvia oculte para las cámaras de televisión que traigo unas ganas locas de llorar mientras toco con la punta de los dedos tu nombre inscrito en la inmensa pared que registra a los asesinados por la dictadura.

**Nota sobre las fuentes**

Para la elaboración de estas viñetas se usaron: Rodolfo Walsh: *Operación Masacre* (Brigada para Leer en Libertad); *¿Quién mató a Rosendo?* (La Flor); los cuentos del comisario Laurenzi recopilados en *La máquina de matar* (Clarín/Aguilar); *Ese hombre y otros papeles personales* (La Flor); *Obra literaria completa* (Siglo XXI); *Caso Satanowsky* (La Flor); *Cuento para tahúres y otros relatos policiales* (La Flor). Entrevistas con Eduardo Jozami, Patricia Walsh, Osvaldo Bayer, Lilia Ferreyra para el documental que hice para Ánima Films.

La página web *Investigaciones Rodolfo Walsh;* Miguel Bonasso: «Rodolfo Walsh y el espionaje popular» (una separata de la revista *Moncada*). *Operación Walsh* (*Maíz,* abril de 2014); «Rodolfo Walsh a 30 años» (*Oficios terrestres,* núm. especial, 2007); *Los nuestros, Rodolfo Walsh, el jefe* (producción de Ánima Films); Daniel Argüello: *La casa del Tigre;* Eleonora Betranpu: *Rodolfo Walsh* (Leviatán); Joaquín Fernández: *Rodolfo Walsh* (Lea); Ana María Amar: *El relato de los hechos* (La Flor); Roberto Baschetti: *Rodolfo Walsh vivo*

(La Flor); Eduardo Jozami: *Rodolfo Walsh. La palabra y la acción* (Edhasa); Enrique Arrosagaray: *Rodolfo Walsh en Cuba* (Gobierno Bolivariano de Venezuela) y *Rodolfo Walsh. De dramaturgo a guerrillero* (Catálogos); Michel McCaughan: *True Crimes. Rodolfo Walsh* (LAB); Hugo Montero-Ignacio Portela: *Rodolfo Walsh. Los años montoneros* (Ediciones Continente); Osvaldo Bayer: *Carta a Rodolfo Walsh*.

El general Vasili Blücher en 1919

Vasili Blücher en China

Roman Fiodórovich Ungern von Sternberg, el Barón Loco

Grigori Mijáilovich Semiónov

El Barón Loco en la República del Extremo Oriente

Ubern von Sternberg de joven

*Sol ardiente de junio*, de Frederic Leighton

Frederic Leighton por David Wilkie Wynfield

Retrato de Richard Francis Burton, por Frederic Leighton

Sterling Hayden

Últimos años de Sterling Hayden

Herón Proal

Gregorio Jover, Émilienne Morin, Buenaventura Durruti, Berthe Suzanne Fabert, Francisco Ascaso, Paris, 1926

Francisco Ascaso

Palacio ducal de Venecia

Bandera de Venecia